중국과 한국의 토지수용 및 관련 행정구제에 관한 비교법적 연구

전 희

pnc
publishing and culture
피앤씨미디어

머리말

중국에도 토지수용제도가 존재하는지가 첫 의문일 것이다. 중국은 토지의 사소유권을 부인하고 있지만, 도시의 토지는 국가소유로 농촌토지는 집체소유로 이원화하고 개인은 주로 용익물권을 통해 권리를 행사한다. 이러한 체제에서 농촌토지의 국가수용은 권력남용의 통제와 농민을 위한 구제절차의 실효성 측면에서 지속적으로 문제되어 왔다. 이 책은 필자의 박사학위 논문 연구주제로 중국과 한국의 토지수용 및 관련 행정구제를 비교법적으로 검토하여, 중국 토지수용제도의 개선에 유의미한 시사점을 도출하고 중국토지시장에 대한 이해를 돕고자 한다.

최근 수년간 중국의 토지수용제도에 큰 변화는 없었으나, 2025년 「중국농촌집체경제조직법」 등 관련 법령이 제·개정되었음에도, 본고에 미처 반영하지 못한 점은 널리 양해를 부탁드린다.

본 저서의 출간을 가능하게 해 주신 피앤씨 미디어 출판사 관계자 여러분께 감사의 말씀을 드린다. 남아있는 오류와 한계는 모두 필자의 책임이고, 어려워진 연구 환경 속에서도 새로운 시작을 다짐하는 계기가 되길 바란다.

2025년 8월

전희

목 차

제1장 서 론

제2장 중국의 토지수용법제와 관련 행정구제

제3장 한국의 토지수용법제와 관련 행정구제

제 4장 중국과 한국의 토지수용법제와 관련 행정구제의 비교 및 시사점

제 5장 결 론

표 목 차

법률 명칭 대조표

중국어 원문(직역)	본문 약칭
中华人民共和国宪法 (중화인민공화국 헌법)	헌법

법률 등	
中华人民共和国国家赔偿法 (중화인민공화국 국가배상법)	국가배상법
中华人民共和国农业法 (중화인민공화국 농업법)	농업법
中华人民共和国农村土地承包法 (중화인민공화국 농촌토지도급법)	농촌토지도급법
最高人民法院关于审理涉及农村土地承包纠纷案件适用法律问题的解释 (최고인민법원이 농촌토지도급분쟁사건을 심리함에 있어서 관련한 몇 가지 문제의 해석)	농촌 토지도급분쟁 관련해석
中华人民共和国物权法 (중화인민공화국 물권법)	물권법
中华人民共和国民法通则 (중화인민공화국 민법통칙)	민법
中华人民共和国城市房地产管理法 (중화인민공화국도시가옥부동산관리법)	부동산관리법
中华人民共和国信托法 (중화인민공화국 신탁법)	신탁법

最高人民法院关于审理涉及农村集体土地行政案件若干问题的规定 (최고인민법원이 농촌 집체토지행정사건을 심리함에 있어서 관련한 몇 가지 문제에 대한 규정)	집체토지 행정사건에 관한 규정
中华人民共和国村民委员会组织法 (중화인민공화국촌민위원회조직법)	촌민위원회조직법
中华人民共和国土地改革法 (중화인민공화국 토지개혁법)	토지개혁법
中华人民共和国土地管理法 (중화인민공화국 토지관리법)	토지관리법
中华人民共和国行政复议法 (중화인민공화국 행정심판법)	행정심판법
最高人民法院关于适用中华人民共和国行政复议法第三十条第二款有关问题的答复 (최고인민법원이 중화인민공화국 행정심판법 제30조 제2관을 적용하는 것에 있어서의 몇 가지 문제에 대한 답변)	행정심판법 제30조 2관에 관한 사법해석
中华人民共和国行政诉讼法 (중화인민공화국 행정소송법)	행정소송법
最高人民法院关于执行中华人民共和国行政诉讼法若干问题的解释 (최고인민법원이 중화인민공화국 행정소송법을 집행함에 있어서 몇 가지 문제에 대한 해석)	행정소송법 사법해석
最高人民法院关于审理行政赔偿案件若干问题的规定 (최고인민법원이 행정배상사건을 심리함에 있어서 몇 가지 문제에 관한 규정)	행정배상에 관한 규정
中华人民共和国环境保护法 (중화인민공화국환경보호법)	환경보호법

조례 등	
城市房屋拆迁管理条例 (도시가옥철거관리조례)	가옥철거관리조례
国家建设征用土地条例 (국가건설징용토지조례)	국가건설징용토지조례
国有土地上房屋征收与补偿条例 (국유토지의 가옥수용과 보상조례)	국유토지 수용과 보상조례
城市国有土地上房屋征收与补偿条例 (도시국유토지의 가옥수용과 보상조례)	도시가옥수용과 보상조례
信访条例 (신방조례)	신방조례
中华人民共和国土地管理法实施条例 (중화인민공화국토지관리법실시조례)	토지관리법 실시조례
中华人民共和国行政复议法实施条例 (중화인민공화국 행정심판실시조례)	행정심판법 실시조례

기타 규정	
建设用地审查报批管理办法 (건설용지심사비준관리방법)	건설용지심사비준관리 방법
建设项目用地预审管理办法 (건설항목용지예심관리방법)	건설항목용지예심관리 방법
建设项目（工程）劳动安全卫生预评价管理办法 (건설항목(공정)노동안전위생평가관리방법)	건설항목평가관리방법
建设项目环境保护管理办法 (건설항목환경보호관리방법)	건설항목환경보호관리 방법
国家建设征用土地办法 (국가건설징용토지방법)	국가건설징용토지방법
报国务院批准的建设用地审查办法 (국무원에 보고하여 심사비준을 받는 건설용지심사방법)	국무원의 건설용지 심사방법
国土资发（2006）320号《关于调整报国务院批准城市建设用地审批方式有关问题的通知》 (국토자발(2006) 320호 국무원이 비준한 도시건설용지심사방식을 조정하는 문제에 관한 통지)	국토부 320호 통지
征用土地公告办法 (토지징용공고방법)	수용공고방법
建设项目用地预审办法 (건설용지예심방법)	용지예심방법
国务院关于发布政府核准的投资项目目录（2016年本）的通知 (국무원이 정부가 비준하는 투자항목에 관한 발표목록(2016))	국무원의 정부비준 투자항목에 관한 발표목록의 통지
《关于深化改革严格土地管理的决定》 (토지관리를 엄격하게 심화개혁할 것에 관한 결정)	토지관리 개혁에 관한 결정

용어 대조표

중국어(직역)	본문 용어	비고
滩涂(간석지)	간석지	
耕种(땅을 갈고 파종하다)	경작	
群体(군체)	군체	
规章(규장)	규장	
单位(단위)	기관	
起诉(기소)	기소	
矿藏(광물자원)	광물자원	
水田(수전)	논	
农户(농호)	농업종사자	
承包(청부)	도급	
城市市区(도시시구)	도시	
青苗(청묘)	미수확농작물	
信访(신방)	민원	
出让(출양)	매도	
发布(발포)	반포	
旱田(한전)	밭	
保留地(보류지)	보류지	
加成(가성)	부가	
部落(부락)	부락	
分税制(분세제)	분리 세수제도	중앙과 지방정부의 재정수입원을 분리시킨 재정시스템

划拨	분배	
批准(비준)	비준	
征用(징용)	사용	
山岭(산령)	산령	
森林(삼림)	삼림	
辨明(변명)	소명	
水流(수류)	수류	
征收(징수)	수용	
转让(전양)	양도	
安置补助费(안치보조비)	이주정착보조금	중국의 이주정착보조금은 수용지 안치보조비(征地安置補助費) 또는 배치보조비(安置補助費)라고도 부른다.
林地(임지)	임지	
用益物权(용익물권)	용익물권	
自留山(자류산)	자류산	
自留地(자류지)	자류지	
宅基地(사유택지)	자택지	
足额(충분한 액수)	정액	
交集(교집)	집합	
草原(초원)	초원	
草地(초지)	초지	
产权交换(산권교환)	토지교환	
行政相对人(행정상대인)	행정상대인	
公顷(헥타르)	헥타르	
批复(하급기관에 온 공문에 대해 회답)	회답	
荒地(황지)	황무지	

논 문 개 요

오늘날 중국사회는 급속한 경제발전과 더불어 도시화 과정이 진행되면서 나타나는 토지수용의 분쟁이 날로 심각해지고 있다. 이에 본 연구는 피수용자의 권리가 침해되고 있는 현실에 입각하여 중국 토지수용 및 관련 행정구제에 대해 면밀히 검토하고 이에 대한 개선방안을 제시하고자 하였다.

토지는 다른 재화와는 달리 국가와 세대를 막론하고 변함없이 중요하고 오히려 그 가치가 매우 커지는 추세이다. 한국의 경우 사소유권의 토지제도를 기반으로 기존의 천부인권, 절대적 권리로 간주되던 사유재산권이 상대적인 권리로 격하되면서 이에 따른 공용수용의 재산권 또한 변화를 가져왔다. 공용수용은 헌법에서 정하고 있는 재산권을 강제적으로 제한하는 것에 그치는 것이 아니라 공공필요와의 조화에 그 목적이 있다. 공공의 필요에 의한 것이라도 재산권의 제한과 한계를 준수하기 위해 한국「헌법」제23조 제3항의 공용침해의 정당화 요건과 한국「헌법」제37조 제2항의 기본권제한의 한계조항을 두고 있다. 이는 공용수용절차에서 토지의 취득이 원칙적으로 사업시행자와 토지소유자 간의 협의에 의한 취득이라는 조화로운 상황 속에서 법·제도적인 담보장치의 최소한이라고 볼 수 있다.

이와 달리 중국의 경우 토지의 소유권과 사용권을 분리할 수 있다는 이원적 법리에 따라 토지소유권은 국가로 하되 토지사용권의 용익물권체계를 취하고 있다. 도시의 토지와 같은 경우 국유에 속하지만 주민들은 대개 70년 간 토지사용권을 가지며 또 토지사유제 하에서만 발생하는 상속·증여·양도가 모두 가능하다. 토지소유권은 국가소유와 집체소유 두 가지로 나누어진다. 중국《헌법》제10조에서 위 내용을 명시함으로써 토지의 사소유권을 부인하고 있으나 사회주의공유제를 인정하고 있다. 여기에서 가장 심각한 문제는 국가가 토지를 수용할 경우 집체소유권자의 동의를 받을 필요 없이 국가의 일방적 의사표시 및 법정절차에 따라 토지소유권을 강제적으로 취득한다는 점이다. 국가의 수용명령은 일종의 행정명령으로서 토지소유자는 무조건 복종하여야 하므로 현실적으로는 거의 집체소유권에 대한 국가의 박탈로 이루어지고 있다. 그러므로 권력의 남용의 소지가 많은데다 농민들의 구제절차 또한 미비하다. 이는 이미 현실적으로 종종 발생하고 있는 격화된 사회모순의 주요원인으로 풀이된다.

이에 본 연구에서는 중국의 토지수용제도와 행정구제에 대해 검토한 후, 한국과의 비교를 통하여 그 시사점을 얻고자 하였다. 구체적으로 중국 토지수용제도의 전반에 대해 정리하고자 하였다. 기본적으로 중국은 토지수용의 일반법인 토지수용법이 없으며 토지수용을 규율하고 있는 기타 여러 법률의 법제정비도 이루어지지 않았다. 중국《헌법》제10조에서 “국가는 공공이익의 필요를 위해 법률규정에 따라 토지에 대해 수용 혹은 사용을 할 수 있다.”고 규정하고 있다. 하지만 중국《토지관리법》에서는 공공이익을 필요로 하는 내용을 규정하고 있지 않는 등 모순적인 부분들이 많다. 공공이익에 대한 명확한 규정이 없고, 보상원칙도 부재하여 수용절차 또한 투명하지 않다. 이러한 원인들을 파악하기 위해 계획경제체제에서 시장경제체제로 전환되는 과도기적 과정에서의 문제점, 그리고 지방정부의 주요 재정원천이 토지수용이라는 점을 중점적으로 분석하였다. 각 이익주체들 사이의 이익충돌 또한 농촌문제를 야기하는 가장 큰 원인이 됨을 확인하였다. 도시화는 불가피한 발전추세이고, 이에 따른 문제가 지속적으로 발생할 것임을 고려하면 농촌토지 수용분쟁은 시급히 해결해야 할 문제이다. 토지사용권 그리고 불완전한 소유권개혁에 대한 논의는 별도로 하고, 체제의 전환이나 그러한 전환을 위한 가능성 검토보다는 본 연구에서는 현재의 중국 특유의 농촌 집체토지소유제 하에서 구체적인 개선방안을 모색하고자 한국의 토지수용법제를 검토하였다. 비록 사소유권을 택하고 있지만, 오래전부터 논의가 되어왔고 현재 비교적 구체적으로 규정되어 있는 한국의 토지수용법제는 중국에 시사하는 바가 적지 않다.

주제어: 중국 행정법, 토지수용, 농촌 집체토지, 수용분쟁, 토지소유권, 행정구제

제 1 장 서 론

I 연구의 배경 및 목적

토지는 국가와 세대를 막론하고 인류의 생존에 필요한 가장 기본적인 자연자원이고, 가장 귀중한 자원임에 틀림이 없다.[1] 이렇듯 제한적이고 재생 불가능한 토지자원은 중국의 경우에도 특히 중요한 문제로 대두된다. 중국은 약 963.4만 ㎢[2]의 넓은 국토를 소유하고 있는 것에 비해 인구밀도는 상당히 높다.[3][4] 2016년 기준 중국의 경작지 면적은 약 1.4억㏊ 정도이고, 이는 매년 감소하고 있다. 인류사회의 발전에 따라 농업은 공업화로, 농촌은 도시화로 진행되는 것이 필연적인 추세인 것이다.

신 중국이 건립된 후, 지주와 부자의 토지를 몰수하고 빈농을 우선으로 토지를 배분하는 토지사유제의 실시를 시작으로 합작화운동, 공사화운동을 거쳐 토지 등 중요한 생산수단을 집체소유로 정착시켰다. 공사화운동은 농업생산을 상당한 정도로 파괴하기에 이르렀고 1980년대부터 다시 토지에 대한 전면적인 개혁을 진행하였다. 1990년대에 이르러 그동안 시행해왔던 계획경제시장체제에서 사회주의 시장경제체제가 건립되면서 농촌의 토지제도는 다시금 화두가

---

1) 마르크스도 "토지는 모든 생산과 모든 생존의 원칙이다."라고 하고 있다. 中共中央马克思恩格斯列宁斯大林著作编译局,《马克思恩格斯选集》, 人民出版社第2卷, 1995, p. 24.

2) 바이두백과: https://baike.baidu.com (최종방문일: 2018.06.30.)

3) 2017년 기준 중국의 평균 인구밀도는 144.3명/㎢이다. 바이두백과: https://baike.baidu.com (최종방문일: 2018.06.30.)

4) 물론 각 도시마다 격차는 매우 크다. 심천시(深圳市) 5689.45/㎢, 상하이시(上海市) 3833.76/㎢, 둥관(东莞) 3288.08/㎢인데 비해, 싼사시(三沙市) 2.71/㎢, 아리지구(阿里地区) 0.23/㎢ 밖에 안 된다. 바이두백과: https://baike.baidu.com (최종방문일: 2018.06.30.)

되었다. 그러나 그 이후로 실질적인 변화는 없었던 것으로 보인다. 현재 중국은 사회주의성격의 국가로서 공유형식의 소유권제도를 택하고 있다. 토지공유제는 국가소유와 집체소유로 구분된다. 중국 《토지관리법》의 규정에 따르면, 도시의 토지는 모두 국가소유에 속하고 농촌과 근교의 토지는 국가소유에 속하는 것 외에는 모두 집체소유에 속한다. 2018년은 중국이 개혁·개방을 시행한지 40주년이 되는 해이다. 그간 경제는 상당한 발전을 이루었지만 이와 동시에 필요한 도시용지 공급을 위한 농촌토지의 수용이 활발히 진행되어 많은 농민들은 자신의 토지를 잃게 되었다. 중국에서 토지수용은 국가가 토지소유권자의 동의를 구할 필요 없이 국가의 일방적인 행정행위로 토지소유권의 변경이 가능하여 토지재산권자는 심각한 피해를 볼 수밖에 없다. 토지수용권은 공공정책을 위한 강력한 수단으로 사용되고 있으며 재산권에 큰 위협이 되기도 한다. 또한 제도적 결함으로 인해 토지수용과 관련된 분쟁은 법률적인 문제로 전환되지 못하고, 늘 사회적인 문제로 전환되어 집단자살 등 사회적 불안요소로 확산되고 있는 실정이다.

중국 《헌법》에서 토지수용의 법적 근거를 두고 있지만, 규정내용이 상당히 미흡하고 토지수용법의 부재 그리고 기타 관련 법률들이 전반적인 정비되어 있지 않는 상태이다. 또한 공공이익에 대한 규정이 없어 토지수용의 남용으로 이어지고 있다. 수용보상은 보상원칙조차 두고 있지 않고, 다만 관련법상 각각의 규정들에 산재되어 있는 정도이다. 수용절차 또한 투명하지 않아 전반적인 절차를 이해하는데 어려움을 주고 있다. 특히 행정구제에 대해서는 거의 논의조차 되고 있지 않다. 토지수용제도는 도시화의 지속여부를 결정할 뿐만 아니라 농민의 생존권과도 직결된다. 농촌토지의 수용분쟁이 가장 심각한 것으로 나타타고 있는데 주로 다음과 같은 배경을 가지고 있는 것으로 보인다. 첫째로, 중국은 과거 계획경제 시대에서 현재의 시장경제시대로 전환하는 과정에서 남긴 많은 문제점을 그대로 안고 있다. 둘째로, 지방정부가 토지매도금을 재정수입 확대수단으로 여겨 무리한 수용을 일삼고 부정부패를 낳고 있다. 셋째로, 현재 중국 행정체제의 복잡성으로 인한 각 주체들 사이의 이익충돌이 있다. 이 논문은 이러한 배경을 바탕으로 중국의 행정구제의 현황을 검토하기 위해 현재 중국에서 가장 많이 발생하는 사례5개를 선별하여 그 쟁점을 파악하고자 한다. 중국의 법원이 토지수용사례를 가장 많이 기피해왔고 현재도 심사거부를 하고 있지만 그럼에도 선정한 사례들에서 법원의 변화된 태도를 읽을 수 있었고 어느 정도의 시사점을 도출할 수 있으리라 본다.

농촌토지의 문제가 심각하다는 것은 모두가 인지하고 있는 사실이다. 그러나 구체적인 문제파악이나 대책에 대한 논의가 이루어지기 보다는 상당히 복잡하고 어려운 문제로만 치부되고 있다. 이러한 문제점에 입각하여 본문은 농촌 집체[5]토지 소유권을 주제로 정하고, 먼저 중국 토지법제 전반에 대해 검토하고, 행정구제에 기초하여 농촌 집체토지소유에 관한 배경, 주요원인 등에 관하여 체계적으로 논하고자 한다. 즉, 도시화과정에서 발생하는 농촌 집체토지의 분쟁을 해결하기 위한 구제에 초점을 맞추어 근본원인을 분석하고 향후 개선방안을 제시하고자 한다.

현재 한국과 중국은 자본주의와 사회주의라는 다른 정치체제와 경제체제를 구축하였지만, 역사적으로 맥락을 같이 하였고 일면 유사한 점 또한 많다. 한국의 경우, 「헌법」 제23조에서 자유권적 기본권으로서 개인의 재산권을 보장하고 있다. 이러한 재산권은 경제적 가치가 있는 제반권리를 말하며 그 범위에는 동산, 부동산 등 모든 종류의 물권 및 공법상의 권리까지 포함하고 있지만 재산권 중 가장 중요한 부분은 토지재산권이다. 과거 토지재산권을 절대적 권리로 보던 시각이 한정된 자원으로 보아야 한다는 인식으로 변화되어 왔고, 국민의 복지 및 급부를 중요시 하는 현대 국가에서 공공사업을 수행하기 위해 일정한 범위 안에서 국민의 토지재산에 대한 공용침해 또한 불가피하게 되었다. 1962년에 최초로 「토지수용법」이 제정되었는데, 과거 일제 강점기의 구 「토지수용법」을 발췌해 법제화하였고, 그 이후로도 일본의 「토지수용법」 개정내용을 잘못 해석하여 왜곡된 제도가 법제화되었다.[6] 당시 「토지수용법」의 성격은 제국주의체제인 일본의 상황에 따라 자연히 개인의 재산권 및 기본권보장보다

---

5) 집체(集体)란, 일정한 활동범위, 공통의 경제기초 및 사상기초, 정치목표와 공통적인 사회이익을 갖고 있는 일종의 조직형식의 단체를 가리킨다. 바이두백과: https://baike.baidu.com (최종방문일: 2018.06.30.) 집체에 대해서는 공공이익의 유사개념과의 구별부분(본문 27면)에서도 자세히 기술하고 있다. 선행연구에서 농촌 집체토지를 집단토지로 번역한 연구도 있으나, 본 연구에서는 집체가 단체도 포괄하는 더 적절한 번역일 것으로 고려하여 집체로 기술하였다.

6) 류하백, “토지수용법제에 대한 평가”, 토지공법연구 제53집, 2011, 25면.

는 국가정책의 효율적이고 신속한 집행을 도모하는 데 중점을 둘 수밖에 없었다.[7] 「토지수용법」은 6차례 일부개정을 거쳐 2003년「공익사업을 위한 토지 등의 취득 및 보상에 관한 법률」[8]이 시행되면서 폐지되었다. 이 법률이 제정되기 전에는 토지수용법 또는 민사법에 의한 협의매수에 의하여 공공사업에 필요한 토지를 취득하였지만, 협의매수를 하는 경우에 적용될 일반법적 규정이 없어, 사업의 종류 또는 시행청 별로 보상대상이나 기준이 상이하여 정당한 보상이 이루어지지 않는 경우가 발생하였다.[9]

여러 시행착오 과정을 거쳐 공용수용의 대표적인 경우로서 「공익사업을 위한 토지 등의 취득 및 보상에 관한 법률」이 현행 법제로 존재하고 있다. 이 법률은 수용을 행할 수 있는 사업의 공익성 판단과 관련하여 규정하고 있으며 토지수용의 절차와 관련하여 협의에 의한 취득, 수용에 의한 취득 등의 절차에 대해 규정하고 있다. 또한 토지수용위원회를 두고 있으며 토지수용위원회의 수용재결과 이의재결에 불복하는 경우에 토지소유자나 사업시행자들이 제기할 수 있는 보상금증감청구소송에 대해서도 자세하게 규정하고 있다. 한국의 경우에도 골프장건설도 통상적인 공익사업[10]으로 인정하게 된 부분, 사인의 경제적 이득을 위한 경우도 인정하게 된 것[11]에 따른 고민과 여러 논의들이 있는 것으로 보이나 토지수용법제에 대한 연구가 앞서 이루어진 한국의 대안이 중국의 토지수용법제에 상당한 참고가 될 것으로 보인다. 또한 한·중 무역거래를 기반으로 한국에서 중국토지시장에 대한 이해를 더하여 한·중 양국교류가 한층 더 정확하고 튼튼하게 자리 잡길 바라는 바이다.

---

7) 김영원, "공용수용제도의 헌법적 문제에 관한 연구", 인제대학교 박사학위논문, 2016, 2면 참조.
8) 이하 각주에서 한국「토지보상법」으로 약칭.
9) 고현환, 『손실보상법제의 비교』, 한국학술정보, 2011, 40면.
10) 헌재 2011. 6. 30. 2008헌바166, 2011헌바35(병합) 결정.
11) 헌재 2009. 9. 24. 2007헌바114 결정.

II 연구의 내용 및 방법

본 연구는 중국의 농촌 토지소유권에 관한 수용문제를 중심으로 한국과의 비교법적 고찰을 통하여 시사점을 도출하고자 한다. 상대적으로 농촌에 관한 연구가 적었던 과거와 달리 최근 수십 년 간에는 중국에서도 농촌 토지의 수용 분쟁에 대해서는 연구가 활발히 진행되어 왔다. 다만, 사용권에 입각한 물권법적 차원에서의 연구가 상당히 많이 진행되어온 것으로 보이고 소유권에 관한 논의는 보상금분쟁 외에 상대적으로 추상적인 공공이익에 관한 논의가 진행되고 있을 뿐이다. 다만, 구제에 관련된 논의는 거의 없고 있더라도 유효한 대책 제시보다는 추상적인 방향성만을 논의하고 있는 정도이다.

한국어로 된 선행연구는 단편적으로 중국의 토지수용법제 개념의 일부분을 소개하는 수준에 머물러 있고 행정법적인 연구보다는 민사법적인 관점에서의 토지의 사용권, 보상에 관한 내용을 주로 하는 연구[12]가 다수이다. 특히 행정구제에 관한 논의를 언급하고 있는 연구는 거의 이루어지지 않아, 농민들의 권리가 심각하게 침해되고 있는 실정에 비추어 아쉬운 부분이다. 이처럼 중국 토지수용법제는 물론 전반적인 중국 행정법에 대한 연구 또한 이루어지지 않았다는 것을 보여주는 가장 대표적인 예로 행정법 용어자체도 정비가 되어있지 않다는 점이다.

필자는 본 연구에서 사용되는 한·중 용어표를 작성하는 시도부터 전반적인 토지수용제도에 대해 체계적으로 검토하고자 하였다. 또한 행정구제에 초점을 맞추어 쟁점을 검토한 후, 중국 및 한국 법제 간의 일관성을 유지하면서 내용을 비교하고자 한다. 구체적으로 본 연구는 총 5장으로 이루어져 있다. 제1장 서론을 시작으로, 제2장에는 중국 토지제도에 대한 이해를 기초로 전반적인 토지 수용제도에 대해 검토한다. 특히 농촌 집체토지의 수용이 어떻게 이루어지고 있는가에 대해 검토하였고, 가장 많이 발생하는 유형의 사례를 선별하

12) 박종근, "중국농촌집단토지의 소유 및 사용에 관한 연구", 한남대학교 대학원 박사학위논문, 2005; 김광우, "한·중 토지수용제도의 비교법적 연구", 건국대학교 대학원 석사학위논문, 2010; 장뢰, "한·중 토지수용에 관한 비교법적 연구", 경상대학교 대학원 박사학위논문, 2013 등.

여 행정구제의 실태를 분석하고자 한다. 제3장에서는 시사점 도출을 위하여 한국의 토지수용법제를 살펴보고자 한다. 한국의 경우, 공익사업의 인정부터 토지수용의 절차 및 보상에 대해 모두 자세한 규정을 두고 있다. 특히 토지수용위원회를 두어 토지수용재결을 하도록 하며 또한 위원회의 결정에 불복하는 경우 이의를 제기하거나 소송을 할 수 있는 규정도 자세하게 되어있다. 제4장에서는 양국제도의 비교분석을 통하여 중국 토지수용법제에 대한 개선방안을 도출할 것이다. 개선방안의 큰 틀로 토지수용법의 입법필요성을 확인하고 독립적인 수용재결기관, 공시지가제도, 수용결정에 대한 감독, 행정구제권 주체 범위의 확대, 보상금증감청구소송 등에 대해 제시하고자 한다. 결론인 제5장에서는 앞서 논의들을 요약하고 향후 연구과제에 대해 기술하고자 한다.

연구방법에 있어서 우선 연혁고찰의 방법으로 중국 농촌토지제도의 출현과 발전역사를 살펴볼 것이다. 또한 비교법적 연구방법으로 중국과 한국의 법제비교를 함으로써 시사점을 도출하고자 한다. 문헌연구의 방법은 주로 중국문헌과 한국문헌을 참조하고, 중국에서 관련 논의가 없는 부분은 대만지역의 문헌을 참고하고자 한다.

또한 사례분석을 위해 사례연구방법도 택하기로 한다. 사례선택에 있어서는 가급적이면 최신동향을 대변하는 것으로 선별하려는 시도를 하였으나 중요한 법리를 설시하는 판례의 경우에는 시기의 제한 없이 분석대상으로 삼았다. 또한, 본 논문에서 특별한 언급이 없는 경우 중국이라 함은 중국 대륙과 관련된 것이다. 중국은 한국에 비해 비교적 적은 수의 판례를 공개해왔고, 온라인을 통한 검색체제가 구비되어 가는 중으로, 아직 전국의 법원이 통합되지 않는 등 이유로 원문에 대한 접근이 다소 어려운 것이 사실이다. 이는 연구의 한계가 될 수밖에 없을 것이다.

번역을 함에 있어서 가장 큰 고민은 원서의 용어 및 뜻을 가장 잘 정확하게 전달할 것인가에 대한 방법인데 용어는 가급적이면 기존의 뜻을 훼손하지 않는 직역의 방식을 택하였다. 그렇지만 상대적으로 행정법적 교류가 활발하지 않은 현재, 한국독자의 편의를 고려하여 자주 반복하여 사용하는 용어들은 한국식 표현으로 구현하는 방법을 택하였다. 중국에서의 '징수'를 '수용'으로, '행정복의'를 '행정심판'으로, '신방제도'를 '민원신청'으로 사용한 것이 대표적인 예이다. 중국의 법과 제도에서 특히 구별되어야 할 내용을 설명할 경우에는 직역을 하는 방식을 택하였다. 예컨대, 본문에서 대체로 '수용'이라는 용어로 통일하였지만, 중국의 법과 제도에서 '징수'와 '징용'의 구별을 언급하기 위한 내용은 '징수', '징용'으로 표기하였다.

본문에서 법조문을 설명하는 경우, 각주로 처리하는 것을 원칙으로 그 조문의 내용을 설명할 필요가 있을 경우에는 본문에서 언급하였다. 중국 지명과 인명의 경우, 국립국어원 외래어 표기법 규정을 따랐고, 필요한 경우 한자를 병기하였다. 중국의 법령표기방법은 중국에서의 사용관례 그리고 사법연수원에서 발간하는 법률문헌의 인용방법 표준안에서 제시하는 방법에 따랐다.[13] 한국의 법률조문이 "편－장－절－조－항－호－목"으로 구성되어 있음에 반해, 중국의 경우 "편(编)－장(章)－절(节)－조(条)－관(款)－항(项)－목(目)"으로 구성되어 있다. 차이점은 한국의 '항'에 해당하는 것을 중국에서는 '관'이라 부르고 따로 한국처럼 '항' 번호가 부여되어 있지 않고 법조문에 줄을 바꾸는 형식으로 구분하고 있다. 한국의 '호'에 해당하는 것을 중국에서는 '항'이라고 한다.[14] 본문에서는 중국의 법률은 중국의 표기법에 따르고 한국의 법률은 한국의 표기법에 따라 표기하였다.

마지막으로 본문의 한계로 중국 현지에 대한 조사를 토대로 하지 않았다는 점과 중국의 특성상 각 지역마다 구체적인 규정에 차이가 있을 것이라는 점이 있다. 가장 기본적인 체계정립을 목적으로 논문내용을 구성하였지만 토지수용법제가 제대로 이루어지지 않은 현재로서는 더욱 차이가 클 것으로 예상된다.

---

13) 예컨대, 중국 《중국행정심판법》, 한국 「행정심판법」으로 구별하였다.
14) 전대규, 『중국민사소송법』, 박영사, 2008, 11면 참조.

제 2 장 중국의 토지수용법제와 관련 행정구제

이 장은 중국의 전반적인 토지수용제도에 관한 개관을 우선으로 두되, 큰 틀에서 한국법제와의 비교 및 시사점 도출을 고려하여 목차를 구성하였다. 중국의 토지수용법제의 이해를 돕기 위해 중국 토지제도의 특징을 시작으로 토지수용의 헌법적 근거, 개념 및 주체, 목적물에 대해 논술하고, 다음으로 토지수용의 이론적 근거, 공공이익의 확정, 보상제도, 수용절차, 행정구제의 순서로 관련된 논의를 전개하고자 한다.

더 나아가 농촌 집체토지소유제도의 연혁 및 배경을 살펴보고 수용분쟁의 주요원인과 문제점에 대해 분석하고자 한다. 또한, 중국 농촌 집체토지수용의 행정구제와 관련된 주요쟁점 사례를 선별하여 분석하고 그 쟁점을 검토하고자 한다.

I 토지수용의 이론적 근거

중국은 토지에 대해 사회주의 공유제를 실시하며, 소유권과 사용권을 분리하여 보고 토지의 소유권은 또 국가토지소유와 농촌 집체토지소유로 나눈다. 중국에서 토지수용제도는 국가가 공공이익의 필요에 의하여 법률에 정한 절차에 따라 집체토지를 국유토지로 변경하는 제도로 정의되고 있다.[1] 《헌법》을 근거로 《토지관리법》에서도 법적 근거를 두고 있다. 그러나, 토지수용의 주체에 대한 현행 법적 규정은 명확하지 않고, 토지수용의 목적물은 농민집체소

1) 程信和 · 刘国臻, 《房地产法学》, 北京大学出版社, 2006, p. 14.

유농지의 수용, 집체건설용지의 수용, 집체소유 미이용지의 수용과 지상부착물의 수용 등 네 가지 큰 분류로 유추가능하다. 이하에서 자세하게 논의한다.

1. 토지제도의 특징

중국은 토지에 대한 소유권과 사용권은 분리될 수 있다는 법리에 따라 토지소유권은 국가로 하되, 토지사용권의 용익물권체계를 구축하고 있다. 도시토지의 경우 국유에 속하지만 주민들은 대개 70년 간 토지사용권을 가지며 또 토지사유제하에서 발생하는 상속·증여·양도가 모두 가능하다. 따라서 실질적으로 중국의 토지제도는 공유제의 형태를 취하고 있지만 사적소유와 크게 다를 바 없다고 볼 수도 있다. 이하에서 중국의 토지에 대한 소유제도와 사용제도에 대해 기술한다.

(1) 토지소유제도

토지소유권은 국가나 농민집체가 법에 따라 귀속된 해당 토지에 대해 점유· 사용·수익과 처분하는 지배적 권리를 말하는데 중국의 토지소유권에는 주로 국가소유와 농촌 집체소유 두 가지 유형이 있다. 도시지역의 토지는 국가소유이며 농촌, 도시근교지역의 토지는 집체소유이다. 또한 법률이 국가소유로 규정한 것 이외에는 집체소유에 속하며 자택지(宅基地), 자류지(自留地)[2], 자류산(自留山)[3]도 집체소유에 속한다.[4]

2) 자류지(自留地)는 중국 농촌 집체경제조직의 정책규정에 따라, 해당 구성원에게 장기적으로 분배하는 토지로 농민이 자류지를 경영하는 것은 일종의 가정의 부업이라고 볼 수도 있다. 자류지의 소유권은 농촌 집체소유이다. 바이두백과: https://baike.baidu.com (최종방문일: 2018.06.30.)

3) 자류산(自留山)은 정책규정과 농업종사자의 경영능력에 따라, 황폐한 산을 농업종사자에게 분배하는 일종의 경영방식이다. 산의 소유권(山权)은 국가나 집체에 속하고, 산림 소유권(林权)은 개인 농업종사자에게 속하게 된다. 바이두백과: https://baike.baidu.com (최종방문일: 2018.06.30.)

4) 중국 《헌법》 제10조: 1. 도시의 토지는 국가의 소유로 한다. 2. 농촌과 도시근교지역의 토지는 국가소유이다. 또한 법률이 국가소유로 규정한 것 이외에는 집체소유에 속하며 자택지(宅基地), 자류지(自留地), 자류산(自留山)도 집체소유에 속한다. 3. 국가는 공공이익의 필요에 의해 법률규정에 따라 토지에 대해 징수 혹은 징용할 수 있으며 또한 보상을 하여야 한다. 4. 어떤 조직이나 개인도 토지를 침해, 매매 혹은 기타 불법적인 방법으로 양도할 수 없다. 토지의 사용권은 법률의 규정에 따라 양도가능하다. 5. 토지를 사용하는 모든 조직과 개인은 반드시 토지를 합리적으로 이용하여야 한다.

(a) 국가소유

국가소유의 토지는 소유권의 주체가 국가가 되고, 이에 소유권은 오직 중앙인민정부와 중앙인민정부가 수권한 지방정부만이 행사할 수 있게 된다.[5] 국무원이 국가를 대표하여 행사하며[6] 국무원은 지방인민정부 혹은 해당 부처에 국가토지 소유권을 행사하도록 수권할 수 있다.[7] 소유권자는 토지에 대해 최종적인 처분권이 있으며 국가는 국유토지, 집체토지에 대한 최종결정권이 있으며 이는 공법상의 국가주권과 행정권의 색채를 띠게 된다.

중국 《헌법》 제9조에서는 광물자원(矿藏), 수류(水流), 삼림(森林), 산령(山岭), 초원(草原), 황무지(荒地), 간석지(滩涂) 등 자연자원은 모두 국가소유 즉 전민소유라고 규정하고 있다. 그러나 집체소유로 정한 산령(山岭), 초원(草原), 황무지(荒地), 간석지(滩涂)는 제외한다. 《토지관리법 실시조례》 제2조에서 다음 관(款)의 토지들은 모두 국가소유라고 규정하고 있다. ① 도시(城市市区)의 토지, ② 법에 따라 이미 국가에 몰수(没收) · 징수(征收) · 매수(征购)되어 이미 국유로 된 농촌과 도시근교지역의 토지, ③ 국가가 법에 따라 수용한 토지, ④ 법에 따라 집체소유에 속하지 않는 임지(林地), 초지(草地), 황무지(荒地), 간석지(滩涂) 및 기타 토지, ⑤ 농촌 집체경제조직의 모든 구성원이 도시주민으로 전환된 경우, 기존의 해당 구성원들이 속한 집체토지, ⑥ 국가조직의 이민, 자연재해 등 원인으로 농민집체경제조직이 이전한 후 사용하지 않는 원 농민집체소유의 토지.

(b) 집체소유

중국 《헌법》 제10조에서는 농촌과 도시근교의 토지는 법률규정이 국가소유로 정한 것 외에는 모두 집체소유에 속한다고 규정하고 있다. 집체토지수용이란 국가가 공공이익의 필요에 의해 법률절차에 따라 강제적으로 기존의 토지소유권자인 집체토지 소유권자에게서 토지소유권을 취득하고 합리적인 보상을 하는 행위이다.[8]

---

5) 이성연, “중국의 토지징수제도에 관한 고찰”, 인하대학교 법학연구, 2008, 197면.
6) 중국 《토지관리법》 제2조.
7) 중국 《토지관리법》 제5조.
8) 바이두백과: https://baike.baidu.com (최종방문일: 2018.06.30.)

중국《토지관리법》에서도 도시의 토지는 국가소유이고 농촌과 도시근교의 토지 및 법률로서 국가소유로 정하는 것 외 모든 토지는 집체소유에 속한다고 정하고 있다. 중국《농촌토지도급법》에서는 농촌토지에 관하여 더욱 자세하게 정하고 있는데 즉, 농촌토지란 농민집체소유 및 국가소유로서 법률에 의거하여 농민집체에 사용되는 경작지·임지·초지 및 기타 법에 따른 농업에 사용되는 토지라고 규정하고 있다.[9)]

집체토지수용에 있어서 토지수용의 주체는 국가이며, 수용대상은 집체소유의 토지이다. 농촌 집체소유의 토지는 법적으로 농촌집체에 속하는 것이고 이는 경제집체조직 혹은 촌민위원회가 경영·관리하게 된다.《헌법》제10조 3관에 의하면, 국가만이 토지수용의 주체가 될 수 있다고 규정하고 있으나 농촌토지수용의 근거가 되는《토지관리법》제43조는 어떠한 기관이나 개인도 건설을 함에 있어서 토지가 필요하면 법에 따라 국유토지에 대한 사용을 신청할 수 있다고 규정하고 있다. 즉 농촌 집체토지를 수용할 수 있는 권리주체는 지방정부를 포함한 국가에 국한되고 사업신청은 사인이나 기관도 가능하다고 보아야 할 것이다. 이 부분에 대한 자세한 논의는 본 절의 제4항 토지수용의 주체에서 자세히 다루도록 한다.

(2) 토지사용제도

중국의 토지제도를 소개하는 맥락에서 중국 토지제도의 중요한 한 부분인 토지의 사용권에 대해서도 간략히 언급하고자 한다.[10)] 중국에서 토지소유는 공유제형식을 채택하고 있고, 이는 다시 국가토지소유제와 집체토지소유제로 나뉜다. 이에 따른 토지이용의 효율을 극대화하기 위해 소유권과 사용권을 분리하고 있는데, 중국의 토지사용권 제도는 다시 도시토지사용제도와 농촌토지사용제도로 구분할 수 있다.[11)]

토지는 그 사용으로 말미암아 재산의 가치가 실현이 되는 것인데 중국의

9) 중국《농촌토지도급법》제2조.

10) 토지사용권은 토지수용과는 다른 하나의 용익물권체계를 구축함으로써, 소유권보다 제한된 지배권을 갖게 된다. 또 토지사용권의 유형은 크게 토지분배(土地划拨)와 토지매도(土地出让) 두 가지 형식이 있다. 토지사용권의 취득방법에는 매도(出让), 분배(划拨) 및 양도(转让) 세 가지 방식이 있다. 본문은 토지수용에 관한 연구를 중심으로 사용권에 대한 자세한 언급은 생략한다.

11) 박종근, "중국농촌집단토지의 소유 및 사용에 관한 연구", 한남대학교 박사학위논문, 2005, 144면.

경우 토지공유제를 원칙으로 하지만 개인에게 주어지는 토지사용권 또한 매우 중요한 개념이다. 토지사용권은 토지사용인(법인, 자연인 혹은 기타 조직)이 법률 규정 혹은 계약의 약정에 따라 법적으로 국가 혹은 집체소유의 토지에 대해 점유·사용·수익을 갖는 권리를 말한다. 중국의 토지사용권은 소유권과 달리 한정된 범위 내에서의 지배권이라는 점에서 지배물권으로서의 용익물권에 속하게 된다.[12] 도시의 토지는 국유소유로, 도시의 시민들은 토지의 사용권을 갖는다. 농촌의 토지는 집체소유지만, 이 경우에도 토지의 도급경영권은 사용권의 핵심을 이룬다고 할 수 있다.

중국《헌법》제10조에서 토지의 사용권은 법에 의해 매도할 수 있다고 규정하고 있다. 이는 토지사용제도의 헌법적 근거를 마련한 것이라고 볼 수 있다. 또한《토지관리법》제2장에서는 토지사용권에 관한 내용을 규정하고 있으며《민법》제5장에서도 재산소유권 및 재산소유권과 관련되는 재산권에 대하여 규정하고 있다.

2. 토지수용의 개념

중국에서 토지수용제도는 국가가 공공이익의 필요에 의하여 법률이 정한 절차에 따라 집체토지를 국유토지로 변경하는 제도로 정의되고 있다.[13] 중국《헌법》제10조 제3관에서 국가는 공공이익의 필요에 의해 법률규정에 따라 토지에 대해 징수 혹은 징용할 수 있으며 또한 보상을 하여야 한다고 규정하고 있다.

(1) 징수(征收)와 징용(征用)의 구별

징수와 징용의 구별에 대해서는 종래 상당한 논의가 있었다. 한국어의 번역으로는 모두 수용으로 표현 가능하지만 중국에서 양자의 의미는 구별된다. 현재는 주로 토지의 소유권을 수용하는 것을 토지징수라고 하고, 토지의 사용

---

12) 박종근, 앞의 논문, 144면.

13) 程信和·刘国臻,《房地产法学》, 北京大学出版社, 2006, p. 14; 高富平,《土地法学》, 高等教育出版社, 2016, p. 214.

권을 수용하는 것을 토지징용으로 보는 것이 일반적이다.[14] 즉, '징수'와 '징용' 모두 국가가 강제력을 동원하여 국민의 재산을 제한하는 형식이지만, '징수'는 재산소유의 주체가 변경되는 것으로 사인 또는 집체소유에서 국가소유로 변경되는 것이고 '징용'은 재산사용권의 변경만 발생하는 경우를 가리키는 것이다. '징용'의 경우에는 재산사용권의 주체가 사인에서 일시적으로 국가로 이전되며 소유권에는 영향을 미치지 않는 것으로 본다.

주로 과거에 단일하게 '징용'으로 모든 수용을 대체하여 사용하던 시기가 있었고 또 '징수'와 '징용'을 혼동하여 사용하던 시기도 있었다. 이러한 혼선이 빚어지면서 《헌법》과 《토지관리법》은 수정 과정에서 모두 '징수'라는 용어를 조문에 추가하였다.[15][16][17] 이에 따라 학자들도 상응한 이론을 펼쳤다. 토지징수는 집체토지소유권에 관한 박탈이며, 국가가 공공이익의 수요를 위하여 강제적으로 토지를 취득하고 상응한 보상을 하는 행위이며, 중국에서 토지징수는 주로 집체소유의 토지를 징수하는 행위라고 본다.[18] 또한 토지징용은 국가가 토지에 대한 임시사용으로 토지사용권의 변경만 있다고 본다. 중국에서 토지징수는 공공이익의 수요로 인해 국가가 집체소유의 토지를 국유로 전환하는 행위이고, 특별히 토지가 집체소유에서 국가소유로 전환되는 것을 지칭한다고도 본다.[19] 그러나, 이러한 분류는 공공이익의 필요에 의해 국유토지의 사용권

14) 高富平,《土地法学》, 高等教育出版社, 2016, p. 216; 章彦英,《土地征收救济机制研究－以美国为参照系》, 法律出版社, 2011, pp. 22－23; 高建伟,《中国集体所有土地征收研究－基于法经济学的分析》, 南开大学出版社, 2015, p. 85.

15) 기존의 중국 《헌법》 제10조에서 "국가는 공공이익의 수요를 위하여, 법률규정에 따라 토지에 대해 징용을 실시할 수 있다"고 규정하였던 것으로부터 "국가는 공공이익의 수요를 위하여 법률규정에 따라 토지에 대해 징수 혹은 징용을 실시하고 보상을 하여야 한다."로 수정하였다.

16) 그 외, 당시 전국인민대표대회 상무위원회 부위원장(王兆国)은 중국 제10기 인민대표대회 제2차 회의 헌법수정안 설명회(中华人民共和国第十届全国人民代表大会第二次会议宪法修正案草案说明)에서 징수는 소유권의 변경이고 징용은 사용권의 변경이라고 하였고, 중국의 토지관리법은 농촌집체소유의 토지가 국유토지로 전환하는 경우 즉, 징수의 경우를 규정하였고, 또한 임시용지의 경우 즉, 징용의 경우도 규정하였다고 설명하였다.

17) 기타 징용의 개념과 관련하여 물권법의 규정도 살펴보면, 물권법 제44조는 긴급구조, 재난구원 등 긴급한 경우 필요에 따라 법률에 정한 권한과 절차에 의하여 기관, 개인의 부동산 혹은 동산은 징용할 수 있으며 징용된 부동산과 동산은 사용 후 반드시 상대방에게 되돌려 주어야 한다고 규정하고 있다. 또한 부동산 또는 동산이 징용되거나 징용된 후에 훼손·멸실된 경우에도 반드시 상대방에게 보상하도록 규정하였다. 즉 물권법에서는 징용에 대한 개념을 입법적으로 명확히 한 셈이다.

18) 王太高, "土地征收制度比较研究", 比较法研究第4期, 2004, p. 16.

19) 王富博, "土地征收的私权保护", 政法论坛第1期, 2005, p. 108; 薛刚凌·王霁霞, "土地征收补偿制度研究", 政法论坛第2期, 2005, p. 86.

을 회수(收回)하는 경우, 이는 토지징수에 속하는지 토지징용에 속하는지 명확히 알 수 없다는 비판적인 견해도 있다. 또한, 토지징수는 단지 집체토지소유권의 수용뿐만 아니라, 국유토지의 사용권에 대한 징수도 포함해야 한다고 주장하고 있다.[20]

한국의 경우에도 이러한 구분이 되어있는 것으로 보인다. 「공익사업을 위한 토지 등의 취득 및 보상에 관한 법률」에서 토지수용과 토지사용의 두 가지 개념과 절차가 있는데 여기서 토지수용은 중국의 토지징수로 이해하고, 토지사용은 토지징용으로 이해하면 될 것으로 보인다. 본 연구에서는 토지 사용권이 아니라 주로 중국 농촌토지소유권의 변경으로 인한 분쟁요인 및 구제수단에 초점을 맞추어 분석할 것이므로 편의상 한국과 중국의 경우 모두 '수용'으로 통일한다.

(2) 토지수용의 내용

현재 중국은 토지수용과 관련된 일반법은 존재하지 않고, 농촌 토지수용을 규정하고 있는 《토지관리법》이 있다.[21] 농지는 《토지관리법》 제43조의 규정에 따라 강제적으로 수용한다. 그러나 농지를 건설용지로 전환하기 위해서는 수용 전에 반드시 허가(수용절차 중 하나로 농지를 건설용지로 전환하는 조치)를 받아야 한다. 《토지관리법》 제45조에서 농지를 전환하여 사용할 경우에 규정에 따라 농지전환 허가를 받아야 하고, 부가적으로 기본 농지 이외의 경작지로서 35헥타르를 초과할 경우, 혹은 토지가 초과할 경우에는 국무원의 허가를 받아야만 한다.[22][23]

---

20) 王红建, "土地征收立法研究", 郑州大学博士学位论文, 2012, p. 23.
21) 도시건물의 징용은 주로 《가옥철거관리조례》에서 규정하고 있다.
22) 符启林, 《房地产法教程》, 首都经济贸易大学出版社, 2002, p. 291.
23) 도시건물의 징용에 관하여 가옥철거관리조례 제2조는 강제적으로 철거할 수 있고, 피철거자에 대해 보상을 한다고 규정하고 있다. 가옥철거관리조례 제3조에 의하면 도시건물의 철거는 반드시 도시계획에 부합되어야 하고, 도시 옛 구역 개조와 생태환경 개선에 유리해야 하며 문화재와 문화유적을 보호해야 한다. 또 도시건물의 철거자는 건물철거허가증을 취득한 후에야 철거활동에 종사할 수 있다고 규정하고 있다. 여기서 건물철거자는 철거회사를 가리키며, 피철거자는 철거건물의 소유자를 가리킨다.

3. 헌법적 근거

토지수용은 현대 법치국가에서 일반적으로 존재하는 현상이다. 토지수용은 공익사업을 위하여 타인의 재산권을 강제적으로 취득하는 것이므로 당연히 법률상의 근거가 필요하다. 중국은 기존의《헌법》(1999년 수정안) 규정 제10조 3관에서 공공이익의 수요를 위해 법률규정에 의거하여 토지를 수용할 수 있다고 선언적으로만 규정하고 있었는데, 2004년 수정한《헌법》은 토지수용에 대하여 보상을 한다는 규정을 추가하였다.

4. 토지수용의 주체

중국의 경우 현재 토지수용과 관련한 주체의 범위 및 명칭 등 규범화된 정의가 없고 관련 논의도 찾아보기 힘들다.[24] 그러나 이러한 주체에 관한 연구는 매우 필요하고 중요한 것이며 크게 수용권자, 수용청구인, 피수용인 세 주체로 나눌 수 있다.[25] 이들은 각각 다른 두 가지 법률관계에 있으며 수용권자와 수용청구인으로 놓고 말할 때 이들은 각각 상대 법률관계의 제3자가 되는 것이다.[26]

《헌법》 제10조에서 "국가는 공공이익의 수요를 위하여, 법률규정에 따라 토지수용을 할 수 있다."고 규정함으로써 국가만이 토지수용의 주체가 될 수 있음을 명시하고 있다.[27] 농지수용의 근거가 되는《토지관리법》 제43조는 "어떠한 기관이나 개인도 건설을 함에 있어서 토지가 필요할 경우, 반드시 법에 따라 국유토지의 사용을 신청하여야 한다."고 규정하고 있다. 따라서 중국의 토지수용 주체는 헌법규정과 달리 개인, 기업, 정부(지방정부 포함)가 모두 포함되는 것으로 보인다.[28][29][30] 이하에서 수용권자, 수용신청인, 피수용자에 대해

24) 중국 국유토지 수용과 보상조례의 개별조관에서 단지 "피수용인"이라는 용어를 사용하는 것으로 보이고, 토지수용과 관련한 법률관계를 포괄하는 내용이라고 보기는 힘들다.

25) 房绍坤·王洪平,《公益征收法研究》, 中国人民大学出版社, 2011, p. 146.

26) 房绍坤, "公益征收当事人", 求是学刊第38卷第2期, 2011, p. 87.

27) 李延荣,《房地产管理法》, 中国人民大学出版社, 2002, p. 40.

28) Ding, Chengri, Effects of Land Acquisition on China's Economic Future, Lincoln Institute of Land Policy, Land Lines Newsletter, 2004, pp. 2－4.

29) 실제로 중국에서 토지수용을 신청해서 사업을 진행하는 상당수가 정부나 공공기관이 아니라 일반 사

자세히 기술한다.[31]

(1) 수용권자

누가 수용권자인지에 대해서 이론적으로 종래 세 가지 관점이 있는 것 으로 보인다. 첫째는 수용청구권이 있는 자가 수용권자라는 견해이고, 둘째로 국가가 수용권자이지만 수용청구권자 역시 국가가 수용권을 수권함으로써 수용권자로 볼 수 있다는 견해이며, 셋째로 수용권자는 단지 국가에 제한되고 수용청구권자는 수용권자가 될 수 없다는 견해이다.

첫 번째 관점은 수용 중에서 수용의 실시로 인하여 수요를 충족하는 사업은 반드시 공익성을 구비하는지 여부가 수용실시의 이유이고, 수용주체가 국가든지 혹은 단체든지 이를 문제로 삼지 않는다. 그러므로 단지 공익사업을 실시하는 자만이 수용권자라고 보는 것이다.[32] 이러한 관점은 법리적으로 근본적인 문제가 있다. 이들은 수용청구권자를 수용권자로 보는 것인데 수용청구권자는 원칙적으로 사인이고 해당 권리는 사적 권리가 되는 것이다. 그러나 수용권은 국가의 주권성 권리이므로 이는 통설과도 완전히 다르다.[33]

두 번째 관점은 주로 프랑스에서 채택하고 있는데 프랑스는 수용인의 주체에 공법법인과 사인을 포함한다. 일체의 공법법인, 국가를 포함한 지방단체와 공무법인은 모두 수용권을 향유하는 것으로 인정하고 있다. 현재 각국의 입법은 모두 두 번째 관점을 주로 채택하고 있으며 이 관점에 상응하는 입법모델들이라고 보는 견해가 있다.[34]

세 번째 관점에 의하면, 수용과 징용은 주권행위이고 주권은 국가만이 행

기업(건설기관)이다. 이러한 현상은 법률의 미비도 문제가 되겠지만, 일반 사기업이 공익사업이라고 하면서 일반 상업시설, 오락시설 등을 건설하고 있는 것이 더 큰 문제다. 이에 대해 조속한 관련법 제정이 필요하고, 더불어 사인에게 토지의 수용권 등을 인정하는 경우에는 이들에 의해서 시행되는 사업이 '공공필요' 라는 요건을 충족시키는 경우로 한정해야 할 것이다.

30) 토지수용의 주체에 관한 논의가 거의 없고, 또 헌법 규정은 국가의 수용권을 말한 것이며, 토지관리법 규정은 수용신청권에 그친다는 논리에 따라 위헌에 관련된 논의는 찾아보기 힘들다.

31) 공익수용의 주체에는 또 수용관계인, 수용승계인 등이 있는 것으로 판단되나 본문에서 관련 논의는 생략한다.

32) 房绍坤, "公益征收当事人", 求是学刊第38卷第2期, 2011, p. 88.

33) 曹圣明, 《土地征收法律制度及完善》, 法律出版社, 2013, p. 20; 房绍坤, 앞의 논문, p. 88.

34) 史尚宽, 《土地法原论》, 台湾正中书局, 1964, p. 462; 王名扬, 《法国行政法》, 北京大学出版社, 2007, pp. 240-241.

사할 수 있다고 본다.[35] 국가의 수용권은 입법의 방식 혹은 입법수권의 방식으로 사인권익을 박탈 또는 제한한다. 다수의 국가에서 두 번째 관점을 택하였지만 또 적지 않는 국가에서 예컨대, 독일, 미국과 중국 대만지역의 입법은 '국가'만이 수용권자임을 명확히 하고 사인은 배제하였다.[36]

생각건대, 세 번째 관점이 가장 타당한 것으로 보인다. 이 관점은 수용권자는 단지 국가로 보고 있고, 국가는 유일한 수용주체이며 수용청구권자는 수용주체가 아니라 단지 수용법률 관계 중의 수용상대인으로 보는 것이다. 중국《헌법》제10조의 규정에서도 국가가 유일한 수용권자임을 확인할 수 있다.[37] 수용권자는 또 수용의 비준, 실시하는 자와도 구별되는 것으로 보인다.[38][39]

(2) 수용신청권자

(a) 개념

수용신청권자는 법에 따라 공공이익을 위하여 사업에 수요 되는 토지를 수용권자에게 수용청구를 신청하는 자를 말하는데, 최종적으로 비준을 받을지는 수용권자의 결정여부에 달려 있다.[40] 여기에는 공법인, 사법인, 개인 및 비법인조직 등 다양한 주체가 포함된다.

(b) 현행 법규정

《토지관리법》 제43조의 규정에 따르면 어떠한 기관이나 개인도 건설에 필요로 하는 토지를 사용할 경우 모두 법에 따라 국유토지 사용의 신청을 할 수

---

35) 房绍坤·王洪平,《公益征收法研究》, 中国人民大学出版社, 2011, pp. 147-149; 沈开举,《征收, 征用与补偿》, 法律出版社, 2006, pp. 151-153.

36) 房绍坤, 앞의 논문, p. 89.

37) 중국《물권법》제42조에서는 "공공이익의 수요를 위하여 법률규정의 권한과 절차에 따라 집체소유의 토지와 기관, 사인의 가옥 및 기타 부동산을 수용할 수 있다."고 규정하고 있다. 여기서, 국가가 수용권자라는 유추해석은 가능하지만 명확히 밝히고 있진 않아 이 또한 유일한 토지수용권자인지에 대해서는 논란의 소지가 다분하다고 판단된다.

38) 중국《토지관리법》제45조: 다음의 토지를 수용하는 경우, 국무원이 비준한다. (1) 기본 농전, (2) 기본 농전 이외의 경작지가 35헥타르를 초과하는 경우, (3) 기타 토지가 70헥타르를 초과하는 경우, 앞에서 규정한 것 외의 토지를 수용하는 경우는 성, 자치구, 직할시 인민정부에서 비준하고 국무원에 등록한다.

39) 중국《토지관리법》제46조 제1관: 국가가 토지를 수용할 경우, 법정절차에 따라 비준한 후, 현급 이상의 인민정부가 공고하고 조직하여 실시한다.

40) 房绍坤, "公益征收当事人", 求是学刊第38卷第2期, 2011, p. 90.

있다. 여기서 국유토지는 법정의 국유토지뿐만 아니라 국가가 법에 따라 수용한 기존의 농촌 집체경제조직이 소유한 토지도 포함된다. 이러한 규정에 따라 여느 기관이나 개인이 수용청구를 제기 할 수 있다는 것을 말한다.[41]

《헌법》은 수용권 행사의 경우 공공이익의 목적을 수용절차의 개시요건으로 규정하고 있는 것에 비추어《토지관리법》에서는 공공이익의 목적으로 한정하고 있지 않아, 직접적으로 토지수용의 범위가 과도하게 넓은 것이 문제이다. 이는 공공이익의 확정과 더불어 시급히 개선해야 할 문제점이다. 또한 중국의 현행 법률에서 국가기관, 군사단체 혹은 국유독자기업은 용지주체로 수용신청을 할 때, 수용신청권자는 어떻게 확정해야 하는가의 문제가 있다.[42] 이러한 주체는 일정한 범위 내에서 국가의 의지와 이익을 대표하는데, 수용신청권자를 국가로 보아야 하는 지 문제가 된다. 이때, 이들을 국가로 보면 국가가 수용권자이기도 하면서, 수용청구권자가 되는 모순이 생기게 된다.[43] 그러나 이들을 독립적인 법률지위와 주체적인 지위를 지닌, 수용신청권자로 보았을 때는 상술한 문제가 발생하지 않는다. 그러므로 공법인 혹은 공무를 수행하는 법인을 독립적인 수용신청권자로 보는 것은 일면 타당하다고 생각된다.

(c) 외국인의 경우

외국인의 경우에, 중국의 수용신청권자가 될 수 있는지에 대해서는 자격을 구비하지 않는 것으로 보아야 할 것인데, 그 근거로 중국 현행 법규정을 살펴보면,《토지관리법》 제85조에서 "중외합자기업, 중외합작경영기업, 외자기업이 사용하는 토지는 본법을 적용한다. 법률이 별도로 규정하는 것은 해당 규정에 따른다."고 규정하고 있다. 또 삼자기업법[44]에 따르면 삼자기업 즉, 중외합자기업, 중외합작기업, 외자기업은 모두 중국 법률상의 국내 기업법인으로서 외국법인 또는 국제법인이 아닌 것으로 본다. 따라서 삼자기업은 중국 법률상

---

41) 중국《토지관리법》 제43조: 여느 기관이나 개인은 건설을 진행함에 있어서 토지사용이 필요한 경우, 법에 따라 국유토지를 신청할 수 있다. 단, 향진기업과 촌민건설주택을 건설하기 위해 법적으로 이미 본 집체경제조직의 농촌집체소유의 토지사용을 비준 받은 경우는 제외한다.

42) 房绍坤, 앞의 논문, p. 90.

43) 房绍坤, "公益征收当事人", 求是学刊第38卷第2期, 2011, p. 90; 曹圣明,《土地征收法律制度及完善》, 法律出版社, 2013, p. 23

44) 중국에서 삼자기업법(三资企业法)이라고 하는 것은 중외합자기업법(中外合资经营企业法), 중외합작기업법(中外合作经营企业法), 외자기업법(外资企业法)을 일컫는다.

부여한 권리와 의무를 지니므로, 기업자체의 명의로 토지수용을 신청하는 것이 가능하고, 토지수용권자가 될 수 있음을 알 수 있다.

(3) 피수용자

피수용자는 토지의 수용으로 인해 재산권을 상실한 자를 말한다. 넓은 의미에서 피수용인은 수용목적물의 소유자와 관계인을 포함한다.[45] 그러나 일반적으로 피수용자라고 하면, 관계인은 수용법률관계의 당사자가 아니기 때문에 관계인을 포함하지 않는다고 본다.[46] 아래에서 주로 농촌 집체토지의 소유권자를 중심으로 살펴보고, 도급경영에 관련해서는 토지사용권의 내용에 관한 것이나, 가장 흔한 용익물권자의 경우로 관련하여 기술하도록 한다.

(a) 농촌 집체토지의 소유권자

피수용인은 일반적으로 사적 재산의 권리자를 말하는 것인데, 공유재산의 권리자가 피수용인이 될 수 있는지에 대해서 의문이 든다. 여기에 대해서 피수용토지의 소유인은 개인이든지, 사법인 또는 공법인이든지, 국가든지를 막론하고 모두 피수용인이 될 수 있다는 견해가 있다.[47] 이러한 법적 이론은 주로 토지수용을 실시하는 국가인격과 토지소유자로서의 국가의 인격은 분리될 수 있으며 각각 다른 국가인격을 대표하는 국가기관은 각자 직무를 수행하는데 방해되지 않는다고 본다.[48]

또한 공유재산이 피수용자가 될 수 있는지에 대해 분석하려면 우선 토지수용과 지상부착물의 경우를 분리하여 보아야 한다는 견해가 있다.[49] 이 견해에 따르면, 토지수용의 경우 집체토지에 한정하여 농민과 농촌 집체경제조직만 피수용자가 될 수 있고, 지상부착물(주로 가옥)의 경우에는 구체적인 직무를 행사하는 공공기관도 피수용자가 될 수 있다고 본다.[50]

중국의 토지수용이라 함은 집체토지만을 가리키는 것으로 판단되며, 토지

---

45) 温丰文,《土地法》, 台北出版社, 2006, p. 527.
46) 房绍坤, 앞의 논문, p. 90.
47) 史尚宽,《土地法原论》, 台湾正中书局, 1964, p. 471.
48) 史尚宽, 앞의 책, p. 472.
49) 房绍坤, "公益征收当事人", 求是学刊第38卷第2期, 2011, p. 91.
50) 房绍坤, 앞의 논문, pp. 91−92.

사용권의 회수도 수용에 속하는지에 대해 명확한 판단이 없는 만큼, 도시토지의 소유자인 국가가 피수용자에 속하는지에 대하여 본문에서는 자세히 다루지 않는다. 다만, 농촌 집체토지의 소유권자인 농민집체조직과 그 구성원이 피수용자가 되는 것은 마땅하다고 본다. 그러나 이 부분 역시 사유재산의 수용과는 구별되는 비국유재산의 수용에 관한 것이라고 보아야 할 것이다.

(b) 토지 용익물권자(用益物权人)[51]

토지수용의 발생과 함께, 농촌의 촌민은 토지의 소유권을 잃게 되고 따라서 해당 토지에 법적으로 설정해놓은 기타 물권들도 사라지게 된다. 예컨대, 농촌 토지도급경영권(土地承包经营权), 건설용지사용권(建设用地使用权), 자택지사용권(宅基地使用权), 지역권(地役权) 등인데, 해당 권리를 가지는 권리자들이 피수용자가 되는 것이다.[52] 사실 용익물권이라는 개념부터, 그 체계까지 모두 규범화되어 있지 않다. 그럼에도 용익물권 중 가장 핵심적인 내용인 토지도급경영권자가 피수용자가 되는 것에는 틀림이 없다고 본다.

토지수용 과정에서 실질적으로 토지를 잃은 주체는 집체경제조직 자체가 아니라 그 구성원이다. 중국에서 토지도급경영권은 준소유권에 해당하는 매우 중요한 권리이다. 토지도급경영자는 수용되는 해당 수용토지의 용익물권을 가지므로 토지소유권자에 우선하고, 또 보상을 받아야 할 진정한 주체인 것이다.[53] 중국《물권법》제121조에서 "부동산 혹은 동산의 수용 또는 사용으로 인해 용익물권이 소멸되거나 용익물권자의 행사에 영향을 미치게 될 경우, 용익물권자는 본 법 제42조 및 제44조의 규정에 따라 상응한 보상을 획득할 수 있다."고 규정하고 있다. 또《물권법》제132조에서는 "도급토지가 수용되었을 때, 도급경영권자는 본 법 제42조 2관의 규정에 따라 상응한 보상을 획득할 수 있다."고도 규정하고 있다.[54] 그러므로 농촌 토지의 도급경영권자는 당연히 피수

51) 중국《물권법》제117조: 용익물권이란 타인이 소유한 부동산 혹은 동산에 대해 법적으로, 점유·사용 또는 수익을 얻는 권리를 말한다.

52) 房绍坤·王洪平,《公益征收法研究》, 中国人民大学出版社, 2011, p. 159.

53) 曹圣明,《土地征收法律制度及完善》, 法律出版社, 2013, p. 26.

54) 중국《물권법》 제42조: 1. 공공이익의 수요를 위하여, 법률 규정의 권한과 절차에 따라 집체소유의 토지와 기관·개인의 가옥 및 기타 부동산을 수용할 수 있다. 2. 집체소유의 토지는 반드시 법에 따라 토지보상비, 이주정착보조금, 지상부착물과 미수확농작물의 보상비용에 대해 정액보상하여야 하며, 피수용지 농민의 사회보장비용을 마련하고, 피수용지 농민의 생활을 보장하고, 피수용지 농민의 합법적

용자가 된다. 기타 용익물권에 대한 논의는 본문에서 생략한다.

5. 토지수용의 목적물

중국《물권법》제42조에서는 "공공이익의 수요를 위하여, 법률 규정의 권한과 절차에 따라 집체소유의 토지와 기관·개인의 가옥 및 기타 부동산을 수용할 수 있다."고 규정하고 있다. 해당 법에서는 수용의 대상은 농촌 집체소유의 토지, 기관 혹은 개인이 소유한 가옥 및 기타 부동산임을 명확히 하고 있다. 가옥의 경우는 일반적으로 지상부착물로서 수용보상을 지급해왔다.

또 농촌 집체소유에 속하는 토지는 경작지, 임지, 초지, 자택지, 자류지, 자류산 등이 모두 포함된다. 또 도시와 도시교외의 토지는 법적으로 국가소유로 속한 것 외에는 모두 농촌 집체경제소유의 토지이다. 토지의 유형으로 보면, 자택지, 자류지, 자류산도 모두 농촌집체소유이다.[55]《토지관리법》제4조에서는 "국가는 토지용도관리제도를 실행한다. 국가는 토지이용 전체 계획을 편성하고, 토지의 용도에 따라 농용지(农用地), 건설용지(建设用地), 미이용지(未利用地)로 나눈다. 농용지는 직접 농업생산에 사용되는 토지로 경작지, 임지, 초지, 농전수리용지(农田水利用地), 양식수면(养殖水面) 등이 포함된다. 건설용지는 건축물의 건설에 사용되는 것을 말하는데 주로 건축물의 토지로 도시주택과 공공시설용지, 광산용지, 교통수리시설용지, 여행용지, 군사시설용지 등이 포함된다. 미이용지는 농용지와 건설용지 이외의 토지를 말한다." 고 규정하고 있다.

그러므로 중국 농촌 집체토지의 수용대상으로는 집체소유의 농지, 집체소유의 건설용지, 집체소유의 미이용지 그리고 지상부착물 등 네 개의 큰 부류로 분류해볼 수 있다. 이들의 대상과 토지의 용도에 따라 수용보상의 범위 및 방식 등 기준도 다르게 된다.

인 권익을 유지하고 보호하여야 한다. 3. 기관 및 개인의 가옥 및 기타 부동산을 수용하는 경우에는 반드시 철거보상금을 지급하여야 하고, 피수용인의 합법권익을 유지하고 보호하며, 개인주택을 수용하는 경우에는 반드시 피수용인의 거주조건을 보장하여야 한다.

55) 중국《헌법》제10조 제2관.

Ⅱ 수용과 관련한 공공이익의 확정

국가가 토지를 수용하려면, 반드시 공공이익이라는 요건을 충족시켜야 한다. 이는 전 세계적으로 공인되는 부분으로 이러한 공공이익이란 무엇이며, 어떻게 한정할 것인가에 대해서는 더 깊은 논의가 필요하다. 이하에서 공공이익에 대한 논의를 그 개념과 유사개념들을 구별하여 살펴보고, 그 확정의 필요성과 기준 그리고 현행 중국의 규정을 중심으로 기술한다.

1. 공공이익에 대한 논의

(1) 공공이익의 개념

(a) 형식

공공이익의 개념은 “공공”의 범위와 “이익”의 내용을 모두 언급하게 되는데 대개 “공공”이 가리키는 것은 “사회 공중의, 전체 공민의, 공용의” 등이지만, 얼마나 많은 사인들의 집합이 “공공”으로 표현될 수 있는지는 확인할 수 없다. 다수인의 의견을 반영한 것이 꼭 공공이익인 것은 아니기 때문이다.[56)]

(b) 내용

공공이익은 보호하고자 하는 사회공중의 보편복리이고, 이는 전체 공중의 기쁨과 걱정에 관한 사항이다.[57)] 그러나 공공이익은 표현내용이 확정적이지 않고, 수익을 받는 수익자 및 이익 또한 추상적이다. 이처럼 공공이익은 하나의 개념을 도출하기 어려운 추상적인 개념으로 대만학자 중에는 사람에 따라 달라질 수 있으며[58)], 개별사례로 기술하는 것이 타당하다고 보는 견해도 있다.[59)]

---

56) 高富平,《土地法学》, 高等教育出版社, 2016, p. 217.
57) Garner, Bryan A, Black's Law Dictionary, Eighth Edition, West, 2004, p. 1266.
58) 陈锐雄,《民法新则总论》, 三民书局, 1982, p. 913.
59) 城仲模,《行政法之一般法律原则（二）》, 三民书局, 1997, p. 161.

(c) 어원(외국)

영어에서 공공의 단어가 대응되는 것은 "public"이다. 이는 공중의, 공공과 관련된 혹은 공중을 공용의 공공, 어원학으로는 그리스어에서 기원한 것으로 기술되어 있다.[60] 미국에서는 "public"에 대해 두 가지 어원에서 기원하였다고 보고 있다. 하나는 희랍어 "pubes" 혹은 그리스어 "maturity"에서 기원하였다고 보고 있다. 그 의미는 한 사람의 신체, 감정 혹은 지능적인 면에서 이미 성숙되었고 단지 한 인간이 자아 혹은 자아의 이익에만 관심을 가지던 것으로부터 자아를 초월하여 타인의 이익을 이해하는 것을 강조한다.[61] 다른 하나는 그리스어 "koinon", 영어의 "common"에서 기원하였다고 보고 있다. "koinon"은 또 그리스어의 "kom-ois"에서 기원하였고 그 의미는 공통의 것에 관심을 갖는다는 것으로, "common"과 "carewith" 그리고 "maturity"를 연결하여 사용하면 "public"이 된다고 본다. 이 단어는 한사람은 단지 타인과 합작하여 일을 할 뿐만 아니라 또한 타인을 위해 배려한다는 의미도 담겨있다.[62]

(d) 어원(중국)

공공이익에 대해 정의를 내리려면 우선 공공(公共)의 내포된 의미를 좀 더 알아볼 필요가 있다. 어원학에서 보면 고대 한어 중 공공은 크게 세 가지 내용을 포함하고 있다고 본다. 즉 첫째로, 공용(公用) 또는 공유(公有)이고, 둘째로, 공통(共同), 셋째로 보편성이다.[63] 사전적 의미로서 현대 한어 중 공공은 "사회에 속하는 것, 공유공용의 것"[64]으로 설명되고 있다. 또한 "공(公)"은 공공, 공통으로 "사(私)"와 상대되는 것이고[65], 공은 공유, 공통사용을 말한다고 기재되어 있기도 하다.[66] 얼핏 보면, 고대 한어 중의 공공의 첫 번째 의미가 현대 한어와 가장 근접한 것으로 보인다. 그러나 실질적으로 양자의 본질은 다르다. 중국 고대의 전제군주제(君主专制制度) 시기에는 진정한 사회의 공공이익의 실

60) 霍恩比,《牛津高阶英汉双解词典》, 商务印书馆 1997, p. 1196.
61) 乔治·弗里德里克森, 张成福等译,《公共行政的精神》, 中国人民大学出版社, 2003, p. 18.
62) 乔治·弗里德里克森, 张成福等译, 앞의 책, pp. 18-19.
63) 徐国良, "土地征收法制研究", 武汉大学博士学位论文, 2013, p. 49.
64) 在线新华字典: http://xh.5156edu.com (2018.05.25 최종방문).
65) 舒新城,《辞海》, 上海辞书出版社, 1989, p. 315.
66) 舒新城,《辞海》, 上海辞书出版社, 1989, p. 1359.

현이 불가능하게 하였고, 현대 한어 의의상의 공공은 근대 동서방의 문화교류 과정에서 점진적으로 중국에 전해진 것이라고 본다.[67)]

(2) 유사개념과의 구별

공공이익은 상당히 확정하기 어려운 개념이다. 이는 또 시대의 변화에 따라 발전하는 개념이기도 하다. 발전의 과정에서 공공이익은 의도적이든지 아니든지 많은 유사개념들과의 집합이 생긴다. 공공이익은 이러한 개념들 사이의 부딪힘과 어울려 부단히 변혁하고 이러한 개념들도 여러모로 공공이익에 영향을 끼친다. 따라서 유사개념과의 구별 또한 필요하다. 아래에서 공공이익과 국가이익, 사회이익, 집체이익 등과의 구별을 자세히 살펴보도록 한다.

(a) 공공이익과 국가이익[68)]

1) 국가이익의 이해

국가이익은 주로 국제법과 국내법 두 가지 영역에서 정할 수 있다. 구체적으로 보면, 국가이익은 다음과 같은 두 가지가 있다. 하나는 민족국가의 이익을 말하고, 다른 하나는 국내 정치범위 내에서의 국가이익인데 상응하는 개념으로는 지방이익, 집체이익 혹은 개인이익 등이 있다.[69)] 본문에서는 주로 후자의 경우로 한정하여 분석하고자 한다. 국가이익의 개념에 대해서도 각각 견해들을 달리 하고 있다. 국가이익에 어떤 내용이 포함되는지에 따라서 국가자신의 이익은 단지 세 가지 경우에만 존재한다고 보는 견해가 있다. 첫째로는 국가정권의 안정 및 안전으로 이는 정치통치의 이익수요이며 둘째로는 국제법상 국가주권주의의 이익이고 셋째로는 민사법상의 이익수요를 말하는데 즉, 이러한 이익과 상응하는 권리는 사적인 권리로도 표현 가능한 이익수요를 가리킨다. 그렇지 않을 경우 이는 불법적인 이익이 되는 것이다. 예를 들어, 정부는 공민들이 최대한 민원신청을 못하도록 하여 행정기관의 인적·물적 부담을 경감하는 것은 불법이익이라고 볼 수 있다.[70)] 또한 국가이익이 개인이익에 작용

67) 徐国良, “土地征收法制研究”, 武汉大学博士学位论文, 2013, p. 49.
68) 徐国良, 앞의 논문, p. 49.
69) 阎学通,《中国国家利益分析》, 天津人民出版社, 1996, p. 4.
70) 孙笑侠, “论法律与社会利益－对市场经济中公平问题的另一种思考”, 中国法学第4期, 1995, p. 57.

하는 경우는 다음과 같은 세 가지 경우가 있다. 첫째로 국가가 자신이익의 추구를 이유로 개인의 이익과 권리에 영향을 줄 때이다. 예를 들어, 정권의 안정과 안전, 공유제재산의 보호 등이다. 둘째로는 국가가 개인권리의 요구에 따라 행사할 때이다. 예를 들어, 민사사건의 당사자가 소송 제기 후, 심판기관은 수리하여야 하는 것과 같은 것이다. 셋째로, 국가가 사회공공이익의 수요로 따라 개인의 이익에 간섭하는 때이다. 예를 들어, 가장 중요한 사회공공이익인 환경문제, 즉 환경위생에 대한 관리 등이 있다.71)

2) 공공이익과의 관계

이처럼 공공이익의 생성과 발전은 늘 국가와 밀접한 관계가 있다. 이에 일부 학자는 이 둘의 교차관계를 인정하고 심지어 양자를 동일 시 하는 경우도 있다. "공공이익의 표현은 사회이익 혹은 국가이익"72) 이라고 표현하기도 하고 또 국가이익과 사회공공이익은 내용과 형식에서 모두 상호 포함되는 측면이 있다고도 한다.73) 공공이익은 많은 경우에 국가이익을 포함한다. 하지만 양자를 동일 시 할 수는 없다. 일본 민법에서는 공익이라는 두 글자를 쓰지 않고 공공복지 즉 공공복리로 대체하는데, 그 이유에 대해 사실 공공이익은 국가의 이익뿐만 아니라 사회적 이익도 포함하기 때문이라고 설명한다.74) 일본 민법에서 공공이익의 외연은 국가이익보다 크게 본다고 주장한다. 또 이익주체의 각도에서 설명하는 학자도 있는데 그는 성질로 보았을 때, 국가이익은 주로 국가를 주체로써 누리게 되는 이익을 말하고, 공공이익은 사회구성원들이 향유하는 실제이익을 말하므로, 이 둘은 향유하는 주체가 다르다고 주장한다.75) 더 나아가 만약 공익이 어떠한 일종의 이익인지를 고려해본다면, 비국가적 이익이어야 하고 "사회 전체이익"의 의의가 있어야 한다고 보는 견해도 있다.76)

따라서, 국가이익과 공공이익은 반드시 구분되어야 하는 개념이다. 그렇지 않을 경우 국가이익의 명의로 공공이익을 남용하는 현상이 나타나게 된다. 민

---

71) 孙笑侠, 앞의 논문, p. 57.
72) 赵震江,《法律社会学》, 北京大学出版社, 1998, p. 253.
73) 俞可平,《权利政治与公益政治》, 社会科学文献出版社, 2000, p. 133.
74) 史尚宽,《民法总论》, 正大印书馆, 1980, p. 31.
75) 韩大元, "宪法文本中'公共利益'的规范分析", 法学论坛第1期, 2005年, p. 7.
76) 城仲模,《行政法之一般法律原则(二)》, 三民书局, 1997, p. 7.

주공화제의 사회주의국가 중에서도 국가이익은 여전히 형식상의 공공이익이고, 공공이익과 국가이익의 괴리는 여전히 존재한다. 역사적으로 수많은 국가의 행정부처들은 공공이익을 이유로 기관의 이익을 증대시키기 때문이다.[77]

(b) 공공이익과 사회이익

1) 사회이익의 이해

'사회' 역시 하나의 추상적인 개념이다. 사회이익의 내포된 의미를 이해하려면 선행적으로 "사회"를 이해하여야 한다. 사회란 어떠한 내부의 개인, 군체(群体)가 일정한 관계로 구성된 인간의 물질과 정신활동을 포함한 산물을 뜻한다. 예컨대, 사회사상, 행위, 관습, 제도 등의 내용을 포함한 복잡한 시스템이다.[78] 사회이익 주체로서의 '사회'는 사회학에서 소위 말하는 '군체', 정치학에서 말하는 '계급'보다 더 광범위하다. 이는 무수한 개체, 군체로 구성되며 매개개인과 군체는 모두 그중의 구성원이지만, 이는 또 개인과 군체와는 구별되는 개념이다.[79] 사회이익은 사회를 귀속주체로 하는 이익을 말하고, 사회의 이익주체의 특성이 사회이익의 특성을 결정하게 된다. 즉, 사회이익은 분리하여 어떠한 사회이익이 사회의 어느 한 부분에 속한다고 할 수 없는 것이다. 사회이익은 주체로는 전체의 이익이고 내용으로는 보편적인 이익이라고도 본다.[80]

2) 공공이익과의 관계

중국에서 사회이익은 입법 중에서도 자주 사용하는 개념 중의 하나이다. 예를 들어《헌법》제51조[81]는 "사회의 이익"이라는 용어를 사용하고 있고 또한 양자를 혼용하여 사회공공이익이라고 사용하기도 한다.《민법》제7조와《계약법》제7조의 경우도 그러하다. 중국의 법률 중에서 양자의 혼용은 반드시 구분해야 할 부분이다.

사회이익과 공공이익은 여러 공통점이 있는데 첫째로, 양자는 모두 겹치

---

77) 刘连泰, "我国宪法文本中作为人权限制理由的四个利益范畴之关系", 西北政法学院报第4期, 2006, p. 39.
78) 蔡乐渭, "论行政法上的公共利益－以土地征收为中心的研究", 中国政法大学博士学位论文, 2007, p. 69.
79) 孙笑侠, "论法律与社会利益－对市场经济中公平问题的另一种思考", 中国法学第4期, 1995, p. 53.
80) 孙笑侠, "论法律与社会利益－对市场经济中公平问题的另一种思考", 中国法学第4期, 1995, p. 54.
81) 중국《헌법》제51조: 중화인민공화국 공민은 자유와 권리를 행사할 때, 국가의, 사회의, 집체의 이익과 기타 공민의 합법적 자유와 권리를 손해해서는 안 된다.

는 부분이 있다. 물론 사회이익이 포괄하는 내용에 대해 여전히 논쟁은 있지만 사회이익을 다음과 같은 여섯 가지 측면인 공공안전, 사회제도안전, 공공도덕, 사회자원보호, 공공발전 및 개인생활분야로 나누어 볼 수 있다.[82] 하지만 이러한 중요한 사회이익은 예컨대 교통안전과 같은 사회이익은 공공이익에 속한다고 본다. 둘째로, 양자는 모두 개인이익과 밀접한 관계가 있다. 개인이익을 떠나서 양자를 모두 논할 수 없다. 양자는 모두 개인이익이 존재하고 발전하는 전제라고 할 수 있다.[83]

사회이익과 공공이익은 긴밀한 관계를 갖고 있지만, 분명히 다른 개념이다. 사회이익의 주체는 통상적으로 특정한 집단으로, 예컨대 식품안전에 관한 이익의 주체는 특정한 전체 공민이다. 그러나 공공이익의 주체는 보통 불특정 다수이다. 또 사회이익은 늘 국가이익과 대립되는 일종의 이익으로 보고 있다. 사회는 국가와 독립된 일종의 자체적인 공동체이므로, 정치이익을 쫓는 국가와 달리 사회는 경제관계를 핵심으로 사회구성원들 사이의 문화를 연대로 연결되어 있다고 보는 견해가 있다.[84] 이러한 의미에서 사회이익은 국가의 간섭을 배제하는 동시에 국가이익과 병렬되는 관계이다. 셋째로, 양자의 범위는 다르다. 전술한 바와 같이 어떠한 사회이익 자체는 공공이익에 속한다. 그러나 기타 많은 사회이익은 공공이익과는 동일 시 할 수 없다.

(c) 공공이익과 집체이익

1) **집체의 의미**

현대 한어 중, 집체는 "많은 사람들이 모인 조직적인 전체(개인과 대응되는)"로 보고 있다. 중국에서 사람들은 늘 집체 구성원의 다름에 따라 각종의 다양한 집체로 구분이 된다. 예를 들어, 적게는 몇 사람으로 구성된 취미모임집체, 몇 십 명으로 구성된 학급의 집체, 크게는 전국인민이 구성한 국가집체, 전인류가 구성한 인류집체 등이 있다. 그러나 이러한 집체의 범위에 대해 범위를 한정하여야 한다고 주장하는 견해가 있다. 즉, 집체는 범위 상 엄격한 한정을

82) 罗斯科·庞德, 廖德宇译,《法理学》(第三卷), 法律出版社, 2007, pp. 218-238.
83) 徐国良, "土地征收法制研究", 武汉大学博士学位论文, 2013, p. 57.
84) 孙笑侠, "论法律与社会利益-对市场经济中公平问题的另一种思考", 中国法学第4期, 1995, p. 58.

하여야 하며, 집체를 어떠한 임의의 소단체로 이해하는 것을 반대하고 철학적 측면에서 사회전체와 같은 포용성이 있다고 주장한다.[85] 중국의 법률에서 '집체', '집체이익'은 모두 특정한 의미를 가지는데 그 중 집체는 중국의 모든 집체소유제 형식과도 밀접한 연관이 있다. 1954년의《헌법》에서는 "중화인민공화국의 생산자료 소유제는 주로 다음과 같다. 국가소유제 즉 전민소유제, 합작사소유제 즉 노동군중집체소유제, 개인노동자유소유제, 자본가소유제이다." 라고 규정하고 있고 1975년 및 1982년《헌법》에는 모두 노동군중집체 소유제를 규정하였다. 이로부터 중국에서 집체의 개념은《헌법》및 기타 법률이 규정하고 있는 특정이라는 것을 알 수 있다.

중국은 마르크스사상의 영향으로 집체는 늘 상위에 놓인다. 마르크스는 "집체가 없으면 이는 실현불가능하다. 집체 속에서 개인은 전면적으로 재능을 발전할 수 있는 수단을 획득하고, 즉 집체 안에서 개인은 비로소 개인의 자유가 있다."[86]고 말하고 있다. 이러한 관점은 인민들의 "집체이익"에 대한 인식에 깊게 영향을 주었다. 또 더 나아가 집체이익은 이익의 더 높은 형태이고 과도형태이고, 각종의 집체는 독립적인 사회조직으로서 일정한 정도에서 자체적으로 결책 및 자아발전하고 상대적으로 독립적인 주체로서 독립적인 이익이 있으며 현실 중에서 집체이익은 늘 더 쉽게 중요 시 된다고 보는 견해가 있다.[87] 비록 집체이익이 일정한 정도에서 개인의 이익보다 우선하지만 이러한 우선은 제한적이라고 생각하며, 동시에 집체구성원에 대한 침해도 적정한 범위로 한정하여 지키는 것이 바람직하다고 본다.

2) 공공이익과의 관계

집체이익과 공공이익의 공통점으로는 첫째, 양자는 모두 어떠한 군체의 이익으로 표현된다. 군체는 일종의 집합개념이고 연대로 결성된 특정 공통이익을 기초로 하는 개체의 집합체이다.[88] 그러므로 집체이익과 공공이익은 그 범위를 떠나서 최종적으로 모두 어떠한 군체의 이익을 표현하기 위한 것이다.

85) 罗国杰,《伦理学》, 人民出版社, 1989, p. 142.
86) 中共中央马克思恩格斯列宁斯大林著作编译局,《马克思恩格斯选集》, 人民出版社第2卷, 1995, p. 82.
87) 洪远朋等,《社会利益管理演进论》, 复旦大学出版社, 2006, pp. 46－47.
88) 王伟光,《利益论》, 人民出版社, 2001, p. 55.

둘째, 양자는 늘 교차되는 부분이 있다. 집체이익이 강조하는 것은 집체내부 모든 개인의 전체이익과 공동이익이고 단지 어느 한 개인의 구체적 이익이 아니므로, 집체내부의 전체이익이 공공이익과 부합될 때, 양자는 동질성을 갖게 된다. 동시에 공공이익과 집체이익의 여러 다른 점들 중 주로 양자의 주체가 다르다. 공공이익의 주체는 불특정한 다수이고 집체이익의 주체는 특정된 것이다. 즉 불확정 다수는 일반적으로 집체의 특징이 아니고 사회의 특징이다. 집체는 하나의 확정된 군체이다.[89] 이 둘은 또 범위가 다르다. 비록 집체이익과 공공이익이 교차점이 있더라도 많은 경우에 범위를 달리한다. 예를 들어, 어느 자연 촌부락의 토지의 수용에 있어서 해당 자연촌의 집체이익은 공공이익이라고 보기 어렵다.

2. 공공이익의 확정

(1) 확정의 필요성

각국의 입법은 모두 공공이익을 토지수용의 전제와 목적으로 하고 있다. 1789년 프랑스 인권선언부터, 미국 제5헌법 수정안은 비교적 일찍 토지수용의 공공이익에 관한 헌법 및 헌법성 문건이다. 이후 세계 각국 헌법은 수용제도를 규정할 때, 모두 공공이익을 수용권 행사의 전제조건으로 정하고 있다. 독일 헌법에서는 "공용수용은 공공복지 및 법률의 근거가 있어야만 행할 수 있다."(독일 기본법 제13조 3항)고 정하고 있다. 이태리 헌법에서도 "공공의 이익을 위하여 사유재산이 법정 정형에서 보상을 하고 수용을 하여야 한다."고 정하고 있고, 일본 헌법에서는 "재산권은 침범할 수 없고……사유재산은 정당한 보상을 하고 공공이익을 위하여 사용하여야 한다."고 되어있다.[90] 이러한 점에 비추어 공공이익을 결한 수용은 헌법을 위반한 것이고, 보상을 하더라도 헌법에 부합되는 것으로 치유될 수는 없다고 보는 견해가 있고[91] 또 독일학자 (H. J. Wolff)는 "공공이익의 조항은 어떠한 공행정행위의 합법성 한계의 이유이다."[92]라고 언급하

89) 马岭, "国家的·社会的·集体的利益与公共利益", 民主与法制第2期, 2007, p. 14.
90) 徐国良, "土地征收法制研究", 武汉大学博士学位论文, 2013, p. 66.
91) 李累, "略论我国宪法财产征用制度的缺陷", 中山大学学报第2期, 2002, p. 13.
92) 陈新民,《德国公法学基础理论》(上册), 山东人民出版社, 2001, p. 196.

기도 하였다.

그러나 공공이익의 불확정성, 모호성 등 특징 때문에 늘 남용의 소지도 크다. 동시에 현재 사회의 다원화 또한 공공이익 확정의 필요성을 요구한다. 하나의 통일된 기준이 없다면 개개인은 모두 자신의 취향이나 가치관에 따라 공공이익을 한정할 것이므로 이에 대한 범위와 적용한도를 반드시 분명히 할 필요가 있다. 공공이익 확정의 필요성은 주로 다음과 같은 몇 가지로 정리가능하다.[93]

첫째, 토지수용 중에서 개인이익과 공공이익의 균형을 이루기 위한 필요이다. 형식적으로, 토지수용은 공공이익의 수요를 위한 것이지만, 재산권에 대한 제한으로 보면 이는 공익이 사익에 우선한다. 공익이 사익에 우선하는 한계는 반드시 일정한 정도에 그쳐야 하기 때문에, 이에 로스코파운드는 "풍부한 경험이 나타내듯이 만약 인류의 자유주장의 욕망이 억제를 당하고, 그 정도가 기타 사회이익을 보호하기 위해 요구되는 합리적인 한계를 지나치면, 결과는 매우 심각하게 된다."고 주장한다.[94] 영국학자 Mike Feintuelk(Feintuck)은 "공공이익의 설립은 공공의 장원하고 공통된 광범한 이익과 개체의 단기적인 특수 및 협의의 이익간의 협조, 평형을 위한 것이고 더욱이 전자는 후자에 대한 침해를 보호하기 위한 것이다." 라고 보고 있다.[95] 토지수용 중에서 반드시 공공이익을 어느 정도의 범위 내로 한정하여야 할 필요가 있다. 그렇게 해야 만이 공공이익이 개인이익과 함께 조화롭게 공존하며 상호 촉진하여 공통으로 사회발전을 이끌어 나갈 수가 있다.

둘째, 공공이익의 개념의 자체 특징으로부터 결정되는 부분도 있는데, 중국 학계에서는 대만학자의 다음과 같은 글을 자주 인용한다. "공익개념의 제일 특별한 점은 바로 그 개념내용의 불명확성이다……이익내용의 불명확성 및 수익대상의 불명확성 두 가지 방면으로 표현된다."[96] 그는 또 더 나아가 공공이익은 비록 추상적이지만, 그렇다고 아주 보이지 않는 정도는 아니라고도 지적하였다. 이것은 바로 가치의 문제이고 토론이나 사고 및 헌법이론과 법리로 상황에 따라 어느 정도의 구체적인 결론을 이끌어 낼 수 있기 때문이다. 공익의

93) 徐国良, 앞의 논문, pp. 67－68 참조.
94) 罗斯科·庞德, 曹玉堂等译,《法律史解释》, 华夏出版社, 1998, pp. 112－113.
95) Feintuck, Mike, Media Regulation, Public Interest and the Law, Edinburgh University Press, 1999, p. 58.
96) 陈新民,《德国公法学基础理论》(上册), 山东人民出版社, 2001, p. 182.

가치단계와 공익의 인정은 민주헌정의 이념 및 해당 제도의 수립과 관련되며 상호 보완하고 실천하는 것이다. 공익개념의 추상은 표상일 뿐이고 실체는 아니다.[97] 중국 학자 중에서도 공공이익은 단지 순수한 추상적인 개념이 아니며 한정하고 해석할 수 있다고 주장하고 있다.[98]

셋째, 공공이익의 제한은 토지수용권에 대해서도 한계를 두는 것이기에 공민의 재산권 보호에 필요한 부분이기도 하다. 공공이익은 국가 토지수용권의 기본적인 조건이고 국가가 공민사유재산에 대해 관리하고 통제하는 전제이다. 그러나 현재 중국의 실정은 공공이익은 국가공권력을 수권하는 동시에 공권력 남용을 위해 빌미를 제공하고 있는 양상으로 나타나고 있다. 대만학자는 공공이익은 전형적인 불확정 법률개념으로서 법규의 용어는 그 의미가 불확정적이나 여러 가지 가능성으로 해석할 수 있다고 보고, 불확정개념을 구체적 사실관계에 적용할 경우 행정기관은 자유로운 판단을 하게 된다고 본다.[99] 그러므로 불확정개념의 모호성과 전문성이라는 특징에 근거하여 이러한 판단은 쉽게 틀리거나 혹은 다른 뜻을 품은 자들에게 이용당하고 그들의 사리사욕을 채우는 도구로 전락할 수 있다. 그러므로 공공이익의 범위에 대해 한계를 정하는 것은 토지수용권을 규범화하는 데 필요하며 토지수용권에 대한 일종의 제한으로서 작동한다.

넷째, 공공이익을 한정하는 것은 공익의 수용과 상업수용을 구분하는 데에도 유리하다. 더 나아가 공민의 합법적인 권리를 보호하고 국가토지를 합리적으로 이용하게 된다. 현실에서 토지남용의 예로 많이 보게 되는 경우 중 하나로, 사회공공이익의 수요로 지방정부는 기존의 주민들의 토지를 개발업자에게 매도하고 개발업자들은 고급주택을 지어 판매하고 주민들은 갈 곳이 없게 되는 현실도 공공이익을 명분으로 사권은 박탈당하고 개발업자의 이윤을 증가시키게 되는 것이다. 공공이익에 대해 엄격한 구분을 하는 것은 또한 국가토지의 합리적인 이용을 보호하고 특히 경작지를 보호하는 것이기도 하다.[100]

---

97) 陈新民, 앞의 책, p. 206.
98) 张庆东, "公共利益:现在行政管理的本质问题", 云南行政学院学报第4期, 2001, p. 22.
99) 吴庚,《行政法之理论与实用》, 人民大学出版社, 2005, p. 77.
100) 徐国良, "土地征收法制研究", 武汉大学博士学位论文, 2013, p. 69 참조.

(2) 확정의 기준

공공이익을 확정하는 것은 오랜 기간동안 매우 어려운 난제였다. 인민들은 공공이익의 내포된 내용, 외연 및 범위 등에 대해 일치한 의견을 얻기가 어려웠다. 이러한 문제의 어려움이 상당함에 따라 많은 학자들은 공공이익의 확정의 가능성에 대해서도 의심하는 태도를 지니고 심지어는 부정도 하게 된다. 그러나 다수의 학자들은 공공이익 확정의 가능성에 대해 인정하고 자신의 해결방안을 다음과 같은 몇 가지 기준으로 제기하였다.

첫째는 공공이익의 확정은 반드시 형식적 기준과 실질적 기준 두 가지 측면에서 진행되어야 한다는 의견이다. 형식적인 기준에서는 공공이익은 반드시 거쳐야 하는 절차이고, 여기에는 법정기준 즉 공공이익은 반드시 법률이 명확히 규정하여야 하며, 또한 투명성기준 즉 공공이익의 결책과 집행은 모든 과정이 투명하게 공개되어야 한다. 실질적 기준에서는 합리성의 기준, 공공수익성의 기준과 지속발전의 기준이 포함된다고 주장한다.[101)]

둘째는 공공이익의 구성요소에 입각하여 공공이익을 확정한다. 구체적으로 다음과 같은 몇 가지 기준에 부합되어야 한다고 보고 있다. ① 수익대상의 수량기준, ② 사회공중에게 제공하는 공공상품기준 즉 행정주체가 공공상품을 제공하는 행위, ③ 국가의 경제, 문화, 국방 등 건설기준, ④ 효익(效益)기준[102)], ⑤ 사회공중의 수익기준과 같은 것이다.[103)] 또한 합법합리성, 공공수익성, 공평보상성, 공개참여성, 권력제약성, 권리책임통일성의 6개 기준을 제시하기도 하였다.[104)]

셋째는 공공이익의 행사과정에서 출발하여 공공이익의 한계기준을 논하고 있다. 공공이익의 기능, 가치, 수단, 절차 등 측면으로부터 4항의 기준을 제기하였다.[105)]

넷째는 공공이익의 기본특성인 "공공성"에서 출발하여 행위주체의 주관적

---

101) 王景斌, "论公共利益之界定－一个公法学者基石性范畴的法理学分析", 法制与社会发展第1期, 2005, pp. 133－135 참조.

102) 효과와 이익을 생성하는 행정수용이여야 공공이익의 목적에 부합하는 것으로 인정할 수 있다는 견해이다.

103) 王成栋·江利红, "行政征用权与公民财产权的界限－公共利益", 政法论坛第3期, 2003, p. 112.

104) 莫于川, "判断'公共利益'的六条标准", 法制日报第8版, 2004.

105) 朱新力·黃金富, "论公共利益", 浙江工商大学学报第5期, 2004, pp. 6－7 참조.

인 목적 및 행정의 내용, 방식, 과정, 결과 등 객관적인 측면을 결합하여 확정하여야 한다는 견해이다.[106)]

다섯째는 공공이익의 확정은 다중적인 것이라고 인정하는 것이다. 어떤 학자는 공공이익의 한계는 "조건을 요하는 이중적인 기준을 택하여야 한다."고 보고 있다. 구체적으로 "첫번째 기준은 공공이익의 성립기준인데 실체성립기준과 절차성립기준으로 나누어 보는 것이고, 둘째 기준은 공공이익의 확인기준이다. 즉 사법기관이 비례원칙과 이익형량의 원칙에 따라 최종적으로 공공이익을 확정하는 것이다. 이러한 기준은 공공이익에 이의가 있을 때만이 가동한다."는 내용이다.[107)]

위 내용을 정리하면, 우리는 공공이익을 확정할 때, 출발점이 다름에 따라 해당 기준도 다르게 될 것임을 알 수 있다. 공공에 대한 사람들의 인식은 공공이익의 확정에 큰 영향을 미치게 된다. 그러므로 특징에 대한 분석은 공공이익을 이해하는 중요한 수단이 된다. 공공이익의 특징은 기타 개념들과 특히 유사개념들과 구별된다는 점이다. 이는 공공이익을 확정할 때, 중요한 참고자료가 될 것이다. 그러나 결코 유사개념들과 동일하지는 않으며 해결하고자 하는 역할 역시 다르다. 공공이익은 전반적으로 고려함으로써 도출하는 결론이고, 공공에 대해 인식하는 것을 도와주는 도구이기도 하다. 공공이익의 한계는 많은 여러 이익들 중에서 찾아내야 하는 부분이고 특정하기 어렵기 때문에 많은 특징들이 공공이익에 부합한다고 하여 공공이익이라고 볼 수도 없다.

공공이익을 확정할 때, 공공이익이 아닌 부분을 배제하는 것도 하나의 접근방법일 수 있다. 또 공공이익에 대해서는 완벽한 기준을 기대하기보다 여러 개의 기준 중에 상대적으로 가장 좋은 기준을 선택하는 방법이 타당하리라 본다. 그러나 반드시 기본적인 헌법의 테두리 안에서 진행해야 하고, 공공이익의 내용은 반드시 헌법이 확정한 국가의무와 국가기본원칙을 기초로 하여야 한다.[108)] 그러할 때에야 헌정을 통하여 민주와 자유, 효율과 공정, 다수인의 이익(공공이익)과 소수인의 권리는 최종적으로 협조와 통일을 통해 얻게 될 것이다.[109)]

---

106) 姜明安, "'公共利益'与'公共利益优先'的限制", 中国发展观察第10期, 2006, p. 62.
107) 徐国良, "土地征收法制研究", 武汉大学博士学位论文, 2013, p. 70.
108) 陈新民, 《德国公法学基础理论》(上册), 山东人民出版社, 2001, p. 187.
109) 张千帆, "'公共利益'是什么?－社会功利主义的定义及其宪法上的局限性", 法学论坛第1期, 2005, p. 31.

3. 중국의 현행 제도의 규정

(1) 입법규정

중국은《헌법》제10조에서 "국가는 공공이익의 필요를 위하여, 법률규정에 따라 토지수용을 할 수 있으며 보상을 하여야 한다."고 규정하고 있다. 또한《토지관리법》제2조에서도 "국가의 공공이익의 필요를 위하여, 법에 따라 수용 혹은 사용을 할 수 있고 보상을 하여야 한다."고 규정하고 있다. 그러나《헌법》과《토지관리법》은 모두 공공이익에 대해 구체적인 해석을 하지 않고 있으며, 구체적인 유형이나 배제되는 내용 등을 열거하지도 않고 있다.《물권법》제정 당시, 학계는 공공이익에 대한 논의를 거쳤지만 배제법으로 공공이익의 범위를 한정하자는 견해와, 물권법에서 감당할 내용이 아니라는 견해들이 있었고, 결국《물권법》은《헌법》의 추상적인 방식을 답습하여 그대로 표기하였다.[110][111]

그나마 유일하게 공공이익의 범위에 대해 규정하고 있는 것은《국유토지 수용과 보상조례》[112]이다. 해당 조례 제8조에서는 다음과 같이 규정하고 있다. "국가안전을 보장하고, 국민경제와 사회발전 등 공공이익의 수요를 촉진하기 위하여 이하 정형 중 하나에 속하고 가옥을 수용할 필요가 확실히 있는 경우, 시·현급 인민정부가 가옥수용의 결정을 한다. ① 국방과 외교의 수요, ② 정부가 조직하여 실시하는 에너지원·교통·수리 등 기초시설 건설의 수요, ③ 정부가 조직하여 실시하는 과학기술·교육·문화·위생·체육·환경과 자원보호·재해의 방지 및 감소·문물보호(文物保护)·사회복리(社会福利)·시정공용(市政公用) 등 공공사업의 수요, ④ 정부가 조직하여 실시하는 보장성주거 프로젝트의 건설수요, ⑤ 정부가 도시계획법에 따라 관련된 조직이 실시하는 위험주택개조, 기초시설이 낙후한 지역 등 구시가(旧城区)에 대한 개조의 수요, ⑥ 법률, 행정법규가 규정하는 기타 공공이익의 수요." 이 조례는 단지 국유토지의 가옥의 수용에 대해서만 규정하고 있고, 여기에 농촌 집체토지의 수용은 해당되지 않는다.

---

110) 刘婧娟,《中国农村土地征收法律问题》, 法律出版社, 2013, p. 70.

111) 물권법 제42조: 공공이익의 수요를 위하여, 법률규정에 권한과 절차에 따라 집체소유의 토지와 개인 및 기관이 소유한 가옥을 수용할 수 있다.

112) 국무원이 제정하고, 2011년 1월 21일부터 시행.

(2) 사법심사

중국의 현행 토지수용 제도 하에서, 사법기관은 공공이익에 부합되는지에 대해서는 전혀 어떠한 심사도 하지 않는다.[113]

법률의 규정을 살펴보면, 《행정심판법》 제30조에서는 다음과 같이 규정하고 있다. "국무원 혹은 성·자치구·직할시 인민정부가 행정구획에 대한 감정·조정 혹은 수용토지의 결정, 성·자치구·직할시 인민정부가 확인한 토지·광물자원·수류·삼림·산령·초원·황지·간석지·해역 등 자연자원의 소유권 혹은 사용권의 행정심판 결정은 최종재결로 한다." 이를 근거로 국무원과 성급정부가 행한 토지수용 결정은 행정심판만 제기할 수 있고, 이는 최종재결인 것이다. 그리고 《토지관리법》 제79조에서는 불법 토지수용의 경우에 대해 네 가지 유형을 규정하고 있다. ① 권한이 없는 기관 혹은 개인이 토지수용 및 사용을 허가하여 불법적으로 토지를 점용한 경우, ② 권한을 초월하여 불법으로 토지를 점용한 경우, ③ 토지 총 이용계획의 확정 용도대로 용지허가를 하지 않는 경우, ④ 법률·법규에서 정한 절차를 위반하여 토지의 수용, 점용을 허가한 경우이다. 만약 행정기관의 토지수용결정이 이상의 네 가지 중 어느 한 경우에 해당하면 해당 수용결정은 무효가 된다. 그러나 여기서 토지수용의 목적은 공공이익에 부합하지 않은 경우를 포함하고 있지 않다.

그렇다면 행정상대인이 토지수용행위에 대해 수용목적이 공공이익에 부합하지 않음을 이유로 법원에 수용결정 철회소송을 청구할 수 있는가의 문제가 생긴다. 필자는 《토지관리법》에서 공공이익을 목적으로 함을 규정하고 있으므로 반드시 합법성 심사 기준이 되어야 한다고 본다. 심판전치를 두고 있는 국무원과 성급정부의 결정은 제외하더라도 기타 수용행위는 구체적 행정행위로서 행정소송법에 정하고 있는 기소하지 못하는 행정행위가 아니다. 그러나 현실은 법원이 늘 각종 이유로 토지수용에 관련한 합법적인 기소의 수리를 거부하고, 관련한 사례를 수리하는 경우는 극히 드물다. 현재 법원이 수리하고 있는 아주 극소수의 사례도 일반적으로 토지보상비용에 관해 다투고 있는 사건들이다.[114]

---

113) 刘婧娟, 《中国农村土地征收法律问题》, 法律出版社, 2013, p. 71.

Ⅲ 토지수용의 보상

정부는 수용으로 농촌토지의 소유권을 획득하고 농촌토지의 소유권을 국유토지소유권으로 변경할 권리가 있다. 이에 대한 보상이 제대로 이루어지지 않을 경우, 토지를 잃은 농민들은 그들의 재산권, 생활보장권, 생존권에 모두 큰 타격을 입게 되는 것이다. 중국 헌법규정에는 재산권을 수용하는 경우, 보상을 한다고만 되어 있고 구체적인 보상에 대한 원칙이나 언급이 없다. 즉 원칙적인 표현에 그치고 있는데 구체적인 내용을 개별 법규를 통하여 이해하는 수밖에 없다. 중국의 수용보상은 단지 토지용도에 따라 일정용도 연한 내의 수익의 배수에 따라 계산하는 방법으로 그 기준을 둠으로써 이러한 보상기준은 수용토지의 지가, 경제발전수준, 토지공급 상황 등 요소와 모두 무관하게 되고 피수용자의 합법적인 권익을 심각하게 침해한다고 볼 수 있다.[115] 아래에서 논의되고 있는 학설들을 살펴본 후, 중국은 어떠한 보상원칙에 입각하고 있는지를 검토하고자 한다. 이에 앞서 현재 논의 되고 있는 수용보상의 표준설, 그 내용과 방식에 대해서도 살피고자 한다.

1. 정당보상설[116]

미국의 경우 국민의 재산권리를 충분히 보장한다는 점에 입각하여 피수용인의 손실에 대해 인정하고 있다. 보상은 직접적인 손실에 초점을 맞추지만 증명이 가능한 또는 예견가능한 미래의 손실도 포함하고 있다. 재산권 소유자의 손실과 동시에 피수용재산 이익관계자의 손실도 고려한다. 미국이 고수하는 원칙은 권리자가 일단 실질적인 손실만 존재하면 반드시 보상을 받을 수 있다는 이론이다.[117] 일본의 경우 수용손실 인정방식은 수용보상 즉, 직접손실 및 간접손실도 포함한다. 물질적인 손실보상 그리고 정신상의 손실보상 및 현재

114) 刘婧娟, 《中国农村土地征收法律问题》, 法律出版社, 2013, p. 72.
115) 韩俊, 《中国农村土地问题调查》, 上海远东出版社, 2009, p. 113.
116) 曹圣明, 《土地征收法律制度及完善》, 法律出版社, 2013, pp. 55-62 참조.
117) 季俊华·徐骏, 《土地征收问题研究》, 山东人民出版社, 2011, pp. 135-136 참조.

의 손실과 미래의 손실도 합리적인 범위 내에서 고려한다.[118] 중국 대만지역도 토지수용조례의 제30조부터 제33조까지 토지수용의 손실에 대해 규정하고 있는데 제30조에서는 보상지가의 기준 및 부가보상에 대해서 규정하고 있다. 그 내용은 당시 공고의 토지는 현재의 가치로 보상하고 도시계획 내의 공공시설 보류지는 인근 비공용시설 보류지의 평균 공고 토지의 현재의 가치로 해당 지가를 보상한다고 되어있다. 제31조에서는 건축물 개조 및 농작물 개조의 손실 보상에 대해 규정하고 있고 제33조에서는 합법적인 영업손실의 보상, 제34조에서는 이주로 인한 손실보상에 대해 비교적 구체적으로 규정하고 있다.[119]

기타 국가나 지역의 법률 규정들을 살펴보면, 권리인의 손실의 인정에서 알 수 있다시피, 국가 혹은 지역에서 사인의 재산에 대해 수용을 실시할 경우 사인이 감당하는 특별한 부담에 대해서도 공정한 보상을 하고 있는 것으로 보인다.[120] 수용보상제도는 헌법에서 확립되고, 다수의 민주절차로 결정되었으므로 이는 사인의 재산권의 보장이 진정으로 이루어져야 하는 것이다. 정당보상은 하나의 추상적이고, 개념이 불분명하다. 기타 국가들도 각각 다른 해석을 하고 있고, 각각 다른 정치 및 법률 환경에서는 또 다른 인식이 있을 수 있다. 그러나 정당보상이란 무엇인가의 문제에 대해 두 가지 유형의 주류 학설로 나뉘는데 즉 완전보상설과 적정보상설이다.

(1) 완전보상설

완전보상설은, 피수용 대상으로서의 재산의 객관적 가치는 반드시 시장거래가격에 따라 전액 보상하여야 한다고 인정하는 관점이다. 토지수용으로 인해 수반되는 이사비용, 영업손실 등 부대적인 손실까지도 반드시 보상해야 한다고 본다. 만약 수용의 대상의 재산이 재산권자의 생활에 기본적 의의가 있다면 그것에 대한 손실의 보상은 해당 자산에 대한 시장가격의 예측에 있는 것이 아니라 재산권자가 기존의 생활을 회복하는 것에 필요한 생활보상을 해줄 필요가 있다고 보는 것이다. 이러한 견해는 생활권보상이라고도 하는데, 완전보

118) 林玉妹, "土地征收范围和补偿机制的国际比较及启示", 福建省社会主义学院报第1期, 2005, p. 68.
119) 林纪东等,《新编六法参照法令判解全书》, 五南图书出版公司, 2008, pp. 276－277.
120) 沈开举,《征收, 征用与补偿》, 法律出版社, 2006, p. 86.

상설의 통설은 재산권자가 특별한 희생을 하는 경우에만 일반 행정관리의 수요를 만족시키기 위해서, 국가가 사회공공정책을 진척시키기 위해 대규모적으로 수용을 조치로 사회재산질서를 변경하는 경우를 제외하고 완전보상설 기준을 적용하기가 어렵다.[121)]

일본에서는 일본 헌법 제29조 제3관의 규정에 대하여 공용수용 및 공용한계가 사인의 재산에 대해 특별손실을 입힐 경우, 정당보상으로 하여야 한다고 보는데 주로 완전보상설과 적정보상설이 있다. 완전보상설은 피수용대상 재산의 객관가치에 대해 전적으로 보상해야 한다는 견해이다. 또한 재산의 전액보상 외에도 수용으로 수반하여 발생하는 일체 부대손실 예를 들면, 이사비용, 영업상 손실 등을 가산해야 한다는 관점이다. 적정보상설은 재산에 대한 수용의 보상은 단지 수용의 목적과 필요성 정도의 요소를 종합적으로 고려하여 또한 당시 사회의 일반적인 관념을 참조하여 공정하고 적당한 금액을 부여하는 것을 정당보상으로 보고 있다. 그러나 현재 일본은 더욱 철저한 보상이론인 생활권보상이론이 출현하였다. 이러한 관점은 만약 수용대상의 재산이 재산권자의 생활기초로서의 의미를 가진다면 피수용재산권자의 재산에 대한 보상은 단지 시장가격에만 제한될 것이 아니라, 부대적인 손실보상도 고려하여야 한다는 것이다. 심지어 재산권자가 기존의 생활환경을 회복하기 위해 필요한 생활보상도 하여야 한다.[122)]

중국 대만지역은 수용의 보상에 대해 명확한 규정은 없다. 그러나 토지수용조례에서 보상의 항목에 대해 자세히 열거하고 이러한 보상의 조항에서 알 수 있다시피, 보상 중에서는 지가보상의 기준 및 부가보상, 건축물, 토지개량보상, 합법적 영업손실보상 등이 포함된다. 열거의 범위로부터 직접적인 현실의 손실보상이 있고, 또한 간접적으로 예측가능한 이익손실보상도 있다. 보상비용의 구체적인 계산방법의 토지수용 보상의 표현은 완전보상이다. 이는 대만지역의 수용보상의 목적이 권리가 박탈당하거나 제한된 것으로부터의 회복, 재산권자의 재산의 재취득(重置)을 충분히 구현하고 있다.[123)]

121) 曹圣明,《土地征收法律制度及完善》, 法律出版社, 2013, p. 58.
122) 杨建顺,《日本行政法通论》, 中国法制出版社, 1998, p. 606.
123) 林纪东等,《新编六法参照法令判解全书》, 五南图书出版公司, 2008, pp. 231－232.

(2) 적정보상설

적정보상설은 또 상당보상설이라고도 한다. 대만지역의 학자는 이에 대해 적정보상설 혹은 상당보상설은 재량보상이라고도 한다고 말한다. 법률은 당사자의 권익의 손실에 대한 보상을 규정할 수 있고 법률이 당사자의 권익범위를 형량할 수 있다. 정도 및 공공이익의 중요성 그리고 급박성 여부, 그 외 국가의 재정문제까지 고려하여 법률·법규가 적당 혹은 상당의 보상을 지급하는 것을 말한다. 법률상에서 보상액을 명확히 규정하지 않은 것은 일반적으로 재량보상에 속한다고 보고 있다.[124] 이 설은 헌법이 정당보상에 대한 규정은 반드시 전액보상을 해야 하는 것이 아니고 단지 보상 시의 사회적 일반관념에 따라 객관적이고 공정하며 타당한 보상의 계산기준으로 합리적인 보상금액을 계산하여 보상하는 것으로 족하다고 본다.

독일의 기본법 제14조 제3관은 수용보상에 관한 정의를 공평보상으로 정하고 있다. "공공복리를 위한 것이라야만 사유재산을 몰수하여 국유화한다(充公). 반드시 보상의 성질과 범위를 확정한 법규가 있어야 재산의 공유화는 유효한 것이다. 보상 확정의 원칙은 공공이익과 원 소유자 이익공평의 평형이다. 보상액수에 쟁의가 발생한 경우에는 보통 관할구의 법원에 소를 제기할 수 있다." 연방헌법법원은 공평보상은 완전보상일 수도 있고, 완전보상보다 낮은 기준일 수도 있다고 인정하고 있다. 하지만 연방법원은 다음과 같은 사항을 강조하고 있다. "공평보상이 거래가격보다 낮은 경우는 단지 예외의 경우(예를 들면 입법기관이 특별입법이 있는 경우 등)에만 승인할 수 있다." 만약 입법기관이 거래가격 규정에 따라 보상기준을 규정할 경우 법원은 이러한 규정을 위반할 수도 없고 반드시 거래가격을 보상기준으로 하여야 한다.[125]

(3) 중국의 경우

중국의 경우《토지관리법》제47조의 규정에 따라 "토지를 수용할 경우, 피수용토지의 기존의 용도에 따라 보상을 하여야 한다."고 규정하고 있고,《물권

---

124) 陈新民,《中国行政法学原理》, 中国政法大学出版社, 2002, p. 272.
125) 哈特姆特·毛雷尔, 高家伟译,《行政法学总论》, 法律出版社, 2000, p. 696.

법》 제42조에서는 "공공이익의 수요를 위하여 법률규정의 권한과 절차에 따라 집체소유의 토지와 기관, 개인의 가옥 및 기타 부동산을 수용할 수 있다. 집체소유의 토지의 수용은 토지보상금, 이주정착보조금, 지상부착물과 미수확농작물의 보상비용, 피수용지 농민을 배치하는 사회보장비용을 정액(足额)으로 지급하여야 하며, 피수용농민의 생활을 보장하고 피수용농민의 합법적 권익을 유지하고 보호해야 한다. 수용기관, 개인의 가옥 및 기타 부동산은 법에 따라 철거보상을 하여야 하고 피수용자의 합법적인 권익을 유지하고 보호해야 한다. 개인의 자택을 수용하는 경우, 피수용자의 거주조건을 보장하여야 한다." 고 규정하고 있다. 《물권법》은 토지수용의 보상을 정액보상으로 하고 있음을 알 수 있다. 어떠한 근거의 보상기준으로 토지가격을 계산하는지에 대해서는 규정이 없지만 물권법의 규정에서 중국의 현재 보상은 충분한 정액보상을 원칙으로 하고 있으며 이는 완전보상과 유사하다고 볼 수 있다.

(4) 기타

사전보상은 재산의 피수용절차가 개시된 후 즉, 재산권·소유권의 변화가 발생하기 전에, 수용자는 피수용자에게 보상을 하는 원칙을 말한다. 민사법률의 영역에서 손해배상과 손실보상은 재산손실 혹은 손해의 사실발생을 근거로 책임을 명확히 한 후 보상절차를 개시한다. 재산이 실제로 손해되거나 손실을 입은 사람은 청구권을 가진다. 이는 당사자 사이에 평등한 법률관계를 지니며 어느 누구도 손해사실이 발생하기 전에 혹은 책임이 확정되기 전의 상황이므로 모두 배상책임의 의무를 지지 않는다. 그러나 정부수용 법률관계에서 수용자로서의 정부와 피수용자 사이의 관계는 평등관계가 아니며 수용자는 훨씬 유리한 위치에 있게 되는 것이다. 또한 자신의 의지만으로 피수용자의 부동산 혹은 동산의 재산권을 박탈하거나 제한할 수 있다. 비록 사후보상도 공평보상을 실현할 수 있고 정부의 수용효율을 제고할 수는 있지만 사전보상이 주는 정부의 공신력이라든지 사회안정성의 부분에서는 시사점이 있다고 본다. 비교법적으로 사전보상을 주도하는 나라는 주로 프랑스와 중국 대만지역이다.[126)]

---

126) 1. 프랑스인권선언: 재산은 신성불가침한 권리이다. 사전에 공평보상의 조건 하에서 합법적으로 인정한 명백한 공공이익의 수요의 요구에 의한 것이 아니면, 그 누구의 재산도 박탈당하지 않는다. 2. 중국 대만

중국의 《헌법》 및 현행 법률에서는 수용과 관련된 사전보상의 원칙은 확인되지 않지만, 학자들 사이에서도 원칙에 대한 견해 차이는 있다. 이에 대해 사전보상원칙에서 사전의 의미가 구현하는 것은 주로 수용징용사유의 즉시 고지, 보상기준의 사전협상, 권리자의 의견과 소망을 들어주고 존중하는 것, 법정 정당절차를 엄격히 준수하는 것이지 보상금을 먼저 지급하고 다시 수용이나 징용을 실시하는 것을 가리키는 것이 아니라고 보는 학자의 견해가 있다.127) 또한, 사전보상원칙이 체현하는 것은 정부의 신용과 공신력이므로 토지수용의 보상 과정에서 사전보상은 피수용자에게 안전감을 주고 정부가 토지수용의 계획성과 공익성을 더욱 잘 집행하고 실현할 수 있다고 주장하는 견해도 있다. 이들은 사전보상의 원칙의 확정과 동시에 사회의 안정에도 유리하다고 본다.128)

필자는 주로 두 번째 관점에 동의하며 이러한 부분은 법률에서 명확히 규정할 필요가 있다고 생각한다. 정부가 토지수용을 진행할 경우 강제적으로 집체 혹은 개인의 부동산 소유권 혹은 기타 물권을 박탈하거나 제한할 때 사전보상의 원칙을 확립할 필요가 있다.129)

2. 수용보상의 내용

중국의 현재 토지수용 보상제도 중에는 손실인정과 보상원칙에 대한 내용이 없다. 《헌법》에서는 단지 국가가 공공이익의 수요를 위해 법에 따라 수용을 할 수 있다고만 규정이 되어있고 실제로 그 보상의 원칙이나 기준에 대해서는 언급하지 않고 있다. 《헌법》을 기초로 제정된 《토지관리법》은 토지자원행정관리의 각도의 토지보상에 대해 원칙적인 규정을 두고 있다. 주로 손실보상의 원칙이라고 하기보다는 국토관리의 기본방향으로 예컨대, 토지의 합리적 이용,

---

지역 토지수용조례 제20조: 용지를 필요로 하는 인원은 공고기일 만기 15일 전에 보상지가 및 보상액을 관할 시 혹은 현시 주관기관에 납부하지 않으면, 해당 수용 안은 효력을 잃게 된다.

127) 莫于川, “私有财产权的保护与行政补偿法制的完善”, 浙江工商大学学报第2期, 2005, p. 8.

128) 季俊华·徐骏, 《土地征收问题研究》, 山东人民出版社, 2011, pp. 145−147 참조.

129) 2004년의 헌법 수정 당시 (초안)에 대한 설명회에서 전인대상무위원회 부위원장이었던 王兆国는 “수용은 반드시 사전의 정당보상을 하여야 한다.”고 지적한 바 있다. 동시에 중국의 입법법에서도 비국유재산의 수용은 반드시 법률로 규정하여야 한다고 명시하고 있다.

토지수용에 대한 국가의 통일적인 행사, 법률 규정에 의한 토지사용, 사회주의 공유제의 엄격한 준수 등을 규정하고 있다. 구체적으로 국가·집체 및 개인의 이익배려 원칙, 사업시행자 보상의 원칙, 기존의 용도에 따른 보상원칙, 현금보상의 원칙, 적정보상의 원칙, 집단보상의 원칙과 개인별 보상의 원칙 등의 내용을 규정하고 있다.[130]

《토지관리법》 제47조에서 토지수용의 보상에 관해 규정하고 있다. 토지의 수용은 토지의 기존의 용도에 따라 보상을 하고[131], 경작지 수용의 각종 보상비용은 경작지 수용 전 3년의 평균 가치의 6배 내지 10배로 하며, 매개 농업종사자 인구의 이주정착보조금은 경작지 전 3년의 평균 가치의 4배 내지 6배로 한다.[132] 연간 생산액의 구체적인 계산방식은 연간통계보고표에 따라 계산한 수용 이전 3년간의 해당 경작지의 평균 연 생산량에 국가가 정한 가격 혹은 협의가격[133]을 곱한 연생산액의 가치이다. 경작지의 연생산량은 각 종류의 주•부산물의 생산량을 모두 포함하고 수용되는 토지의 보상비와 이주정착보조금은 성·자치구·직할시에서 수용되는 농지의 보상기준에 따라 지급된다.[134] 또한 지상부착물과 미수확농작물의 보상기준도 성·자치구·직할시의 규정에 따른다.[135] 이외 도시교외의 채소밭을 수용할 경우에는 토지사용기관은 국가의 관련 규정에 따라 신규 채소밭 개발건설기금을 납부해야 한다.[136]

또한 토지보상비용과 이주정착보조금에 대해 최고상한을 두고 있는데 이주정착보조금[137]은 전 3년 평균가치의 15배를 초과하지 못하고 또한 토지보상금과 이주정착보조금의 총합은 전 3년 평균가치의 30배를 초과하지 못하도록

130) 符启林,《房地产法教程》, 首都经济贸易大学出版社, 2002, p. 292.
131) 중국 《토지관리법》 제47조 제1관.
132) 중국 《토지관리법》제47조 제2관.
133) 협의가격은 국가와 피수용자 간의 협의에 의해서 정해지는 것으로 정부가 가격을 정해 놓은 것이 없는 농산물의 경우에 주로 사용된다.
134) 중국 《토지관리법》 제47조 제3관.
135) 중국 《토지관리법》 제47조 제4관.
136) 중국 《토지관리법》 제47조 제5관.
137) 중국의 이주정착보조금은 수용지 안치보조비(征地安置補助費) 또는 배치보조비(安置補助費)라고도 부른다. 국가가 집체토지를 수용할 때 피수용토지가 수용된 후 생산 및 농민생활을 위해 지불되는 비용 및 노동력 배치비와 생활보조금을 말하는 것이다. 현행 토지관리법에 의하면 이주정착보조금(경작지 수용 배치보조금)은 이전하는 농업인구 총수에 의해 계산된다. 沈正超·黃建,《住宅与房地产词典》, 学林出版社, 2002, pp. 369－370.

되어있다.[138] 또 토지의 부착물과 미수확농작물의 보상기준은 성, 자치구, 직할시가 규정하도록 되어있는데 각 지방정부에 따라 토지의 보상에 대해 다양한 규정을 두고 있다. 예를 들어, 안후이성(安徽省)의 경우에는 매우 상세하고 구체적인 규정을 두고 있으나 저장성(浙江省)은 비교적 간단하게 규정하고 있다.[139] 이러한 규정은 분명히 합리적이지 못하다. 이는 피수용자의 이익을 심각하게 침해하고 있고 보상기준의 모호성으로 실은 정부기관의 재량에 맡기고 있는 실정이다.

3. 수용보상의 방식

중국의 현행 법률에 따르면 수용보상의 방식은 금전보상, 토지교환의 방식이 있다. 《도시가옥수용과 보상조례》 제21조에서는 "피수용인은 금전보상을 선택할 수도 있고, 가옥산권의 교환을 선택할 수도 있다."고 규정하고 있다.

실무에서 가장 많이 이루어지고 있는 방식 또한 이러한 두 가지 방식인데 토지수용 보상과 관련한 방식은 비교법적 규정에서도 통상적으로 이 두 가지인 것으로 보인다. 즉, 금전보상, 실물대체 혹은 대체보상이라고도 한다. 어떤 경우에 실물의 대체보상은 금전보상보다 더 합리적일 수 있는 장점이 있다. 그 외, 수용이 피수용인에게 가져오는 것은 단지 재산상의 손실이 아니라 피수용인의 생활, 생산영업, 직업생성 등 직접적인 혹은 간접적인 영향으로 인한 손실이 있다. 그러므로 금전보상, 대체보상 외에 피수용자에게 이주정착보조, 생활정착보조를 하여 이러한 방식으로 금전보상 및 대체보상으로 보완하지 못하는 토지수용의 손실을 보완하여야 한다.[140]

---

138) 중국 《토지관리법》 제47조 제6관.
139) 沈正超·黄建, 앞의 책, p. 370.
140) 曹圣明, 《土地征收法律制度及完善》, 法律出版社, 2013, p. 69.

Ⅳ 토지수용의 절차

토지수용은《헌법》이 수여한 일종의 특별한 권력이다. 이는 행정상대인의 토지재산권에 대한 제일 엄격한 규제방식이며 반드시 신청부터 허가의 실시까지 모두 엄격한 법정 절차에 따라 제한하여야 한다. “절차적 규제가 중요한 이유는 실무에서 행정기관에게 큰 권력을 부여하지 않을 수 없기 때문이다.”[141]

1. 정당절차의 원칙

정당절차의 이론은 고대 로마법의 자연정의로부터 근대에는 영국에서 기원하였다고 볼 수 있다.[142][143] 그 이후 정당절차의 범위는 부단히 확장되어 국민을 보호하고, 국가의 공권력을 제한하는 중요한 법률원칙이 되었다.[144] 절차는 법적 관점에서, 주로 일정한 순서, 방식과 절차로 관련된 결정을 내리는 상호관계를 말하는 것인데, 가장 일반적인 기준과 조건으로, 쟁의의 초점을 정리하고 공평하게 각 측의 의견을 수렴하여 각 측이 모두 이해하거나 인정하는 상황에서 결정을 내리는 것을 말한다. 절차는 각 측의 의견을 수렴함으로써 이성적인 사고를 하게 되고 선택범위를 넓히고 외부간섭을 배제하여 결정의 성립과 정확성을 보증한다.[145]

토지수용제도에서 중요한 요건 중 하나로 정당절차의 원칙은 토지수용권의 규범, 재산권보호 등 측면에서 매우 중요한 작용을 하게 된다.[146] 또한 토지수용은 일종의 공권력 주체의 공권력 행위로서 반드시 법률·법규에서 규정한 절차에 따라야 하고 과학적인 수용절차는 일종의 규제시스템으로 토지수용의 합법적, 합리적이고 정확한 행사를 보증할 수 있다.[147]

---

141) 王名扬,《英国行政法》, 中国政法大学出版社, 1989, p. 62.
142) 张昕, “论我国土地征收的正当程序”, 西部法学评论, 第3期, 2013, p. 78.
143) 영국 대헌장(마그나카르타) 제39조: 자유민은 동등한 신분을 가진 자에 의한 합법적 재판 혹은 국법에 의하지 않고서는 체포, 감금, 추방, 재산의 몰수 또는 어떠한 방식의 고통도 받지 않는다.
144) 李龙·徐亚文, “正当程序与宪法权威”, 武汉大学学报第53卷第5期, 2000, p. 631.
145) 季卫东, “法律程序的意义－对中国法制建设的另一种思考”, 中国社会科学第1期, 1993, p. 91.
146) 徐国良, “土地征收法制研究”, 武汉大学博士学位论文, 2013, p. 86.

2. 현행 토지수용 절차

중국은 현재 규범화된 토지수용 절차가 없는 것으로 보인다. 다만, 여러 법률이나 규정에 산재되어 규정하고 있다. 이는 물론 시기별, 지역별로의 차이가 있겠으나 근본적으로 명확한 절차가 구비되어 있지 않다는 점을 보여준다. 기본적으로 《토지관리법》, 《토지관리법 실시조례》 등 법률·법규와 규장의 규정에 따라 현행 토지수용 절차를 정리해보면 다음과 같은 내용들을 기본적으로 포함하고 있다. 우선 《토지관리법》의 규정에 의하면 농촌 집체토지를 수용하는 법적 절차는 크게 두 가지 단계로 나눌 수 있다. 즉 첫 번째는 농용토지를 건설용지로 변경하는 절차이고, 두 번째는 집체토지를 수용할 때에 반드시 따라야 하는 절차들이 있다. 이하에서 현행 토지수용 절차를 비롯한 기타 관련 행정절차에 대해 살펴본다.

(1) 국가가 수용권자가 되는 경우

국가가 직접 토지를 수용하거나 사업시행자로 하여금 정부의 토지관리부서에 수용을 신청하게 하여 토지소유권을 집체소유에서 국가소유로 이전하게 한다. 국가가 직접 수용권자가 되는 경우에 이러한 절차가 필요 없으며 수용권자인 국가가 수용통보를 함으로써 보상금액의 결정을 조건으로 하여 당연히 수용의 절차를 진행한다.

(2) 사업시행자가 수용권자가 되는 경우

사업시행자가 토지수용을 신청하는 경우 법률에 규정한 일정한 행정절차를 거쳐서 다음과 같은 단계로 행하여진다.[148]

(a) 건설기관의 용지(用地)신청

구체적인 건설항목에서 토지사용이 필요할 때, 건설기관은 건설항목의 전체적인 설계에 따라 일차적으로 혹은 분기별로 건설용지를 신청하고, 분기로 건설용지관련 절차를 밟게 된다. 에너지, 교통, 수리(水利), 광산, 군사시설 등

---

147) 沈开举, 《征收, 征用与补偿》, 法律出版社, 2006, p. 83.

148) 蒲杰, 《房地产开发法律实务与理论研究》, 法律出版社, 2007, pp. 17-23.

건설항목들은 토지이용의 총기획에서 확정한 도시건설용지의 범위 외의 토지사용이 분명한 경우, 토지행정주관부서에서 건설항목에 관련 사항에 대해서 심사하고 건설항목용지 예심보고를 제출한다. 건설기관은 건설항목과 관련된 허가문서를 구비하여 시·현 인민정부 토지행정부관 부서에 건설용지 신청을 한다.[149)]

(b) 승인기관

《토지관리법》 제44조[150)]에서 농용전환의 규정을 자세히 규정하고 있다. 건설수요로 인해 농촌집단소유의 토지를 점하는 경우에 반드시 농용토지를 건설용토지로 변경하는 비준절차를 거쳐야 하는데, 주로 다음과 같은 세 가지 경우가 있다. ① 성·자치구·직할시인민정부에서 허가한 도로, 선로공사와 대형 기초시설 건설항목, 국무원에서 허가한 건설항목을 건설하는 경우, 농용토지를 건설용토지로 변경하는 것은 국무원에서 비준한다. ② 토지이용의 총계획에서 확정한 도시와 농촌, 건설용지규모의 범위에서 당해 계획을 실현하기 위해 농용토지를 건설용토지로 변경하는 경우에 토지이용에 관한 연도계획에 따라 토지이용계획을 비준한 기관에서 비준한다. 이미 비준된 농용지의 이전범위 내에서 구체적 건설항목용지는 시·현인민정부에서 비준을 할 수 있다. ③ 위의 두 가지 경우를 제외한 기타의 경우에 만약 건설항목의 수요로 농용토지를 건설용토지로 변경하여야 할 때에는 성·자치구·직할시인민정부에서 비준한다.[151)]

또한 농용토지를 수용하는 경우에 우선 농용토지용도의 변경절차를 거쳐야 하는데 국무원이 그 비준권을 행사하는 경우에는 토지수용절차도 동시에 진행한다. 마찬가지로 성·자치구·직할시 인민정부에서 법에 따라 토지수용권

149) 徐迎春, "中美土地征收制度比较", 西北农林科技大学博士学位论文, 2011, pp. 65−66 참조.

150) 《토지관리법》 제44조: 건설점용토지(建设占用土地), 농용지를 건설용지로 전환하는데 관련하여 반드시 농용지전환의 조치를 취해야 한다. 성·자치구·직할시인민정부가 허가한 도로, 선로공사와 대형 기초시설 건설항목, 국무원이 허가한 건설항목 점용토지, 농용지를 건설용지로 전환하는데 관련된 것은 국무원이 허가한다. 토지이용의 총계획에서 확정한 도시와 농촌, 집체토지의 건설용지규모의 범위 내에서, 농용지를 건설용지로 전환하는 것을 실시하는 경우에 토지이용 연도계획에 따라 기존의 토지이용총계획의 허가기관부터 허가한다. 이미 허가한 농용지전환 범위 내에서 구체적인 건설항목은 시·현의 인민정부가 허가한다. 본 조 제2관, 제3관의 규정 외의 건설항목 점용토지가 농용지를 건설용지로 전환하는데 관련된 사항은 성·자치구·직할시 인민정부가 허가한다.

151) 徐迎春, "中美土地征收制度比较", 西北农林科技大学博士学位论文, 2011, pp. 66−67 참조.

을 행사할 수 있는 권한 내에서 농용토지용도의 변경을 비준하는 경우에 토지수용절차는 별도로 거치지 않는다.[152] 그 외의 경우에는 반드시 위의 절차대로 거쳐야 한다.

(c) 건설용지 적합성심사

사업시행자는 수용대상 토지를 예비선정한 후 국토자원국 소속 건설행정주관부문과 기획부문에 당해 토지이용 총계획과 토지이용연도계획의 적합성 여부의 심사를 신청하면 토지관리 부서는 토지이용의 총체적 계획과 토지이용연도계획에 근거하여 심사하고 그 결과를 사업시행자에게 통보한다. 사업시행자는 수용할 토지를 예비선정한 후 국토자원국 건설행정주관부서과 기획부서에 수용할 토지의 기획 및 연도계획 적합성여부 심사를 신청한다.[153] 토지관리부서는 토지이용의 총체적 기획과 토지이용연도계획에 근거하여 심사하고 그 결과를 사업시행자에게 통보한다.

(d) 건설항목 예비심사의견서

적합통고를 받은 사업시행자는 국토자원 관련 부처에 건설항목의 타당성 심사예심신청을 한다. 국토자원부서는 사업시행자가 제출한 자료를 심사하는데 건설항목의 국가토지공급정책 적합성, 건설항목 부지표준과 총규모의 관련 규정 부합성, 건설자금의 보장성 등을 조사한다.[154]

국토자원의 관련 부처는 예심신청을 수리한 날로부터 20일 이내에 이를 수리하여야 하며 건설항목예심의견서를 사업시행자에게 발급하여야 한다. 만일 20일 이내에 예심의견서를 발급할 수 없다면 국토자원국의 허가를 받아 10일간 연장할 수 있다.[155] 건설항목예심의견서의 유효기간은 3년으로 발급일로부터 계산한다.[156]

(e) 부지선정 의견서

사업시행자는 건설부서의 요구에 근거하여 건설항목타당성논증보고서를

152) 중국《토지관리법》제45조 제3관.
153) 중국《토지관리법 실시조례》제19조.
154) 중국《건설항목용지예심관리방법》제7조.
155) 중국《건설항목용지예심관리방법》제12조.
156) 중국《건설항목용지예심관리방법》제15조.

작성하여 건설부처에 제출하면 건설부처는 이를 심사한 후 건설항목 부지선정 의견서를 발급한다. 사업시행자는 규정에 근거하여 국유토지 유상계약을 체결하여야 한다.[157]

(f) 환경보호영향평가 및 관련기관 심사

《환경보호법》과 《건설항목환경보호관리방법》의 규정에 근거하여 사업시행자는 건설항목부지선정 의견서를 환경보호관련 부처에 제출하여 환경보호영향평가의 절차를 진행한다.[158] 일부 건설항목은 노동행정부문에 동 건을 제출하여 《건설항목평가관리방법》에 의거하여 심사를 받아야 한다.

《토지관리법》 제45조에 의하면 기본농지와 기본농지 이외의 경지가 35헥타르를 초과하거나 기타 토지가 70헥타르를 초과하는 토지를 수용하기 위해서는 국무원의 허가를 받아야 한다. 기본농지 외의 경작지가 35헥타르 이하거나 기타 토지 70헥타르 이하의 토지를 수용하려할 경우 성·자치구·직할시 정부의 허가를 받아야 하며 이는 국무원에 보고하여야 한다.

(g) 이주정착 및 토지수용 절차

토지를 수용할 경우 수용한 토지는 기존의 용도에 따라 보상한다. 농경지를 수용하는 경우, 해당 보상금에는 토지보상금, 이주정착보조금 및 지상 부착물과 미수확농작물의 보상금이 포함된다. 토지보상금은 농경지 수용 전 3년 평균 연간생산액의 보상금이 포함된다. 농경지를 수용한 이주정착보조비는 이주정착대상 농업인구수로 계산하여 생산액의 6－10배로 한다. 이주정착대상 농업인구수는 수용한 농경지량을 수용 전 피수용 기관 일인당 농경지 점유량으로 제하여 계산한다. 전 3년 평균 생산액의 4－6배로 한다. 단, 1헥타르당 농경지 수용 이주정착보상금은 최고로 수용 전 3년 평균 연생산액의 15배를 초과하지 못한다.[159]

사업시행자는 허가된 토지수용방안을 근거로 토지관련 행정부처는 공고를 하여야 하고, 수용대상 소재지 관할 향과 촌의 농촌 집체경제조직과 농민의

---

157) 중국 《토지관리법 실시조례》 제22조.
158) 중국 《환경보호법》 제19조.
159) 중국 《토지관리법》 제47조.

의견을 들어야 한다.[160] 현 인민정부가 허가한 후에는 시, 현 정부의 토지행정 주관부서는 보상기준에 이의가 있을 경우 현급 이상 지방정부의 협의를 구하고 협의가 이루어질 수 없을 경우 토지를 수용한 지방정부가 재결한다. 그러나 보상과 이주정착에 관한 분쟁사항은 토지수용실시에 영향을 미치지 않는다. 수용토지의 각 항목 비용은 보상과 이주정착방안 심사허가 후 3개월 내에 전액을 지불하여야 한다.[161]

3. 기타 행정절차에 관한 논의

(1) 행정절차

법률절차의 일종으로 행정절차는 행정기관이 행정권력을 행사하고, 행정결정을 행하는 것에 있어서 준수하는 방식, 절차, 시간과 순서 등 여러 측면의 요소들을 고려하는 것을 가리킨다.[162] 이는 중국대륙 행정법학계의 통상적인 관점이고, 대만지역 행정법학계에서는 행정절차가 광의의 행정절차와 협의의 행정절차로 구분된다고도 보고 있다. 전자는 사전절차, 즉 행정기관이 행한 행정행위의 절차와 사후절차(예컨대 소원[163]절차 및 강제집행절차)를 포함하지만 후자는 단지 사전절차를 포함한다고 보고 있다.[164]

중국에서의 행정절차는 통상 사전절차와 강제집행절차를 포함하고 일반적으로 행정심판의 절차는 포함하지 않는다고 본다. 행정절차의 특징은 주체가 행정기관이다. 행정기관 외의 입법기관과 사법기관이 일정한 행위를 행할 때 준수하는 절차는 행정절차가 아니라고 본다. 일반적인 민사주체가 행할 때 따르는 절차 또한 행정절차가 아니다.[165] 물론 행정절차는 주로 행정기관을 주체로 그러나 행정기관 외의 주체가 특히 행정상대인이 행정절차에 참여하는 경우도 완전히 배제하지 말아야 할 것이다. 이러한 참여는 어떤 경우에는 심지

160) 중국 《토지관리법》 제48조.

161) 중국 《토지관리법 실시조례》 제25조.

162) 蔡乐渭, “论行政法上的公共利益－以土地征收为中心的研究”, 中国政法大学博士学位论文, 2007, p. 191.

163) 대만의 소원(诉愿)제도는 한국의 행정심판에 해당하는 제도이다.

164) 翁岳生,《行政法》, 中国法治出版社, 2002, pp. 926－928.

165) 蔡乐渭, 앞의 논문, p. 191.

어 절차합법의 필요요건 중의 하나이다. 그 다음으로 범위에서 행정기관의 어떠한 행위를 하던 준수하는 절차는 모두 행정절차이다. 예컨대, 행정기관이 보통 민사주체의 신분으로 상점에서 문구를 구매할 때 적용하는 절차는 행정절차가 아니다. 정확히 말하면 행정절차는 행정기관이 행정권력을 행사할 때 반드시 준수해야 하는 절차이다. 그 다음 내용과 구성요소에서 행정절차는 주로 행정기관이 실시하는 일정한 방식, 단계, 시간과 순서 등이다. 예를 들어, 서면방식 혹은 구두방식으로 당사자의 관련정보를 통지할 때, 행하는 하나의 행정처벌결정은 반드시 어떠한 절차와 단계를 거쳐야 하는지 어떤 시간과 기한의 요구가 있는지 등등이다. 마지막으로 법률효력에서 행정절차는 법정의 효력을 구비하고 하나의 행정행위는 반드시 기존에 정해진 행정절차로 행하여야만 합법적이고 유효한 것이다. 행정기관은 행정절차의 어떠한 내용이라도 위반하면 해당 행정행위는 모두 하자가 있음을 의미한다. 행정기관의 행위인은 반드시 상응한 법률책임을 져야 한다. 상술한 가치를 실현하기 위하여 행정절차는 반드시 구체적인 절차제도로 체현이 되어야 하며 여기에는 공청제도, 공개제도, 의견구하기, 조사제도, 회피제도 등이 포함된다.[166]

(2) 공청회

일반적으로 행정공청제도는 행정기관이 상대인의 합법적인 권익에 영향을 미치는 행정행위를 하기 전에 행정기관이 상대인에게 행정행위의 내용과 이유를 고지하여 행정상대인이 행정주체에 의견을 전달하고 증거를 제공하며 행정주체는 또한 해당 의견을 받아들이고 해당 증거를 채택하는 등 절차로 구성되는 일종의 법률제도이다.[167]

각국의 행정절차법의 발전과정 중에서 "공청"은 각각 다른 개념을 갖고 있다. 예를 들어, 미국에서는 청문(hearing)은 이해관계자의 의견을 듣는 절차이다. 영미법계국가에서 행정공청제도는 심판형식의 청문부터 비공식회의 등 여러 가지 공청형식이 있다. 그러나 다수의 대륙법계국가에서는 공청의 형식으로 당사자의 의견을 듣는 절차로 기타 당사자의 의견을 듣는 절차는 공청이라

166) 蔡乐渭, "论行政法上的公共利益－以土地征收为中心的研究", 中国政法大学博士学位论文, 2007, p. 191.
167) 姜明安,《行政法与行政诉讼法》, 北京大学出版社 · 高等教育出版社, 1999, p. 269.

고 하지 않는다. 한국의 경우에 당사자의 의견의 형식에 따라 청문, 공청회, 의견제출로 분리하고 있다. 일본의 경우에 공청회 외에도 '소명(辨明)' 등 당사자의 의견을 듣는 절차가 있다.[168] 중국의 경우에 현재 공청제도를 규정하고 있는 법률은 주로《행정처벌법》,《가격법》,《행정허가법》등이 있다. 이러한 법률의 규정에 따라 공청은 행정기관이 행정행위를 행하기 전에 공청회의 형식을 통해서 당사자 혹은 사회공중의 의견을 듣는 절차제도이다. 토지수용 중의 공청제도는 행정기관이 토지수용과 관련한 행정행위를 행하는 과정에서 공청회의 형식으로 관련 인원의 의견을 듣고 이에 따라 행정결정을 하는 제도이다.

토지수용의 실질적인 내용은 공공이익의 수요에 기초하여 농민의 토지소유권을 박탈하는 것이다. 비록 이론적으로 토지수용은 법에 따라 보상을 하여야 하지만, 농민에게 있어서 토지수용권력의 행사가 포함하는 위험은 현실적으로 존재한다. 이는 수시로 공민의 합법적인 권익을 침해할 수 있고 현실에서 이러한 침해는 수없이 발생한다. 토지수용절차의 제도설계 중에 반드시 농민이 토지수용의 과정에 참여하여 그들의 의견을 제출하고 관련된 증거를 제공하게 함으로써 관련된 사실을 증명하게 하여야 한다. 또한 토지수용과 관련된 결정 및 절차 중 증명하려고 하는 사실에 의거해서 피수용자의 의견이 충분이 고려되고 존중되어야 한다. 그리하여 최대한도로 수용권력의 남용의 가능성을 감소하여야 한다. 공청제도는 이러한 일종의 공민참여를 주요내용으로 하는 절차제도이고 토지수용 과정 중 공민의 권리에 극히 중요한 작용을 한다.[169]

공청의 권리는 중요한 존엄성과 참여성의 기능을 발휘한다. 공청을 거치지 않으면 공민의 재산을 박탈하지 못하고 즉, 정부는 공민에게 불리한 행위를 행하기 전에 반드시 그들의 의견을 들어야 한다. 공중의 참여권리를 보호하는 각도에서 출발해야 하고, 공청의 범위가 넓으면 넓을수록 좋다. 현대 사회에서 정부가 행정적으로 미치는 사무의 영역은 매우 광범위하다. 모든 행정행위에 대해서 공청절차를 채택하는 것은 불가능하다. 그러므로 선택적으로 공청의 범위를 확정하여야 한다. 주로 불특정 다수에 미치는 행정행위의 공청과 특정인에 미치는 행정행위의 공청 두 가지 유형이 있다. 전자는 공공기초시설의 건

168) 蔡乐渭, "论行政法上的公共利益－以土地征收为中心的研究", 中国政法大学博士学位论文, 2007, p. 191.
169) 蔡乐渭, 앞의 논문, p. 192.

설여부와 같은 언제 어디서 건설할 것인지에 대해 공청을 하는 것이고, 후자는 특정한 피수용자의 지상개량물의 가치문제에 대해 공청을 하는 것이다. 일반적으로 행정행위에 대한 공청을 할 것인지 여부는 행정행위의 성질을 기준으로 공민에게 미칠 수 있는 중대한 영향, 즉 권리의 감소를 고려해야 한다. 이는 모두 공청절차를 적용해야 한다.[170)]

토지수용 중에서 현재 《토지관리법》 제46조 및 제48조와 《토지관리법 실시조례》 등 법률, 법규에서는 단지 관련 사항에 대해서 피수용토지의 농촌 집체경제조직과 농민의 의견을 들어야 한다고만 되어 있고 공청절차는 필수적인 것은 아니다. 상술한 규정에서 행정기관의 공청회 진행을 배제하지 않고 있어 어느 정도에서 공민참여에 대해 중요시 한다고 볼 수 있다. 이러한 입법정신에 근거하여 국토자원부는 2004년에 《국토자원공청규정》을 제정하였다. 이 규정에 의하면, 토지수용 공청의 범위가 직권에 의한 공청의 범위와 신청에 의한 공청의 범위 두 가지 유형으로 나뉜다. 직권에 의한 공청의 범위규정은 제12조, 신청에 따른 공청의 범위는 제19조에서 규정하고 있다.

중국 행정법은 80년대 이후부터 차츰 발전하기 시작하였다. 그 발전과정은 실체법 제정에서부터 시작되다보니 처음부터 행정절차에 대한 많은 관심을 갖지는 못했다. 90년대에 와서 행정절차는 학계에서 주목받게 되었고 절차법치의 이론도 차츰 형성이 되었다.[171)] 토지수용 중에서 행정절차제도의 발전흐름에 따라 공중참여절차의 중요성은 1989년 《토지관리법》이 수정된 이후에야 차츰 드러났다. 그 중 공청제도는 2004년 국가자원부에서 규장(规章)의 형식으로 정식 확립되었다. 이러한 발전과정은 현재 중국의 공청제도가 완비되지 못한 이유 중 하나라고 할 수 있다. 이념적으로나 제도적 설계 모두 일정한 문제와 미흡한 점이 있다. 아래에서 관련된 문제를 정리해본다.

우선, 규범적 각도에서 보면 현재 공청제도는 국토자원부에서 제정한 것이고 법적 성격 행정규장에 속한다. 공청절차로 놓고 말하면, 본래의 목적은 중립적인 절차로 공민들이 행정과정 중에 참여하고 공민의 권리가 존중되고 보호받는 것이다. 그러므로 행정규장의 의의는 현대사회에서 이미 보편적으로

170) 蔡乐渭, “论行政法上的公共利益－以土地征收为中心的研究”, 中国政法大学博士学位论文, 2007, p. 192.
171) 蔡乐渭, 앞의 논문, p. 193.

인정받고 있지만 공청절차 규정은 절차의 중립성을 보증하기 어렵고 또한 인민들이 그에 대한 중립에 충분한 신임을 보증하기도 어렵다.[172] 공청절차는 근본적인 목적에 따라 관련법규인 《토지관리법》에서 토지수용 중의 공청절차에 대해 규정하여야 한다고 본다.

그다음, 토지수용의 과정에서 주로 수용여부의 결정과 보상금액의 확정 두 가지 큰 단계가 있다고 할 때, 현재의 행정공청제도는 단지 보상단계의 공청에 대해서만 규정을 하고 있고 토지수용결정단계의 공청에 대해서는 언급하지 않고 있다. 실질적으로 전체의 토지수용 절차 중에서 수용의 결정은 매우 중요한 것이고 수용이 없으면 보상도 없다. 보상은 상대적으로 단지 하나의 합법요건에 들어간 보상성의 결과일 뿐이고 보상단계에서 공민의 권리를 보장한다는 것은 합리적이지 않다고 본다. 보상이 근본적인 문제를 해결하는 방법은 아니므로 가장 핵심적인 문제는 사건 중의 토지가 수용을 해야 하는지 말아야 하는지의 문제를 확정하는 것이고 그 핵심은 수용이 진짜 공공이익을 위해 진행되는 것인지의 문제이다. 즉, 토지수용 중 공청절차의 제일 핵심적인 부분은 공공이익의 확정에 있다고 본다. 이러한 현상은 중국의 "여느 기관이나 개인이 건설을 하려고 토지를 사용하려고 하면, 반드시 법에 따라 국유토지 사용 신청을 하여야 한다."고 규정한 토지수용 배경제도의 틀과 관련이 있다.[173] 하지만 이러한 구조가 일단 해결이 되면 공청절차는 공공이익 확정 중의 관건적인 제약점이 될 것이다. 다른 한 측면으로 공청절차의 영역의 범위를 확대하여 이러한 모순되는 논리를 버리고 진정으로 공공이익의 수요를 확정하는 토지수용제도를 확립해야 할 것이다.

끝으로, 실질적인 의견청취절차의 역할을 발휘해야 한다. 공청제도는 하나의 권력을 통제하는 메커니즘이다. 이러한 메커니즘이 진정으로 역할을 발휘하려면 단지 제도적인 규정으로는 부족하고 집행가능하여야 한다.[174] 공정절차의 참가인의 의견은 충분한 존중을 받고 그들의 의견에 대해 깊이 있게 고려해야 하는 것이 중요하다.[175] 그러나 중국의 입법상 공청회에 관한 회의기록을

---

172) 蔡乐渭, "论行政法上的公共利益－以土地征收为中心的研究", 中国政法大学博士学位论文, 2007, p. 194.
173) 蔡乐渭, 앞의 논문, p. 194.
174) 陈少琼, "土地征收法律问题研究", 中国政法大学博士学位论文, 2007, pp. 104－105 참조.
175) 《국토자원공청규정》 제18조 및 제33조.

하지 않았을 경우 행정결정과 법률책임에 대해서는 규정을 하고 있지 않다. 또한 국토자원공청규정은 단지 국토자원부서의 공청행위에 대해서만 규율하고 있어 정부가 토지수용을 하는데 있어서 행정결정에는 구속력이 없다. 그러므로 공청의 회의록은 지방정부가 수용비준이나 보상방안을 결정하는 데 단지 참고적 가치밖에 없다. 이러한 문제는 반드시 공청의 범위와 함께 입법적으로 해결해야 하는 문제이다.

V 토지수용의 행정구제

1. 토지수용 구제제도의 이론적 기초

신 중국 성립 이후 중국의 토지수용제도는 부단히 변화하고 발전해왔다. 그러나 토지수용 중의 구제제도는 여전히 중요 시 되지 않고 있다. 개인권리에 앞서, 국가이익 및 사회이익의 강조는 사람들로 하여금, 자신의 권익을 수호하여야 한다는 의식이 부족하고 비교적 낮은 수준에 머물러 있게끔 만들었다. 초기의 법률 예컨대, 1957년의 《국가건설징용토지방법》은 공권과 사권의 분쟁이 발생할 경우, 설득교육을 하고 군중들은 자각적으로 국가이익과 인민의 장기적인 이익에 복종할 것을 요구하는 것이 주요 내용이었다. 공권력이 공공연하게 사권을 압도하던 시기에는 구제는 더욱 논할 가치도 없었던 것이다. 그 뒤로 소유권의 이념을 회복하였지만, 관련 법률은 여전히 권리구제의 방법과 절차에 대해서는 규정하지 않고 오히려 지방정부의 수용권, 수용강제성을 강화하는 측면으로 규정되었다. 피수용자는 국가의 수용에 복종하여야 하며, 법원은 또한 강제집행권을 행사함으로써 수용행위의 순조로운 진행을 보장하였다.

1998년이 되어서야 《토지관리법 실시조례》에서는 분쟁의 해결방식에 대해 언급하기 시작하였다. 해당 조례는 토지수용의 보상 및 이주보조금과 관련된 분쟁은 현급 이상의 정부에서 조정하고 조정이 불가한 경우 토지수용을 허가한 정부가 재결을 한다고 되어있다. 또한 이러한 분쟁조정은 토지수용에 영향을 미치지 아니하며, 방해자에 대해 강제집행을 할 수 있는 조항[176]을 따로 두고 있다. 비록 《헌법》에서 공민의 합법적인 사유재산은 침해받지 않는다고 규정하고 있지만, 관련 법 규정에서 피수용자의 이의제기와 소권에 관한 절차적 규정은 찾아보기 힘들다. 토지수용의 구제는 중국에서 공민을 보호하는 보장체계가 전반적으로 뒤쳐져 있음을 설명한다. 이하에서 토지수용 구제의 이론적 기초에 대해 살펴본다.

(1) 인민주권론

인민주권은 주권이 인민에게 있는 것을 말하는데 인민은 민주의 주체이고, 국가권력의 주인임을 뜻한다.[177] 국가의 출현 및 존재의 목적은 사인의 재산과 권리를 보호하는 것이고 국가의 주권은 각 개인에게 속하는 것이고 여느 공민 즉, 주권자 중 하나에 대한 권리침해는 당연히 인민주권에 대한 침해이다.[178] 이러한 침해에 대해 적당한 구제를 하는 것은 인민주권 원칙의 내적 요구이다. 만약 개인의 권리가 실현하지 못할 위협을 받거나 또는 실질적으로 손해를 입었을 때, 법률이나 사회가 적시에 유효한 구제를 제공하지 못한다면, 소위 개인권리는 사실상 보장받지 못하는 것이다. 혹은 단지 형식적으로 존재할 뿐이다.[179]

중국은 이미 제도적으로 국가의 일체 모든 권력은 인민에게 속한다고 규정하고 있다.[180] 그러나 실질적으로 제대로 실행되는지는 의문이다. 공권력이 인민의 권리를 침해하는 경우는 현실에서 자주 발생하며, 입법적으로도 많은 문제점이 있다. 토지수용제도가 그 전형적인 예인데 피수용자를 위해서 법제 개선이 가장 시급하다고 생각된다.

(2) 인간존엄론

인간존엄의 이념은 인류보호의 국제적인 문서의 인권기초가 되었다. 이러

176) 중국 《토지관리법 실시조례》 제45조.
177) 刘瀚, 《人民当家作主的法律保障》, 法律出版社, 1998, p. 9.
178) 章彦英, 《土地征收救济机制研究－以美国为参照系》, 法律出版社, 2011, p. 59.
179) 陈焱光, 《公民权利救济论》, 中国社会科学出版社, 2008, p. 107.
180) 중국 《헌법》 제2조.

한 개념은 20세기 초 <연합국헌장>과 <세계인권선언>에 등장했다. 1948년에 통과한 <세계인권선언>, 1996년에 통과된 <경제적·사회적 및 문화적 권리에 관한 국제규약> 및 <시민적 및 정치적 권리에 관한 국제규약>은 인류 가정의 모든 구성원의 고유한 존엄성 및 평등하고 매도할 수 없는 권리에 대한 승인은 세계의 자유, 정의 및 평화의 기초라고 명확히 하고 있다. <세계인권선언> 제1조에서는 모든 인간은 태어날 때부터 자유롭고, 존엄과 권리에 있어 모두 평등하다고 정하고 있다.[181)]

보다시피, 인간존엄은 권리존재와 정당성의 내적 요구이다. 권리의 설정은 인류가 개인에 대한 존중과 가치의 인정을 나타낸다. 어떠한 권리의 침해에 대해서도 손해의 결과가 있는지의 여부를 막론하고, 모두 인간존엄에 대한 비하이므로 반드시 구제를 하여야 한다.[182)] 권리의 실현은 인류 개개인의 존엄과 가치를 인정받도록 하는 제일 직접적인 방법이다. 권리는 인간존엄의 법률형식을 구성한다. 따라서 인간의 존엄과 가치를 인식하고 숭배하는 사회는 반드시 권리체계와 보호체제를 개선하여야 할 것이다.[183)]

(3) 평등보호론

1789년 프랑스 <인권선언> 제6조에서는 법률은 모든 사람에게, 보호를 시행하든지 처벌을 하든지 모두 동일 시 해야 한다고 정하고 있다.[184)] 중국의 《헌법》에서도 중화인민공화국의 공민은 법률 앞에 일률로 평등하다고 정하고 있다. 《민법통칙》에서도 민법이 조정하는 대상에 대해 국가, 법인, 자연인을 포함한 모든 민사주체의 평등성에 대해 규정하고 있다. 이러한 조문들을 종합하여 보면, 세계 각국의 법률들은 모두 민사주체에 대해 평등보호의 원칙을 택하고 있다.

중국의 경우, 계획경제시대에서 시장경제시대로 전환하고 있는 시기에 사유재산은 날로 중요 시 되고, 이는 또한 직접적으로 공민의 생존권과 인격존엄과 관계되기에 차츰 생명권, 자유권과 동등한 기본권리로 인식되었다.[185)] 2004

---

181) 章彦英, 《土地征收救济机制研究－以美国为参照系》, 法律出版社, 2011, p. 61.
182) 章彦英, 앞의 책, p. 62.
183) 陈焱光, 《公民权利救济论》, 中国社会科学出版社, 2008, pp. 103－104.
184) 章彦英, 《土地征收救济机制研究－以美国为参照系》, 法律出版社, 2011, p. 62.

년의 헌법수정안에서는 사인의 합법적 재산권에 대해 규정하고 2007년의《물권법》에서는 관련내용을 구체화하였다. 이는 시장경제 조건하에서 반드시 평등하게 각종의 재산권리를 대하고 국가소유권의 보호와 기타 소유권의 보호는 동등해야 함을 명시한 것이다.

그러나 농촌 집체토지소유권에 대해서는 이러한 평등원칙이 실현되지 않는 것으로 보인다. 농촌의 농민은 토지수용 행위 자체와 수용보상의 합리성에 대해서 이의제기를 할 권리가 있음에도 불구하고 늘 강력한 정부 앞에 양보해야만 하는 대상이었다. 분명히 해야 할 것은 국가가 토지수용권이 있다고 하여 국가소유권이 반드시 집체소유권에 우선하는 것이 아니며, 양자는 반드시 평등해야 할 것이다.

(4) 특별희생론

이 이론은 수용보상이론의 일종으로, 19세기 말 독일의 오토 마이어가 제기하였다. 그는 국가는 본래 인민에게 부담을 지울 권력이 있으며, 인민은 그 명령에 복종할 의무가 있으나 일반적인 부담이 아닌, 특정인이 특별한 희생을 받을 때에는 보상을 해야 마땅하고 그것이 공평정의원칙에 부합된다고 보고 있다.[186]

특별희생론은 공공부담평등이론에서 기원하였다고 볼 수도 있는데, 즉 정부의 수용행위는 공공이익으로 인한 것으로 그 비용은 전체 사회 구성원이 평균적으로 분담하는 것이다. 해당 이론은 직접적으로 헌법평등보호원칙을 기초로 하고 있고 실은 평등보호원칙의 연장선이다. 법치국가에서는 사회정의와 공평에 대한 가치를 추구하며 공공이익과 개인이익 간의 관계의 균형을 잡아준다.[187]

(5) 구제와 권리공생론

구제가 없으면 권리가 없다는 법언이 있다. 권리는 시종적으로 구제와 연

185) 章彦英, 앞의 책, p. 63.
186) 林纪东,《行政法》, 三民书局, 1983, p. 408.
187) 章彦英,《土地征收救济机制研究－以美国为参照系》, 法律出版社, 2011, p. 64.

결되어 있고, 그렇지 않을 경우 권리가 아닌 것이다. 중국은 법치건설에 박차를 가하며 이러한 이념을 받아들이려는 노력을 하고 있다. 그러나 실제로 피수용자의 중요한 재산인 토지권리는 필요한 구제를 해주어야 진정한 의미에서의 그 권리가 실현되는 것이다. 여기서 구제란 단지 사후적인 구제에만 적용되는 것이 아니라 권리존재의 최초단계부터 사전예방적 구제도 포함하는 것이 마땅하다.[188]

2. 현행 구제제도

(1) 개관

법치행정의 이념에 따라 행정작용은 법정 절차에 따라 최소침해의 원칙으로 공익에 타당하게 행사되어야 할 것이다. 또한 위법부당한 행정작용에 따라 권리를 침해받은 자는 또 행정쟁송을 통하여 구제를 받을 수 있어야 마땅하나, 타 분야도 크게 다르지 않겠지만 더욱이 토지관련 분쟁은 중국에서 행정구제를 받기란 상당히 어렵다. 얼마나 어려우며 왜 어렵게 되었는가는 법적 미비, 기층(基层) 공무원들의 법률의식의 부족, 중국에서 행정권의 월등함 등 여러 원인이 복합적으로 작용한다고 보여진다. 토지수용제도에서도 행정구제제도에 초점을 맞추어 검토하고자 했던 바는 토지수용 관련 분쟁해결체계가 매우 미흡하고, 농민들의 권리구제가 제대로 이루어지고 있지 않기 때문이다. 구제가 없는 권리는 진정한 권리가 아니며, 적시에 이루어지지 않는 구제 또한 진정한 권리라고 할 수 없다.

중국의 현행 토지수용제도에서는 피수용자의 재산권이 침해당했을 경우 이의를 제기할 수 있으나 거의 제대로 구제받지 못하게 된다. 더욱이 행정심판이나 사법절차를 통한 효과적인 구제가 어렵게 된다. 토지수용으로 인한 분쟁에서 어떤 방식으로 해결할 것인가에 관한 피수용자를 상대로 한 조사에서 55.1%가 협상을, 44.83%가 조정을, 1.69%가 민원신청, 0.31%만이 소송방식을 택하였다. 또한 토지수용으로 인한 분쟁에서 제일 먼저 누구를 찾을 것인가의

188) 章彦英, 앞의 책, p. 65.

조사에서도 50.64%가 토지사용자를, 34.13%가 촌민위원회를, 11.33%가 향·진 정부, 그리고 3.9%만이 법원을 찾을 것이라고 응답하였다.[189] 이는 장기간에 걸친 행정기관에 대한 불신이며 보복이 두려운 심리가 깊이 만연되어 있음을 알 수 있다. 중국에서 토지수용에 관한 행정구제제도로는 주로 행정재결, 행정심판, 행정소송 및 민원신청제도(신방제도)가 있다. 이하에서 자세히 기술한다.

(2) 행정재결(行政裁决)

중국에서 토지수용에 관련한 행정구제는 주로 행정재결을 통해 이루어지고 있다. 1982년의 《국가건설징용토지조례》 제25조 제1관 제4항의 규정에 따르면, 이미 수용을 허가한 토지에 대해 일방 당사자가 무리한 요구를 하고 토지수용협의를 체결하지 않는 경우, 토지관리 부처에서 재결한다고 되어있다. 그러나 여기에서의 재결은 행정처벌의 성질을 띠는 것으로 진정한 의미에서의 재결이라 보기 어렵다.[190] 1998년이 되어서야, 《토지관리법 실시조례》 제25조 제3관에서 행정재결의 내용을 명확히 하였고, "토지수용보상, 이주정착보조금 방안은 시·현의 인민정부가 비준한 후, 시·현의 인민정부 토지행정관리 부처에서 조직하여 실시한다. 보상기준에 이의가 있는 자는 현급 이상의 인민정부에 조정을 신청하고, 조정이 성립되지 않으면 토지수용을 비준한 인민정부가 재결한다."고 규정하고 있다. 토지보상과 이주에 있어서 분쟁이 발생하더라도 이는 토지수용방안의 실시에 어떠한 영향도 주지 못하며, 토지수용의 각 항목에 대한 비용은 반드시 토지보상과 이주방안이 비준된 날로부터 3개월 이내에 전액 지급해야 한다.[191]

이러한 행정재결은 모두 명확한 재결절차를 규정하고 있지 않다. 구체적인 처리기관, 신청에 관한 사항, 재결인원의 구성, 재결과정의 구체적인 절차 등 모두 부재하다. 또한 행정기관은 토지수용의 결정자이고, 토지수용의 집행자이며 토지수용 분쟁의 재결자이기도 하다. 이러한 토지수용에 관련한 재결의 범위는 보상쟁의에만 제한되고, 수용결정이 합법적인지, 수용절차가 합법적인지에 대해서는 재결의 범위에 속하지 않는다.

---

189) 陈志科, "我国农村集体土地征收法律制度研究", 华中农业大学硕士学位论文, 2010, p. 62.
190) 苏东波, "土地被征收人权利保护制度研究", 复旦大学博士学位论文, 2014, p. 67.
191) 중국 《토지관리법 실시조례》 제25조 제4관.

(3) 행정심판(行政复议)

행정심판은 상급기관이 행정상대인이 하급행정기관의 구체적인 행정행위의 불복에 대하여 심사 및 결정을 내리는 행위를 말한다. 《행정심판법》 제14조의 규정에 따르면, 국무원 관련 부처 혹은 성인민정부가 내린 구체적인 토지수용행위에 이의가 있는 경우, 해당 구체적 행정행위를 내린 국무원의 관련 부처 혹은 성인민정부에 행정심판을 신청할 수 있다고 규정하고 있다. 행정심판법 제6조 및 제30조 제2관 규정에 따르면 토지소유자 혹은 사용자는 성·자치구·직할시 인민정부가 행한 토지수용결정에 불복하는 경우 국무원에 행정심판을 신청할 수 있으며 이에 대한 행정심판재결은 최종재결(最终裁决)이 된다. 토지수용허가는 보통 성인민정부가 하는 것이고, 그러므로 토지수용보상으로 인한 행정심판 또한 주로 성급 및 성급이하에서 이루어진다. 행정심판의 쟁의는 일반적으로 지방정부가 토지수용과정에서 토지이용계획을 위반하거나, 토지심사허가의 권한을 초월하거나, 법정절차를 위반하거나 또는 보상기준에 못 미치거나 보상이 제대로 이루어지지 않는 등 문제들을 포함한다. 피수용자가 제기하는 심판의 요구는 대개 토지귀환, 등기취소, 보상기준의 제고 등 요구이다.

그러나 실무에서 심판기간 중에 수용의 집행이 정지되지 않기 때문에 토지는 이미 수용되었고, 보상이 이미 실시되거나 또는 재산회복이 상당히 어려운 경우 등의 원인으로 다수의 경우에는 보상기준을 조금 조정하거나 보상금액을 증가하는 방법으로 해결하고 있다. 거의 기존의 토지수용의 행정행위를 변경하지는 않는다. 보상적인 측면에서 적당히 높여주어 농민의 수요를 만족시키는 것이 일반적이다.[192] 《행정심판법》이 국무원의 성·자치구·직할시 인민정부의 행정심판의 결정에 대한 재결을 종국재결로 정한 것은 피수용자가 법원에 사법구제를 할 권리를 침해하고 이는 피수용자의 합법적인 권익에 불리한 것이다.

---

192) 许迎春, "中美土地征收制度比较研究", 西北农林科技大学博士学位论文, 2011, pp. 86-87 참조.

(4) 행정소송(行政诉讼)

재산권의 보호가 많은 사회적 이슈를 낳고 있지만, 재산권에 대한 이해는 여전히 소유권을 확인하는 정도에 지나지 않는다. 토지의 소유권과 사용권의 권익은 재산권의 중요한 내용이다. 그러나 중국은《헌법》제정 당시 재산권보호의 각도에서 토지수용문제를 대하지 않았고 2018년의 제5차 수정을 거치면서도 이러한 문제는 크게 달라지지 않았다. 단지 일종의 행정권력 또는 행정조치로만 보았다. 토지의 분쟁해결시스템의 미비로 토지수용 관련 분쟁은 법률문제로 전환되지 못하고 직접 사회적인 문제로 전환되고 있는 실정이다. 지방인민정부는《토지관리법 실시조례》제25조의 규정을 근거로 당사자가 수용보상 관련하여 인민법원에 소송을 제기하면 일반적으로 수리하지 않거나 기각한다.

《행정소송법》제12조에서는 토지의 수용과 사용 및 보상 결정에 불복하는 경우 및 기타 토지행정 주관부처의 구체적 행정행위가 상대방의 합법적인 권익을 침해한 경우에는 행정소송을 제기할 수 있다고 규정하고 있다. 그러나 법률상 이러한 규정이 있음에도 불구하고 현실에 있어서는 법원이 거의 각하하고 있다.

(5) 민원신청제도(信访制度)

민원신청제도는 중국에서 오랜 역사와 전통을 지니며, 가장 광범위하게 보급되어왔고 많은 사람들이 알고 있는 제도이다. 민원신청제도는 각급 정부와 인민들을 연결시키고, 각종 민원을 처리해왔다. 민원신청제도는 신청조건이 완화되어 있고, 간편하고 편리하며 또한 수리범위가 넓다. 장기적으로 인민들은 이미 민원신청을 통해 자신의 권리를 구제하려는 습관이 형성되었다.

현재 중국의 민원해결체제와 보장체계가 부족한 측면에서 상당히 중요한 역할을 해왔다고 할 수 있다. 특히 소송의 제한성과 행정재결의 제도가 제대로 되어 있지 않아 대부분의 토지수용 보상관련 쟁의는 민원고충처리기관(信访局)에 접수된다. 그러나 민원처리의 회답은 구속력과 강제력이 없다. 2005년에 발표한《신방조례》는 주로 행정기관의 민원처리 업무기관의 활동에 대해 규범하고 민원처리의 절차, 민원처리회답의 효력 등에 대해서 명확한 규정을 두지 않았다.

Ⅵ 중국 토지제도 중 농촌 집체토지소유권

1. 농촌 집체토지소유제도의 연혁

1949년 신 중국 출범 이후, 지주와 부자의 토지를 몰수하여 빈농을 우선으로 토지를 배분하는 사유제의 토지개혁을 추진하였고, 1953년 이후부터 개혁개방을 시작하여 1970년대 말까지 토지소유와 사용의 공유화 및 집단화를 추진하여 토지의 사소유권은 사라지게 되었다. 사회주의 개혁과 1982년 이전의 헌법과 토지권리제도를 거치면서 중국토지의 사회주의 공유제는 점진적으로 확립되어 토지소유권은 도시토지의 국유소유와 농촌토지의 집체소유로 분리되었다. 토지는 국가와 단체가 소유하며 그 이용은 정부의 계획과 명령에 의존한다. 1982년《헌법》개정을 통하여 토지개혁과 관련한 성과의 근거규정을 마련하여, 토지소유권의 귀속주체를 국가와 집체로 한정하고, 현재 중국의 토지관리 정책의 근간을 마련하게 되었다.[193] 1980년대에 들어서면서 각 분야에서 개혁개방이 추진됨으로써 국유토지에서 사용권을 분리하여 상품화하고, 이에 부응하는 토지시장을 키우기 위해 토지사용제도의 개혁 또한 시작되었다.[194]

농촌토지의 경우에도《물권법》에서 토지사용권을 유상으로 양도할 수 있는 권리를 부여하고, 토지도급경영권 등을 통해 농민들의 생산효율성과 생산성을 높이고자 하였다. 그러나 도시의 토지사용권한과 비교하면, 집체토지의 사용권한에는 상당한 차이가 존재하는데 농촌인구의 도시로의 유입 등으로 인하여 휴경지가 발생하고 농업생산력이 감소하는 등의 농촌문제를 야기하게 되었다. 정부주도의 도시와 농촌의 이원적 분할관리 구조는 인위적으로 도시와 농촌 사이의 여러 종류의 교류를 끊어지게 하였으며 농촌과 도시의 개혁 과정 중에 도시의 이익이 강조됨에 따라 격차는 더욱 심해지고 중국사회의 불평등 현상을 초래하는 원인이 되었다고 볼 수 있다.[195]

---

193) 배성호, "중국의 개혁개방에 따른 토지정책·토지법제의 변천과 통일한국에의 시사", 동아법학 제71호, 2016, 2면 참조.

194) 王利明,《物权法论》, 中国政法大学出版社, 2003, p. 416.

195) 朱志萍, "城乡二元结构的制度变迁与城乡一体化", 软科学第22卷第6期, 2008, p. 106 참조.

(1) 중국 고대의 토지제도

중국의 농경사회는 아주 오래전 원시사회에서도 존재했던 것으로 보고 있다.[196] 농경사회는 주로 중국의 황하유역(黄河流域)과 장강유역(长江流域)을 중심으로 형성이 되었다. 특히 생산기구가 개량되고 수리시설을 차츰 갖추어나감에 따라 중국 전역에서 농경문명이 나타났고 전반적인 농업생산체제가 형성되었다. 이후 생산력이 점점 높아지면서 농촌생산체제에 상응하는 변화들이 나타났다.

(a) 원시사회의 토지공유제

중국에서는 원시사회의 구분을 인류가 출현하면서부터 노예사회가 형성되기 전까지를 가리킨다. 원시사회의 사회조직은 초기에는 원시군이라고 하였고, 후기에는 씨족공사(氏族公社)라고 하였다. 초기의 원시군은 생산자료(토지, 산림, 하천, 초지)를 공동으로 점유했고, 하나의 원시군에는 수십 명이 공동생활을 하곤 했다. 그리고 원시군 상호 간에는 유대관계가 없고, 자기 영지 내에 있는 토지, 하천 등을 공유하지만 각 원시군 사이에 있는 토지, 하천 등의 생산자료는 비공유로 보았다. 후기의 씨족공사는 원시군이 발전하여 구성원과 토지 모두 확장된 상태의 형태를 말한다. 씨족공사에서도 사람이 생존에 의존하는 토지, 하천 등 자연조건은 공유하는 것을 기초로 하지만, 그 시기에도 생산력의 수준은 낮았기에 집체 노동을 할 수밖에 없었다. 그러므로 토지는 씨족공사에 속하고, 씨족공사의 구성원은 집체 경작하고 평균 분배를 받았다. 이것을 중국에서는 최초의 토지제도로 이해한다.[197]

원시사회 토지공유제의 특징은 다음과 같이 정리할 수 있다. 첫째, 자연조건에 따라 음식물을 채집하고 동물을 사냥하는 것을 기본으로 하는 노동사회였고, 둘째, 생산자료인 토지, 초지, 산림 등 자연조건을 공유하여 생산하되, 노동기구가 발전하지 못하여 생산력이 매우 낮았으며, 셋째, 생산력의 수준이 낮아 농업이 화전경작(刀耕火種)과 석기로 경작하는 시기였다.

---

196) 유설려, "중국 헌법상 집체토지제도에 관한 비교연구", 경원대학교대학원 석사학위논문, 2008, 7면 참조.
197) 유설려, "중국 헌법상 집체토지제도에 관한 비교연구", 경원대학교대학원 석사학위논문, 2008, 7-8면.

(b) 노예사회의 토지국유제

원시사회에 비하여 노예사회는 생산력이 발전하고, 이에 따라 노동으로 인한 잉여가 발생한 시기를 말한다. 그리하여 물물교환이 이루어지고, 씨족 내부의 구성원 중의 소수는 점점 부유해지는 반면, 다수의 구성원이 빈곤에 빠지는 등 빈부의 격차가 나타나기 시작했다. 이에 따라 사유재산이라는 개념이 생기고 인류가 문명시대에 들어간 것이다.

즉, 이 시기는 명의상의 토지국유제를 전제로, 주왕이 토지와 인구를 각급 귀족에게 분배했다. 당시 시행하는 정전제(井田制)[198]에서는 “공전(公田)”과 “사전(私田)”으로 구별하였으며 “공전”은 귀족이 점유하면서 일부를 농민들이 집체경작하고 전부 수확물을 귀족에게 바치는 방식이었다. “사전”은 노동자의 전지로서 사용권만을 가지고 매매할 수 없는 것이었다. 이런 전정제의 본질은 명의상으로는 국유이지만 사실 각급 귀족의 사유로 운영되었던 것이다.[199][200]

(c) 봉건사회의 토지사유제

봉건사회에 접어들면서는 봉건토지사유제가 점차 확립되고 시행되었다. 봉건사회는 생산기구가 개량되면서 생산력 수준이 신속히 향상된 사회라고도 할 수 있다. 그리하여 각 제후(諸侯)는 생산력을 증대시키기 위하여 적극성을 자극하고 착취를 확대하기 위해 세금제도개혁을 시행하였다. 사유제도의 확립에 따라 봉건사회에서 오랫동안 시행해오던 균전제(均田制)도 실질적인 역할을 상실하게 되었다.[201] 봉건시대에는 토지사유제가 다양한 형태로 존재하였다. 그 형태는 다음과 같다. 첫째, 군주사유토지(君主私有土地)이다. 즉 각 봉건군주의 궁정(宮廷)이 소유하고 지배하는 토지로서 군주 개인의 수입과 지출로 사용

198) 이 시대에 토지를 “井”자 형으로 나누어 운영한 관계로 정전제(井田制)라 불렀다고 한다.

199) 바이두백과: https://baike.baidu.com (최종방문일: 2018.05.22.)

200) 하조(夏朝)부터 춘추(春秋)까지는 정전제가 시행되었는데, 이 정전제는 사실 토지국유제였다. 노예사회 토지국유제의 표현형식인 정전제가 상조(商朝)에서 시작해서 서주(西周)에서 번창하다가, 춘추에서 붕괴되고, 전국(战国)에서 폐기되었다. 赵光南, “中国农地制度改革研究”, 武汉大学博士学位论文, 2011, pp. 82－85 참조.

201) 균전제(均田制)는 북위(北魏)부터 당조(唐朝) 전 까지 시행했던 인원에 따라 토지를 배분하는 일종의 제도였다. 부분 토지는 1년이라는 경작 기간 후 반납하거나, 부분 토지는 경작자자 사망 후 관부(官府)에 돌려주거나 하였다. 균전제의 실시는 토지의 소유권과 점유권에 대해 인정을 하기 시작한 것이다. 바이두백과: https://baike.baidu.com (최종방문일: 2018.05.22.)

되는 것을 가리킨다. 둘째, 지주사유토지(地主私有土地)이다. 즉 토지사유제의 형성 과정에서 나타난 토지소유자인 많은 신흥지주의 소유토지이다. 셋째, 자경농사유토지이다. 자경농이 점유, 사용하는 작은 규모의 토지이다. 결국, 진조(秦朝)가 중국을 통일한 후 토지사유제를 정식적으로 인정하고 토지를 자유롭게 매매할 수 있었고 봉건지주계급의 토지사유제가 정식적으로 인정받게 되었다. 그 뒤로 1840년 이후 신해혁명에 의하여 청나라가 멸망하기 전까지 봉건제도는 2000여 년 동안 지속되었다.[202] 봉건지주계급이 대부분 토지를 점유하였으며, 지주가 토지를 농민에게 임대하고 임대료를 받는 형식의 봉건소작관계 역시 농촌에서 제일 기본적인 생산관계였다.

그 뒤로 태평천국의 토지사상과 손중산의 토지관을 거쳐 신민주주의 혁명시기의 중국공산당의 토지사상을 제정하였다. 1947년 10월 중국공산당중앙위원회가 중국토지법대강을 반포하였고, 노동자와 농민을 착취하는 봉건적 토지제도를 폐기하고 "경자유전(耕者有其田)"의 토지제도를 정립하였으며 모든 지주의 토지소유권을 폐기시켰다.[203]

(2) 신 중국 성립 이후의 토지제도

(a) 제1차 농지제도혁명

1949년 중화인민공화국이 수립된 이후 토지제도에 대한 근본적 개혁이 이루어졌고 이 시기는 제1차 농지제도혁명의 시기로 보기도 한다. 중국정부는 1950년에 《토지개혁법》을 공포하여, 이전까지 유지되던 봉건지주 토지사유제(封建地主土地私有制)를 농민토지 사유제로 토지개혁을 단행하였다.[204] 이 토지개혁은 경자유전의 이상을 실현하기 위하여 지주의 토지를 몰수하여 농민에게 분배하는 것을 내용으로 하는 것이었다. 토지개혁법은 크게 네 부분으로 구성되었는데, 즉 토지의 몰수와 징수, 토지분배, 특수토지의 문제, 토지개혁의 집행기관과 집행방법 등이었다. 핵심내용으로는 첫째로 지주에 대해 토지를 몰수하고, 부농을 보호하며, 혁명군인, 열사가족 등 특수군체에 대해 특수정책을

202) 1840년 아편전쟁 이후는 반봉건반식민 국가로 전락한 것으로 보기도 한다.
203) 赵光南, "中国农地制度改革研究", 武汉大学博士学位论文, 2011, pp. 88-92 참조.
204) 张平华·李云波·张洪波,《土地承包经营权》, 中国法制出版社, 2007, p. 4.

펼치는 것이었다. 둘째로 인원에 따라 통일적으로 토지 및 생산자료를 분배하는 것이었다. 토지개혁법의 구조 및 내용으로 보았을 때, 실질은 하나의 토지 권리배치법으로 토지권리 주체의 변경으로 인해 토지가 공평하게 분배되는 원칙이었다.[205]

토지를 분배받은 농민들에게는 토지소유증서를 발급하고, 소유자가 토지를 경작·임대하고 자유롭게 매매할 수 있도록 함으로써 사용·수익·처분할 수 있도록 허가했다. 그리고 당시의 토지제도는 농민에게 생산극대화를 촉진시킴으로서 국민경제를 신속하게 회복하는 것에 대한 기초적 제도가 되었다고 평가된다.[206]

(b) 합작화운동

토지혁명 후 대대적인 합작화운동(合作化运动)이 진행되었다. 농촌의 생산이 분산되고, 기술이 낙후하며 자금과 생산자료가 부족한 점 등의 특징으로 인해 농촌에는 양극분화의 현상이 심각해진 상황이고, 전반적인 농업경제가 저조한 상황이었다.[207]

1951년 9월, 중앙에서는 전국 제1차 농업상호지원합작회의를 개최하였고, "농업생산상호지원합작에 관한 결의(초안)"[208]문서가 통과되었다. 해당 초안이 통과된 지 2년이 지난 후 1953년 12월, 정식으로 시행되었다. 해당 결의는 농촌농업생산에 종사할 때 상호지원조직을 구성하며 초급농업합작사로부터 고급농업합작사까지 모두 해당되는 내용을 포함하고 있다. 1955년 11월, 1956년 6월에 전국인민대표대회를 개최하여 "농업생산합작사시범규장"[209]과 "고급농업생산합작사시범규장"[210]을 제정하였다. 이에 농민들은 농업합작사의 구성원으로 되었으며 이 시기 토지의 소유권은 합작사의 집체소유로 변경하는 것을 내용으로 하는 법률제정 또한 이루어졌다. 그러나 초기의 취지는 좋았으나 사회주의 건설을 시급하게 이루려는 의도와 함께 합작사의 발전도 통제를 잃었으

205) 赵光南, "中国农地制度改革研究", 武汉大学博士学位论文, 2011, p. 92.
206) 张平华·李云波·张洪波, 앞의 책, p. 4.
207) 赵光南, "中国农地制度改革研究", 武汉大学博士学位论文, 2011, p. 94.
208) 《关于农业生产互助合作的决议（草案）》
209) 《农业生产合作社示范章程》
210) 《高级农业生产合作社示范章程》

며 후기에는 건강하게 발전한다는 이념에서 많이 벗어났다.

합작사운동은 크게 세 단계로 구분할 수 있다. 첫째로 상호지원조직의 구성[211]이고 둘째로 초급합작사의 설립[212], 셋째로 고급합작사의 설립이다.[213] 상호지원조직운동의 주요한 원인이 객관적 경제현실의 수요라면, 합작사는 당시의 주관의식과 직접적인 연관이 있다. 상호지원조직의 특징은 농민들의 생산자료 소유제를 변경하지 않았다는 점이다. 조직내부에서 상호 지원하는 방식으로 각자 모두 이익을 취할 수 있는 원칙이었다. 이들의 상호지원은 노동의 지원이지 토지의 지원은 아니었다. 이에 반해 초급합작사의 특징은 토지의 통일적인 경영, 집체노동 등 특징들이 나타난다. 초급합작사의 경영모델도 농민의 생산자료 소유제를 변경하지는 않았다. 토지와 생산자료는 농민이 초급합작사에 참여하는 합작조건이었고, 농민은 자신의 노동과 제공된 생산자료를 이용하여 합작의 수익을 나누었다. 이때 합작사의 적극적인 측면으로 양식의 생산량을 제고하였고, 합작사들의 수익 또한 높아졌으며 1+1>2의 효과를 거두었다고 평가받는다.[214] 그러나 고급합작사의 특징은 생산대(生产队)를 기본적인 노동조직으로 하는 집체노동이고 합작사를 기준으로 통일적인 생산계획을 설립하고 제품은 모두 합작사의 집체소유로 귀속시켰다. 고급합작사는 기존의 토지제도의 성질을 변경하였으며, 농민의 토지재산권리를 박탈하여 초기의 토지의 집체소유제를 실현하였고, 공동노동의 집체조직의 수립을 위하여 기초를 마련하였다.

(c) 제2차 농지혁명

농촌합작화운동의 진행 중에, 인민공사제도(人民公社制度)가 차츰 수립되었다. 인민공사의 토지정책은 직접적으로 "규모가 크고 집단화수준이 높다"의

211) 상호지원조직은 이웃으로 사는 4-5호 정도의 농업종사자를 하나의 조직으로 구성하고 단기적인 계약을 체결하는 방식으로 각각 노동, 농용생산기구, 가축 등을 집중하여 공동으로 사용하는 것이다. 이 때 이들은 토지소유권의 귀속을 받지 않고 개별적으로 각각 농가의 토지소유권을 인정하는 형태로 운영되었다.

212) 초급합작사는 20-30호 정도의 농업종사자로 구성된 조직이며. 이때는 두 가지 형식으로 운영을 하였는데 하나는 토지, 농용생산기구, 가축 등을 합작사에 귀속시키고 다른 하나는 토지 등 개인재산의 소유권을 변경하지 않고 노동의 정도에 따라 보수를 지급하는 형태로 운영되었다.

213) 고급합작사는 30호의 농업종사자부터 시작하여 모든 촌의 농업종사자를 통일하는 방식으로 모든 소유권을 고급합작사에 귀속시켰다. 합작자산에 비례하여 분배하던 것으로부터 노동력이 분배의 기초가 되었고, 노동에 따라 분배하는(按劳分配) 원칙을 실현하였다.

214) 赵光南, "中国农地制度改革研究", 武汉大学博士学位论文, 2011, p. 95.

의미인 일대이공(一大二公)[215]으로 나아갔다. 인민공사의 수립에 따라 중국은 이때 제2차 농지혁명을 맞이하게 되는데 그 시기는 대략적으로 1958년부터 1983년까지 지속된다.

1958년 8월, 중앙은 "농촌의 인민공사건립에 관한 결의"[216]를 반포함으로써, 기존의 농촌향진건설제도를 폐지하고 전국의 농촌에서 정사합일(政社合一)[217]의 인민공사가 수립되었다. 고급합작사 기간에 농민들에게 배분하였던 자류지 등 생산자료도 모두 인민공사소유로 되었고, 인민공사는 빠른 속도로 확대되었다. 중앙은 1959년과 1961년에 각각 "인민공사관리체제에 관한 몇 가지 규정(초안)"[218]과 "농촌인민공사조례(초안)"[219]를 발표하고 1960년에서는 "농촌인민공사현재정책문제에 관한 긴급지시"[220]도 반포함으로써 인민공사제도를 규범화, 법률화하는 노력을 하였다. 1962년 6월, 중앙은 8기 10중 전회를 소집하여 "농촌인민공사화업무조례(수정초안)"를 통과시켰다. 이 조례에서 생산대를 기초로 하는 인민공사, 생산대대, 생산대의 3급 소유의 집체토지소유제도를 확립하였다. 이 시기 농민들의 토지에 대한 권리는 극히 제한적이었다. 자신의 자택지, 자류지, 그리고 생산대에서 소유하는 범위에서만 사용권이 인정되었고 매매나 양도는 금지되었다. 해당 조례에 의하여 현재의 중국 농촌 집체토지소유제도가 확립된 것이며, 1975년에는 헌법에 의해 확인되었다. 이러한 제도는 경제규율에 따르기에 매우 불리하였고, 통일적인 토지계획, 생산통일조직은 농민들의 생산에 대한 적극성을 크게 저하시켰으며 노동에 따라 대가를 받는 원칙에 또한 위배된다.

---

215) 일대이공은 공사제도의 주요방침이고, 1968년 대약진운동이 고도로 진행될 때 발전한 인민공사회운동의 특징에 대한 약칭이기도 하다. 구체적으로 인민공사는 규모가 크며, 인민공사의 문화정도가 높다는 것을 의미한다.

216) 《关于农村建立人民公社的决议》

217) 정치권력으로서의 역할인 정(政)과 집단소유제에 근거한 경제조직으로서의 역할인 사(社)를 일체화하여 부르는 것이다. 즉, 기존에 향, 진 등 농촌의 행정조직이었던 인민위원(人民委员)과 경제, 경영의 조직이었던 고급합작사를 병합하여 그 역할을 모두 인민공사가 하는 것이다.

218) 《关于人民公社管理体制的若干规定（草案）》

219) 《农村人民公社条例（草案）》

220) 《关于农村人民公社当前政策问题的紧急指示信》

(3) 집체토지소유제도의 정착

이 시기는 제3차 농지제도의 혁명이라고도 볼 수 있는데, 농지의 소유권 성질은 실질적인 변화가 없었다. 1975년의 헌법에서 집체토지소유제도를 확립하고 1982년의 헌법[221)][222)]에서 이를 더 명확히 하였다. 이 외에도, 중국 특유의 사회주의제도를 선언하는 규정[223)]들이 있다.

실질적으로 이 시기는 가정도급경영이 확립된 시기이기도 한데, 모든 혁명은 그 시대적 의의를 갖는다. 이 시기에는 약 20년간 진행된 3급소유의 공사체제를 마감하고 농업종사자를 상대적으로 독립적인 주체지위로 상승시켰으며 농촌경제를 또 다시 정상궤도에 진입시켰고 농업생산이 저하되는 국면을 상당 부분 해소하였다. 이에 따라 농업은 또한 급속 성장하는 황금기를 맞이하게 되었다.

2. 농촌 집체토지소유권의 배경

중국은 개혁개방정책을 추진하면서 정치적인 면에서는 사회주의제도라는 국가적 기본 틀을 유지하면서 경제적인 면에서는 대외관계 및 시장경제 기능을 도입하는 중국 특유의 사회주의 시장경제제도를 구축했다. 사회주의 시장경제제도에 대해 중국 정부는 1992년 제14차 중국공산당 전국대표대회에서 개혁기의 중국의 체제라고 설명하였다. 사회주의 시장경제가 지향하는 바는 정치적

221) 《헌법》 제6조: 중화인민공화국의 사회주의경제제도는 생산자료를 기초로 하는 사회주의 공유제이다. 즉 전민소유제와 노동대중집체소유제이다.

222) 《헌법》 제10조: 농촌과 도시 교외의 토지는 법률 규정에 의하여 국가소유에 속하는 것을 제외하고 모두 집체소유에 속한다. 자택지, 자류지, 자류산도 집체소유에 속한다.

223) 《헌법》 제8조: 농촌 집체경제조직은 가정도급경영을 기초로 통일과 분리를 결합하는 이중 경영체제를 실행한다. 농촌에 있는 생산, 공급과 판매(供销), 신용, 소비 등 각종 형식의 합작경제는 사회주의 노동대중집체소유제경제이다. 농촌 집체경제조직에 참여하는 노동자는 법률규정 범위 내에 자류지, 자류산, 가정부업과 개인소유의 가축을 경영할 권리가 있다. 도시와 진(城镇)에 있는 수공업(手工业), 공업, 건축업, 운송업, 상업, 서비스업 등의 각종 형식의 합작경제는 모두 사회주의 노동집체소유제경제이다. 국가가 도시와 농촌 집체경제조직의 합법적인 권리와 이익을 보호하고 집체경제의 발전을 격려 및 지도한다. 《헌법》 제11조: 법률규정 범위 내에 개인경제, 사영경제 등 비공유제경제는 사회주의시장경제의 중요한 구성부분이다. 국가가 개인경제, 사영경제 등 비공유제경제의 합법적인 권리와 이익을 보호한다. 국가가 비공유제경제의 발전을 격려 및 지지하고 인도하며 비공유제경제에 대하여 법에 따라 감독·관리 한다.

으로는 사회주의 체제인 동시에 경제적으로는 시장화, 사유화정책을 통한 시장경제를 확산하는 사회현실을 말하는 것이다. 이런 사회주의와 자본주의라는 모순된 특징의 공존은 중국의 토지제도에도 그대로 반영되어 나타나고 있다.

(1) 공유제 기초의 국가소유와 집체소유

(a) 농촌토지집체소유제의 건립과 발전[224)]

중국의 농촌토지의 농민 집체소유제는 아주 오래전에 출현하여 기나긴 발전의 과정을 거쳤다. 연혁에서 보다시피, 신 중국이 건립된 후 선후로 토지개혁, 농업합작화운동[225)], 인민공사화운동 등 차츰 봉건 내지 반봉건의 토지소유제를 폐지하고 현행의 농촌토지 소유제를 건립하게 되었다. 특히 1978년 이후 중국 농촌은 경제체제 개혁을 통해 토지를 농업종사자에게 도급하여 경영하게 하는 제도를 실행하였고, 실질적으로 토지집체소유제의 근본적인 변화는 없었다. 1982년《헌법》에서는 농촌과 도시교외의 토지는 모두 법률이 국가소유로 정한 것 외에는 모두 농촌 집체소유에 속한다고 규정하면서 자택지와 자류지, 자류산도 모두 농촌 집체소유로 되었다. 근본법의 각도에서 중국 농촌 집체토지소유제를 확립한 것인데 1986년의《토지관리법》은 이러한 방침을 구체화하는 노력을 하였다. 동법 제10조에서는 "농촌 집체소유의 토지는 법적으로 농촌 집체에 속하는 것이고, 이는 집체경제조직 혹은 촌민위원회가 경영·관리하고 이미 촌 내 두 개 이상의 농촌 집체경제조직이 있는 경우에는 각 촌에서 해당 농촌 집체경제조직 혹은 촌민소조가 경영·관리한다. 이미 향·진의 집체소유로 귀속된 것은 향·진 농촌 집체경제조직이 경영·관리한다." 고 규정하고 있다. 이후 중국의《헌법》및《토지관리법》은 몇 차례 수정을 거쳤으나 모두 실질적인 변화는 없는 것으로 보인다.

(b) 토지소유제의 변혁

중국의 토지는 사회주의 공유제도로 국가소유와 집체소유제를 기초로 한다. 이는 토지소유제의 보편성을 띠는 제도의 선택이었고, 도시의 토지가 국가

---

224) 李寿廷, "土地征收法律制度研究", 西南政法大学博士学位论文, 2010, pp. 80－81 참조.

225) 농업합작화운동은 농업사회주의개조라고도 한다. 즉, 합작하는 방법으로 농촌의 경제를 사회주의집체경제로 개조하는 것을 말하는데 이는 중국공산당이 과도기 총 방침 중의 중요한 내용이었다.

소유제도로 되는 것에 대한 사람들의 쟁의는 극히 적었다. 그러나 중국 농촌토지의 집체소유제는 특유의 중국특색을 띠기도 하고 또한 이러한 특색을 내세워 제정된 제도로서 최근 수십 년 사이에 많은 문제점들이 드러나기도 했다.

첫째, 집체토지소유권의 주체는 매우 불분명하다. 《민법》 제74조, 《물권법》 제60조, 《토지관리법》 제10조는 집체토지소유권의 주체에 대해 동등하거나 유사한 내용의 규정을 두고 있다. 그 중 《물권법》 제60조는 "집체소유의 토지와 삼림, 산령, 초원, 황지, 간석지 등은 다음 법정 절차에 따라 집체구성원이 결정한다."고 규정하고 있다. 《토지관리법》 제10조는 "농촌 집체소유의 토지는 법적으로 농촌집체에 속하는 것이고, 이는 집체경제조직 혹은 촌민위원회가 경영·관리하고 이미 촌에서 두 개 이상의 농촌 집체경제조직이 있는 경우에는 각 촌에서 해당 농촌 집체경제조직 혹은 촌민소조가 경영·관리한다. 이미 향·진의 집체소유로 귀속된 것은 향·진 농촌 집체경제조직이 경영·관리한다."고 규정하고 있다. 그러나 집체경제조직이 존재하지 않는 경우 촌민위원회는 독립적인 법인자격을 갖고 있지 않는 데 이를 어떻게 보아야 할지 의문을 갖게 한다.[226] 향·진과 촌 조직은 집체 토지소유권의 불분명으로 발생한 쟁의에 대해서 어떻게 처리할 것인가 등의 문제는 현실에서도 많이 존재하며 이는 현행 입법이 집체토지소유권의 주체의 설계에 명백한 흠결이 있는 것이다.

둘째, 집체토지의 소유권은 불완전한 소유권이다. 집체토지소유권은 농촌 집체조직이 토지에 대해 점유·사용·수익 혹은 처분하는 권리를 말하는데 이는 일종의 배타적인 재산권이여야 한다.[227] 그러나 현재 중국의 집체토지소유권은 법률과 정책에서 모두 많은 한계를 갖는다고 해야 할 것이다.[228]

셋째, 농촌 집체토지소유권과 도시 토지의 소유권은 평등하지 않다. 다시 말해서, 중국의 현행법 규정들을 살펴보면, 이들은 평등한 소유권이어야 하고, 따로 파생되거나 종속되는 관계 또한 없다. 그러나 현행 입법과 정책은 집체토지소유권에 여러 제한을 하고 있고 양자의 불평등 현상이 이로 인해 극대화되고 있다.[229]

---

226) 李寿廷, "土地征收法律制度研究", 西南政法大学博士学位论文, 2010, p. 81.
227) 李寿廷, 앞의 논문, p. 82.
228) 강효백, "중국 토지수용제도의 현황과 문제점", 경희법학 제43권 제1호, 2008, 188-189면 참조.
229) 李寿廷, 앞의 논문, p. 82.

이러한 문제점에 착안하여 집체토지소유제도의 개혁에 관하여 여러 주장과 방안이 제기된다. 한 가지는 국유화 방안이다. 이러한 방안은 현재의 농촌 집체토지소유제를 취소하고 전부 국가소유제로 통일하여 실행하자고 주장한다. 다른 한 가지는 사유화 방안이다. 이 방안은 현존의 농촌 집체토지를 모두 농민에게 배분하여 농민개인의 소유로 하고 농촌 토지사유화의 실행을 주장한다. 또한 여러 가지 토지소유제와 사용권을 병존하는 방안도 얘기되고 있는데 중국의 토지소유제를 국가소유, 집체소유와 개인소유로 구분하자고 주장하는 의견도 있다. 마지막으로 현존의 집체토지소유권의 개선을 주장하는 방안이다. 이 방안은 주로 현존의 집체토지소유권제도에 대해 개혁을 진행하여 사회주의 경제발전의 수요에 적응하자고 주장한다.[230] 중국의 토지개혁은 사회주의 초급단계의 생산력을 기초로 하는 농촌경제, 사회조직구조와 기본이익 구조를 초과하여 건립할 수 없으며, 일반 농민이 토지권리 문제에서 관습적인 심리나 행위방식을 이탈할 수도 없다고 정부는 표명하고 있다.[231] 이를 보더라도, 필자는 현재 사회주의 시장경제의 수요에 맞게 개혁하는 마지막 방안이 가장 실현가능성이 높다고 본다.

(2) 지방정부 토지재정 현황

(a) 분리 세수제도(分税制)[232] 개혁이 각급 지방정부에 미치는 영향

분리 세수제도는 중앙과 각급 정부 직권직책의 구분에 따라 재권(财权)과 사권(事权)이 상호 결합하는 원칙으로 세수의 종류를 구분하는 기초에서 중앙과 지방재정 간의 수입지출 범위를 확정하는 제도이다. 분리 세수제도는 외국의 경험을 참조한 기초로 1993년 말부터 건립된 중국의 재정관리 체제이다.[233] 분리 세수제도는 중앙정부와 지방정부의 재권 및 사권에 대해서 구분을 하였다.[234] 이러한 구분의 불평등으로 인해 재력은 주로 중앙정부에 집중되고, 재

---

230) 王卫国,《中国土地权利研究》, 中国政法大学出版社, 1997, pp. 105－110 참조.

231) 李寿廷, "土地征收法律制度研究", 西南政法大学博士学位论文, 2010, p. 82.

232) 분리 세수제도는 중국의 재정관리 체제를 말하는 것인데, 주로 중앙과 지방정부의 재정수입원을 분리시킨 재정시스템을 말한다.

233) 李寿廷, 앞의 논문, p. 86.

234) 《国务院关于实行分税制财政管理体制的决定》(국무원이 분리 세수제도 재정관리 체제를 시행할 것에 관한 결정) 이 결정은 1993년 12월 15일에 반포하여 시행되고 있다.

정을 전이하거나 지급하는 제도의 건립 또한 유효하지 않아 지방정부의 수입은 제한적이고 확정된 직책을 완수하는데 어려움이 따르게 되었다.

(b) 지방정부의 토지재정 현황

협의로 보면, 토지재정수입은 지방정부가 토지수용 및 매도로 취득한 매도금과 토지수용의 보상금과의 수익차이이다. 이는 지방정부의 재정수입의 중요한 근원이다. 광의적으로 토지재정이라고 하면 토지매도금 외에도 토지와 관련된 도시토지사용세(城镇土地使用税), 주택세(房产税), 계약세(契税), 경작점용세(耕地占用税), 토지증식세(土地增值税) 등 수입이 포함된다.[235] 정부가 적극적으로 도시화의 과정에 개입하는 가장 큰 이유는 바로 세수이다. 그러므로 지방정부가 추구하는 것은 세수수익의 최대화이다. 중국은 1994년부터 분리 세수제도개혁을 진행하고 새로운 세제구조로 지방공업증식세의 75%는 중앙정부에 바치고 기타 25%는 지방정부에 남기도록 규정하였다. 만약 공업화를 계속 추진하면 지방정부에게 가져다주는 세수수입은 점점 낮아진다. 지방정부는 재정수입의 보증을 위해서라도 당연히 지방세 공급이 될 만한, 즉, 중앙정부와 향유하지 않고 지방정부에 남아 있을 세수 자원을 찾게 된다. 결국 도시화의 경로를 찾게 된 것도 이러한 제도배경이 있었다고 보인다.

도시화가 가져오는 세수의 증가에 따라 지방정부의 재정긴장 상황을 완화시켜준다. 도시화의 세수는 첫째로 건축업이고, 둘째로는 부동산업의 영업세수이다. 셋째로는 토지와 관련된 세수이다.[236] 정부의 수입이 주로 토지로서 유지될 경우, 토지를 수용하는 것은 지방정부의 재산을 늘리고 세수를 늘리는 지름길인 것이다. 1994년부터 토지매도금은 더 이상 중앙정부에 바치지 않고 모두 지방에 남겨두게 되었다. 그 뒤로 토지매도금은 지방정부의 예산 외의 수입의 주요원천이 되었다. 토지수용의 매도는 지방정부 예산 내와 예산 외의 수입을 모두 늘릴 수 있고 지방 각급 관련 부서도 이로 인해 대량의 토지계획 비용을 받는다. 도시화와 공업화의 발전 과정 중에 공업화의 세수의 큰 부분은 중앙정부에 바쳐야 하는 문제점이 있지만 도시화는 산업을 확장할수록 세수수입

---

235) 李寿廷, “土地征收法律制度研究”, 西南政法大学博士学位论文, 2010, p. 87 참조.
236) 李寿廷, 앞의 논문, p. 88 참조.

이 증가하게 되므로 지방정부의 재정문제를 해결하게 된다.

재정구조의 다른 한 가지는 예산 외의 수입이다. 지방정부는 건설을 함으로써 지역발전의 대책으로 삼고 있고, 지방정부가 직접적으로 도시화에 개입하는 중요한 원인은 새로운 세원을 꾀하는 것이고 또한 예산 외의 수입으로까지 확장할 수 있기 때문이다. 지방정부가 도시화를 추진하는 것은 현재의 세제구조와 절대적인 관계가 있으며 분리 세수제도의 설계가 불합리한 점이 있다. 즉, 사권과 재권의 불합리한 배분은 재정체제가 만든 것이다.[237] 재권(财权)과 사권(事权)의 불평형에 대응하기 위하여 지방정부들은 토지비축중심을 설립하여, 저렴한 가격으로 농촌토지를 수용하고 이를 건설용지로 전환하여 거대한 이익을 얻게 되었다. 이에 따라 재권과 사권의 불평형이 심각할수록, 또는 지방정부의 재정상황에 대한 압력이 크면 클수록 토지재정에 대한 의뢰는 더욱 높게 나타났다.[238]

(c) 소결

이러한 제도 틀에서 사실상 하나의 혼합적인 농지시장을 형성하였고 정부는 공공이익을 이유로 토지소유권을 획득하였으며, 다시 토지사용권을 2급 토지시장에 임대하여 영업하게 하였다. 전자는 행정배치이고 국가가 토지권리자에게 저액의 보상비를 지급하고 토지소유권을 취득한다. 후자는 시장배치고 국가가 용지기관에게서 높은 토지임대료를 받는다. 즉, 토지사용권 매도금이다. 행정배치의 토지수용보상액과 시장배치에 기초한 토지매도금 사이에서는 거대한 차액이 존재한다. 농촌집체경제조직 및 농민이 얻는 농지수용보상금은 대략적으로 매도금의 1/10이다. 그러나 농지 매도가격은 시장가격의 1/5이다. 즉 보상가격, 매도가격과 시장가격의 비율은 1:10:50이다.[239] 이러한 토지수익의 재분배는 정부의 제도적인 임차행위를 촉진하며 정부의 공신력에 크게 영향을 미친다. 또한 토지자원의 낭비와 결핍을 격화하고 다른 한 방면으로 농촌집체경제조직과 농민의 토지권리와 이익을 침해한다고 볼 수 있다.

---

237) 李寿廷, “土地征收法律制度研究”, 西南政法大学博士学位论文, 2010, p. 87 참조.

238) 汤鹏 · 周来友 · 石晓平, “地方政府对土地财政依赖的影响因素研究”, 资源科学, 第36卷第7期, 2014, p. 1375.

239) 朱启臻 · 窦敬丽, “新农村建设与失地农民补偿－农地发展权视角下的失地农民补偿问题”, 中国土地, 第4期, 2006, p. 19.

자료에 의하면, 90년대 말 토지수익의 분배는 피수용자의 농민이 5－10%, 촌1급은 25－30%, 정부가 60－70%를 가져가는 지역도 있었다. 지역적 차이는 있지만 대체로 수용수익이 지방정부수입의 중요한 원천이 되는 것이다.[240] 20세기 80년대 말 이후, 토지시장은 전국에서 차츰 형성되었다. 1992년부터 2003년 사이에 전국적으로 누적 1억만 위안이 넘은 토지매도금을 받았다. 2004년 중국 토지매도금의 방식에 큰 변화가 생겼고, 경영을 목적으로 하는 토지는 입찰, 경매, 공시의 방법으로 매도한다. 이들의 핵심은 가격을 높게 부르는 자가 얻는 것이다. 그러므로 전국적으로 토지의 수입은 폭증하였다. 통계에 따르면, 2006년 전국 토지 매도금은 7000억 위안에 달하였고, 2007년에는 1.2만억 위안을 초과하였다. 2008년의 토지매도금 수입은 9600억 위안이었다.[241] 2017년 연간공보를 살펴보면, 2017년의 국유건설용지매도는 총 22.54만 헥타르로 전년도 대비 6.4% 증가하였으며, 매도금액은 4.99만억 위안으로 전년도 대비 36.7% 증가했다. 기존의 추이를 살펴보아도 매년 꾸준히 증가세를 보여 왔다.[242] 토지수용의 매도과정은 실질적으로는 재부를 재분배하는 과정이다. 매도한 국유토지의 절대 대부분은 모두 집체토지의 수용에서 온 것이다. 지방정부의 거대한 토지수익 근거는 토지매도금과 수용토지 보상금의 차액인 것이다.

(3) 사회전환과 경제체제

사회전환이라고 하는 것은, 광의적으로 볼 때 사회가 일종의 형태로부터 다른 형태로 전환하는 것을 말한다. 계획경제체제에서 시장경제체제로의 전환이 대표적인 예이다.[243] 협의의 사회전형은 근대 이후 전통성 사회가 현대형 사회로의 변화를 말한다. 주로 포함하는 내용은 첫째로, 사회전형은 늘 현대화 이론과 상호 연계된다는 것이고 둘째로, 사회전형은 농업, 향촌, 그리고 봉건적인 전통사회가 공업 및 도시화로 개방된 현대사회로의 전환을 말하며 셋째로, 강조하는 것은 사회전형은 일종의 사회구조 정체성의 근본적인 변천이며 사회

240) 温铁军·朱守银, “土地资本的增殖收益及其分配—县以下地方政府资本原始积累与农村小城镇建设中的土地问题”, 中国土地, 第4期, p. 25.

241) 陈佳贵·李扬, 《2010年中国经济形势分析与预测》, 社会科学文献出版社, 2009, p. 258.

242) 중화인민공화국 자연자원부 홈페이지: http://data.mlr.gov.cn (최종방문일 2018.6.30.)

243) 바이두백과: https://baike.baidu.com (최종방문일: 2018.06.30.)

의 어떤 영역의 변화가 아니라 사회생활의 구체적인 구성형식과 발전형식의 정체성변천을 말한다.[244] 현재 중국의 사회전형이 포함하는 내용은 매우 광범위하다. 주로 계획경제로부터 시장경제로의 전형, 농업사회로부터 공업사회로의 전형, 농촌으로부터 도시화로의 전형, 집권형으로부터 개방형으로의 전형, 인치사회로부터 법치사회로의 전형 등등 내용을 포함한다. 사회전형의 과정 중에서 또한 각종의 모순과 충돌이 집중적으로 표현되기도 한다.[245]

계획경제시기에도 대량의 토지수용 행위가 발생하였다. 그러나 그때 당시에는 지금과 같은 심각한 사회모순이 있지 않았다. 그 이유를 생각해보면, 계획경제는 전국경제가 모두 통제되는 부동한 생산과 생활주체 사이의 이익의 독립성이 강하지 않았다. 토지는 생산자료로 공유에 속하고 토지의 재산속성은 인정을 받지 못했고 여느 기관이나 개인도 토지로 이익을 얻는다는 생각을 갖지 못했던 것이다. 그러므로 토지에 대한 어떠한 기관이나 개인도 이익의 독립성은 두드러지지 않았다. 국가가 각종의 건설을 진행하기 위하여 농민의 집체토지를 수용할 때에도 수용기관과 피수용자 농민사이의 이익충돌도 그다지 부각되지 않았다. 왜냐하면, 그 당시에도 보상비용은 많지 않았을지라도 피수용지 농민들은 모두 적절한 생활보장을 받았거나 다른 토지를 재획득하는 방법으로 농업생산에 계속 종사하였다. 간혹 정부나 수용기관 혹은 협조기관에서 일자리를 제공하는 경우도 있었다. 어떠한 경우든 피수용자는 생산과 생활면에서 모두 보장을 받았으므로 그때 당시에는 대개 불공평하다고 느끼는 사람이 없었다고 한다. 계획경제체제의 재배치, 적은 보상, 등 방법은 비록 보상권과 사회보장권 사이의 구별을 무시하였지만 실무에서 피수용지 농민의 이익을 크게 침해하지는 않았다고 볼 수 있다. 당시의 이익은 극히 단일하였고 개별적인 이익충돌이 있다고 하더라도 해결기제 또한 단일하였다. 즉 정치수단으로 모든 것이 해결이 되었던 시대였다.[246]

그러나 시장경제체제에서는 정확히 말해서 시장경제의 초기 건설단계 그리고 계획경제의 잔여가 여전히 남아있는 상황에서 이익은 다원화되고 이익충

---

244) 刘金国·蒋立山,《中国社会转型与法律治理》, 中国法制出版社, 2007, p. 382.
245) 바이두백과: https://baike.baidu.com (최종방문일: 2018.06.30.)
246) 李寿廷, "土地征收法律制度研究", 西南政法大学博士学位论文, 2010, pp. 90−91 참조.

돌의 해결 또한 다원적으로 변화되었음에도 법은 뒤쳐져있어 모순은 극대화될 수밖에 없는 것이다.[247] 계획경제 사상이 잔재하는 법으로는 시장경제가 주재하는 "자본"과 계획경제의 "자본"권력의 협력으로 발생하는 문제, 또는 권력이 자본을 앞세워 강행으로 경제영역의 권리충돌의 문제를 해결할 수가 없게 된다.[248] 큰 틀에서 각종 충돌의 경제체계성 근원은 사회주의 경제체제와 시장경제체제 사이의 충돌인 것이다. 계획경제는 일종의 권력경제이고, 계획경제 조건 하에서는 사회자원의 배치는 위에서 아래로의 권력의 분배로 실현되게 된다. 이는 계획기제의 요구를 준수한다. 그러나 시장경제는 일종의 법권경제로 시장경제조건 하에서 사회자원의 배치는 평등한 시장주체 사이의 경쟁으로 실현된다. 이는 시장메커니즘의 요구를 준수하는 것이다. 중국은 현재 계획경제체제로부터 시장경제체제로의 전환기에 있다. 이러한 단계에서 한편으로 계획경제의 제도의 틀과 사고방식의 제약은 여전히 존재하고, 다른 한편으로 시장경제의 자발적인 작용도 더욱더 두드러진다. 이러한 자발적인 작용은 사회생활의 곳곳에 영향을 미치며 시장경제제도의 환경이 아직 상당히 결여된 조건하에서는 반드시 일련의 문제가 발생하게 되는 것이다.[249]

3. 토지수용분쟁의 주요원인

(1) 토지수용의 이익관계

토지수용은 국가의 행정권력으로 토지자원을 배치하는 일종의 방식으로 국가, 집체와 농민개인 등 부동한 주체에서 일종의 이익분배관계를 형성한다. 이익주체의 다양성, 토지자원의 제한성과 희소성 그리고 이익수요의 차이와 무제한으로 인해 각자 다른 이익주체들 사이의 이익은 복잡한 이해관계를 형성하게 되고 그 가운데는 필히 모순과 이익충돌이 발생하게 되는 것이다. 토지수용에서 안정적이고 균형적인 이익체계와 이익구성을 형성하려면, 다원적인 이익체계와 이익구성이 의존하는 사회조건 그리고 토지수용 중의 다원적인 이

247) 李寿廷, "土地征收法律制度研究", 西南政法大学博士学位论文, 2010, p. 91 참조.
248) 吴敬琏·江平,《洪苑评论》, 中国法治出版社, 2007, p. 32.
249) 李寿廷, 앞의 논문, p. 91 참조.

익체계와 이익구성 내부의 이익분배체제가 다른 이익주체 간의 기본적인 이익 요구에 부합하는지 여부에 따라 결정된다. 즉, 토지수용 과정 중, 공공이익과 기타 이익의 평형과 조화를 이루려면 현실사회의 경제조건 외에 주로 현재의 제도, 특히 법적 정당성과 유효성과 관련이 있다고 본다.250)

(a) 토지수용 중의 이익주체

토지수용은 국가가 공익용지의 수요를 만족시키기 위해 보상을 조건으로 사인의 토지재산권을 강제로 취득하는 행위이다. 토지수용은 각기 다른 이익주체 사이에서 발생된다. 이익주체는 수요의 주체로부터 전화하여 온 것이고, 소위 이익주체라고 하는 것은 일정한 사회관계에서 생산활동과 기타 사회활동에 종사함으로써 직접 혹은 간접적으로 자체 사회수요를 만족시키는 것을 추구하는 개인이나 군체라고 보고 있다."251) 토지수용 중의 이익주체에 대하여 다음과 같은 구분을 한 연구가 있다. 토지수용 중 관련되는 각 측의 이익주체는 정부, 기업, 농촌집체와 농업종사자(농민)이고, 또한 이러한 구분의 기초 위에서 이익주체의 이익의 소재 및 이익의 형량에 대해서 분석하였다.252) 또한 이익주체를 사인이익주체와 공공이익주체를 전제로 하는 토지수용 중 사인이익주체 및 이익의 소재를 분석한 연구도 있었다.253)

이러한 분석들은 모두 일정한 의미를 가지는데 종합하여 보면, 중국의 토지수용 중에서 형성되는 이익의 체계는 주로 토지수용활동의 직접적인 이익주체에서 토지수용권을 갖고 있는 국가(정부)와 피수용토지의 산권소유자(집체경제조직)이 있다고 볼 수 있겠다. 중국 토지수용의 복잡성으로 인해 토지수용 중에서 언급되는 직접적인 이익주체는 또한 농민 개인도 포함된다. 국가정부를 포함하는 것은 또 중앙정부와 지방정부가 있다. 이러한 이익주체는 토지수용 과정 중에 각기 다른 이익의 요구와 목표가 있다. 제도의 결함으로 말미암아 중국의 토지수용의 현실은 이익구성 중에서 합법적이고 정당한 이익주체도 있지만 불법적인 이익주체도 있다. 따라서 합법적이고 정당한 이익도 있지만 불

250) 李寿廷, “土地征收法律制度研究”, 西南政法大学博士学位论文, 2010, p. 54.
251) 王伟光, 《利益论》, 人民出版社, 2001, p. 90.
252) 李长健·徐海萍·辛晨, “权力,权利和利益博弈－我国当前土地征收问题的法律与经济分析”, 经济体制改革第2期, 2008, pp. 82－83.
253) 房绍坤·王洪平, 《不动产征收法律制度纵论》, 中国法制出版社, 2009, p. 292.

법적이고 정당하지 못한 이익도 있다. 토지수용의 이익이 균형을 잃은 상태에서 각기 다른 주체들은 합법이익, 정당이익 간의 충돌이 존재하고 또한 다량의 불법이익, 비정당이익이 존재한다.[254] 이하에서는 이익주체와 이익내용을 분석한다.

(b) 토지수용 중의 중앙정부 및 그 이익

국무원은 국가를 대표하여 국유토지소유권을 행사하는 기관이다. 국무원은 국가를 대표하여 소유권을 행사하는 것 외에도 또한 국가 최고의 행정권력기관이기도 하다. 이는 전국 토지를 관리하는 직책을 부담하며 주로 일정한 법률을 제정하는 것으로 기타 주체의 행위를 조정하며 토지수용에 대한 최고 결책권자이기도 하다. 일반적으로 거시적이고 전체적인 측면에서의 토지수용문제들, 예컨대, 식품안전, 생태평형, 경제발전, 사회의 안정 등 여러 영역의 이익을 고려하여 거시적인 목표에서 토지수용의 결책을 내리게 된다.

중앙정부(국무원의 수권포함)는 토지수용 중에서 제도와 정책공급의 책임을 지게 되는데 중앙정부는 종합적으로 관련제도에 관해 협조의 역할을 한다. 중앙정부는 토지도급제를 선택하고 있는데, 첫째로, 토지공유제를 유지하면서, 농촌의 안정, 발전에 대한 통제를 확보하려는 취지이고, 둘째로, 집체토지의 보상을 보장하는 전제하에서 지속적으로 저비용의 도시화, 공업화를 지지하고 유지하려는 것이며 셋째로, 토지회전을 통해 농촌자원을 정리하고 농업규모경영을 추진하며 전통적인 농업에서 사회주의 신농촌을 건설하려는 것이 주된 원인이라 할 수 있다.[255]

토지제도는 중국 전체 개혁 중의 중요한 부분이다. 농촌토지제도는 중국 토지자원의 보호와 농업생산 지속발전의 문제에 직접적으로 영향을 줄 뿐만 아니라 전체 국민경제의 거시적인 운영과 효율에도 영향을 미친다. 이는 중국 농촌사회의 정치적 안정에도 관계된다. 토지수용의 목적은 공공이익에 있고, 헌정국가의 배경에서 정부는 공공이익 최적의 대변인이자 행사자이다. 토지수용에서 정부와 관련한 정당성이익은 단지 공공이익에 국한된다. 중앙정부는

---

254) 房绍坤·王洪平,《不动产征收法律制度纵论》, 中国法制出版社, 2009, pp. 281－284 참조.
255) 李寿廷, “土地征收法律制度研究”, 西南政法大学博士学位论文, 2010, p. 55.

더욱 그러하다 할 것인데, 즉 중앙정부는 공공이익 외의 기타 이익은 없다고 보아야 할 것이다.

(c) 토지수용 중의 지방정부 및 그 이익

지방정부는 중앙정부가 지도하는 각급 지방정부를 말한다. 주로, 성·시·현· 향(진) 4급 정부를 말하고 중앙정부를 대리하여 토지수용권을 행사한다. 중국의 현재 지방정부는 공공관리의 기능을 행사하면서 또 공공이익의 대표자이기도 하다. 다른 한편으로 그들은 도시건설용지의 경영자와 관리자이다. 또한 "정책집행주체"와 "이익주체"의 신분을 가지며 현지의 경제발전과 경작지 보호 등의 직능을 수행한다. 지방정부는 경제의 성장, 재정수입 등 경제적 지표를 중요 시 한다. 토지수용은 고액의 이익을 생산하지만 위험요소까지 적어 경제이익의 창출을 목적으로 하는 지방정부의 토지수용의 건설용지에 대한 경제적 효과와 이익의 관심도가 중앙정부보다 훨씬 더 높다고 할 것이다. 사회적 문제나 생태환경에 대한 관심도 상대적으로 적게 된다. 동시에 일부 관원들이 정치성과를 위해 시행하는 홍보성 건설공정도 불법수용에 한몫을 더하게 된다. 즉, 지방정부는 토지수용 중 거대한 경제이익을 편취함으로써 농민들과 분쟁이 발생하고 여기에는 공정성이 상당히 결여된다. 지방관원의 정치이익과 불법경제이익은 토지수용 중에서 대량으로 존재하고 지방정부가 경제이익의 추구 및 지방정부 관원이 개개인의 정치이익과 불법경제이익의 추구는 공공이익, 농민과 농촌 집체경제조직의 합법이익을 침해하게 된다.

토지수용 중에서 지방정부는 제일 중요한 이익주체이기도 한데 지방정부가 행사하는 국가권력이 전체 수용과정에서 주도적인 역할을 하고 있어, 지방정부가 토지수용 관계 중에서 핵심적인 지위에 놓이게 된다. 지방정부로 놓고 말하면, 토지수용 중 다음과 같은 이익을 획득하게 된다. 주로 토지수용매도에서 얻는 이익, 그리고 토지수용 건설에서 추구하는 정치적 성과, 수익의 후속적인 관리 등이 있게 된다. 또한 관원들이 정부의 보호를 빌미로 재부를 전이하는 활동도 포함된다.[256]

---

256) 李长健·徐海萍·辛晨, "权力,权利和利益博弈－我国当前土地征收问题的法律与经济分析", 经济体制改革 第2期, 2008, p. 83.

(d) 토지수용 중의 농촌 집체경제조직 및 그 이익

집체경제조직을 토지수용 중의 독립적인 주체로 볼 수 있는지에 대해서는 이들은 독립적인 주체가 아니라는 견해도 있다. 그 이유로, 농촌 집체경제조직의 단독적인 이익이 존재하지 않으며, 이 이익은 최종적으로 자연인에게 분할되고 농촌 집체토지의 모든 관련된 이익의 최종 수익자는 농민개인이라고 보는 것이다. 또한 농촌 집체경제조직의 쇠약을 이유로 들고 있다. 농민과 관련된 권익은 농촌집체조직의 관리자의 손해를 받기 쉬우므로 농촌 집체경제조직을 이익주체로 토지수용 과정에 참여시키면 주체의 약화로 인하여 농민의 합법적 권익이 크게 침해받을 것이라고 보고 있다. [257)]

그러나 중국 현행의 법률규정을 살펴보면 집체경제조직은 농촌 집체토지의 소유자로서의 지위를 가지고 농촌 집체의 조직자, 지도자·관리자로서 이익주체에 해당하는 역할을 한다고 보아야겠다. 문제는 이러한 집체경제조직은 한편으론 상급정부의 여러 정책과 행정명령을 집행하고, 다른 한편으로는 촌민자치조직의 의무로 농민이익의 대표로서 해당 촌의 농민의 이익을 수호하는 역할을 한다. 중국 토지수용 중에서, 농촌 집체경제조직은 수용의 목적, 보상기준 등 사항에 대해서 이의를 제기하기가 어렵다. 지방정부에 비해 상대적으로 종속적인 지위에 처해있고 이러한 이익관계의 구동은 늘 상급정부와 합작하게 되고 심지어는 용지기관과 불법적으로 토지거래를 하는 등 행태가 발생하게 된다. 농촌집체조직은 농민을 설득하는 방법만 강구하여 토지수용이 순조롭게 되도록 하고 있다. 다른 한 측면으로 이는 또 촌민 자치조직이므로 촌의 간부는 모두 촌민의 선거로 선출된다. 일정한 정도에서는 농민의 이익을 수호한다고 할 수 있는데 그것은 촌집체가 본촌의 촌민들을 위해 최대한 많은 이익보상을 받으려고 하는 측면에서 나타난다. 동시에 촌 집체조직의 행위는 상급정부의 제한을 받는데 많은 업무는 지방정부의 비준을 받아야 실시가 가능하고, 그들은 촌민을 대표하여 집체토지사용권을 행사하는 것이 아니라 향(진) 혹은 기타 상급정부의 의도에 따라 집행하게 된다. 농민과 정부의 모순이 격화될 때, 조직은 다시 농민을 설득하는 작업을 하여 국가에 협조하고 토지수용 임무를

257) 房绍坤·王洪平,《不动产征收法律制度纵论》, 中国法制出版社, 2009, p. 282.

완성하게끔 역할을 하는 것이다.

(e) 토지수용 중의 개인(농민) 및 그 이익

농민과 집체토지 사이에는 복잡한 이익관계가 존재한다. 농민의 토지이익은 생존이익과 재산이익 두 가지 측면이 있다. 생존이익은 토지로 생활 및 생존의 수요를 보증하는 것이다. 재산이익은 토지권리자가 토지를 특유재산 혹은 이용의 이익을 말하고 여기에는 소유이익(점유이익)과 자본이익이 포함된다.[258] 농민은 농촌집체조직의 구성원으로서 집체경제권리와 집체사무관리권리 등 권리를 행사할 수 있다고 볼 수 있다.

구체적으로 분석하면 경제권리는 주로 다음과 같은 내용이 포함된다. 첫째, 토지도급경영권이다. 토지도급경영권은 집체조직구성원이 토지를 획득하고 해당 토지는 집체조직구성원이 집체토지소유인 중의 하나로 반드시 획득해야 할 재산이고, 집체조직구성원의 생존 및 사회적 공평에 관련된 것이다. 물권법은 토지도급경영권은 일종의 물권이고, 정확히는 용익물권이라고 본다. 둘째, 토지수용보상액분배권이다. 셋째, 자택지 분배권이다. 넷째, 경제이익의 평등분배권이다.[259] 농민은 집체조직의 구성원으로 해당 소재 집체의 재산경제이익을 향유할 최종적인 권리가 있다. 그러므로 집체경제이익을 분배할 때, 각 구성원은 평등한 권리가 있다. 농민은 또 집체사무의 관리권의 중요한 내용을 행사하는데, 주요방법은 구성원대표회의 혹은 구성원대표대회를 통하는 것이다. 집체소유의 관리기구의 구성원은 선거권이 있는 집체구성으로부터 발생한다. 이러한 권리에는 집체조직구성원이 집체재산에 대한 평등한 결책권, 집체경제구성원이 규장에 근거하여 집체재산 관리기구의 담당자를 선출하는 권리를 포함하는데 이는 어떠한 조직이나 개인이 간섭하지 못한다. 집체경제조직구성원은 민주적인 관리방법으로 집체재산의 관리, 결책과 감독에 참여한다. 집체토지도급은 집체경제조직 이외의 기업 혹은 개인 등 중대결책 시에는 집체경제조직구성원의 촌민회의 3분의 2이상의 구성원 혹은 3분의 2이상의 촌민대표가 동의하여야 한다.[260]

---

258) 陈华彬,《物权法原理》, 国家行政学院出版社, 1998, p. 263.
259) 李寿廷, "土地征收法律制度研究", 西南政法大学博士学位论文, 2010, p. 58.
260) 중국《토지관리법》제15조 제2관.

농민은 농촌토지의 도급경영자와 사용자로서 우선은 경제인으로서, 토지이익의 최대화를 추구한다. 농업생산은 그들이 이익을 도모하는 수단이다. 토지수용과 보호 측면에서는 모순이 존재하는데 하나는 농지는 생활보장을 제공하고, 양로보장과 취업보장 등 사회보장의 기능을 하고, 농민들은 자신의 농지가 보호받기를 원하고 장기적으로 소유하기를 원한다. 다른 한 측면으로, 토지이용의 비교이익에서 경작의 위험은 크고 수익은 낮다. 수용이 확정되고 농민들이 가장 고려하는 것은 경제이익이다. 그들은 더욱 많은 토지수용 보상과 이주정착보조금을 받기를 원한다. 그러나 토지수용은 정부의 강제행위로, 토지수용 보상기준은 정부가 법에 따라 정해지고, 농민들은 협상할 권리조차 없다. 지방정부는 각종 수단을 동원하여 가격을 최저로 낮추고 자신의 이익을 최대화한다. 이에 농민들은 수입을 증가할 만한 다른 경로를 찾게 되는데, 그것이 토지수용 행위에 반발하거나 부속물의 양을 증가시키며, 철거를 지연시켜 진행을 방해하는 경우 등이 있다. 이들은 이렇게 정부와 용지자에게 보상금을 증가할 것을 촉구하고 있다. 단체로 민원신청을 통하여 권익구제를 하려고 하거나 또는 기타 반항하는 태도를 보이기도 한다. 정부의 민원제도에 대한 비용, 기업의 지연비용 등 사회적 비용으로 지출되는 것은 토지수용으로 인한 단기의 비용이다. 멀리 보면, 땅을 잃은 농민들은 사회적으로 취업이나 기타 치안에 거대한 압력을 가하게 되고 이는 경제발전과 도시화과정의 추진에도 영향을 주게 된다. 수용보상이 낮을수록, 수용으로 인한 장기적인 사회적 비용은 더 높아진다. 물론 수용보상금이 높을수록 유리한 것은 아니다. 과도한 수용보상금은 정부가 집체토지의 필요한 수용에 대한 제한이 되고 공익사업의 건설과 국가의 경제발전에 불리하며 또한 농민이 농지의 이용효율과 보호의식도 감소하게 된다.

(2) 이익충돌의 주요표현

중국 현재의 시장경제조건 하에서, 토지수용 중 존재하는 주요 이익관계는 국가와 농촌 경제집체조직의 이익분배관계, 각급 정부 간의 토지이익 분배관계, 농촌 집체경제조직과 농민의 토지이익관계, 지방정부와 토지사용자의 토지이익 분배관계가 있다고 하겠다. 이 중 제일 중요하고 제일 핵심적인 관계는

국가가 대표하는 공공이익(공익)과 집체경제조직 및 농민 개인이익(사익) 간의 관계이다.[261]

(a) 공공이익(공익)과 개인이익(사익) 간의 충돌

현대사회의 법률사회화 과정은 실질적으로 공공이익이 개인이익에 대한 제한의 과정이라고 볼 수 있고, 특히 이러한 부분은 토지재정에서 두드러진다. 공공이익과 개인이익 간의 관계는 토지수용 중에서 구체적으로 국가정부의 토지수용권과 농촌 집체경제조직의 토지소유권 또는 농민집체토지도급경영권 사이의 충돌인데, 이는 공권과 사권의 충돌로 즉 권력과 권리의 충돌로 볼 수 있다. 쌍방의 이익은 토지수용의 법률관계 중에 체현되고, 특히 토지수용보상의 법률관계 중에 드러난다. 토지수용 중의 이익충돌의 구체적인 표현은 수용에 관한 모순, 보상에 관한 모순, 어떻게 보상할 것인지에 대한 모순과 충돌이다. 이하에서 주로 공익과 사익의 모순, 그리고 보상에 관한 모순을 살피기로 한다.

첫째, 토지수용권과 집체토지소유권 그리고 토지도급경영권의 충돌이다. 국가공권력은 사권에 비해 명백히 우월한 지위에 있으므로 정부는 토지수용의 결책권을 갖고 있고, 보상의 실시 및 이주정착방안을 제정하고 허가하는 등 광범위한 재량권을 갖는다. 그러나 농촌 집체경제조직의 농민은 토지수용의 결책과정에 참여하지 못할 뿐만 아니라 보상방안에 대해서도 참여권리가 없다. 토지권리자는 보상에 대해 이의제기권이 있다고는 하지만 이 또한 정부에서 재결하는 방식으로 되어 있고 이러한 쟁의의 진행은 보상방안의 실시에 영향을 주지 않으며 최종적으로 정부가 저가로 농민 집체토지소유권을 획득하게 되는 것이다. 또한 절차적으로도 각급 인민정부가 해당 직권으로 심사하고 비준하며 토지권리자는 어떠한 알 권리나 참여의 기회가 없고 대개는 토지수용기관이 결책 후에 반포하는 토지수용공고를 보고, 그때에야 자신의 땅을 잃게 됨을 알게 된다. 토지수용의 구제는 더욱 심각하다. 정부의 주요 목표는 공공이익을 실현하는데 있고 이는 정부가 공공특성으로 결정하는 것이다. 비록 정부 자체도 일정한 이익이 존재하지만 주요 직책은 전체 사회구성원에 대해 책임지는 것이지 정부가 공공이익의 위에 군림하는 것은 아니다. 국가이익은 사

261) 李寿廷, “土地征收法律制度研究”, 西南政法大学博士学位论文, 2010, p. 68 참조.

회의 공공이익과 동등하지 않으며 전 사회의 공동이익은 최고단계의 이익이고, 개인이익, 가정이익, 군체의 이익, 국가이익의 공통점은 모두 전 사회의 공동이익 안에 유기적으로 결합되어 있다.[262)]

둘째, 토지수용보상 중의 이익충돌이다. 토지수용의 법률관계는 주로 보상주체와 피보상주체가 있는데 전자는 의무주체이고, 법률규정에 따라 보상의무를 부담해야 한다. 후자는 권리주체이다. 여기서는 주로 수용권의 주체 측과 재산권의 주체 측의 이익충돌관계이다. 현실에서 충돌이 발생하는 원인은 여전히 공공이익의 주체는 충분한 보상을 하려 하지 않고, 개인이익의 사인은 더욱 많은 보상을 받으려고 하기 때문이다. 사인들은 공공이익이거나 상업이익에 크게 관심이 없고 단지 보상의 액수에만 관심을 갖는다. 물론 이는 시장거래의 원칙이기도 하지만 토지수용은 순수한 시장거래가 아니고 일정한 정도의 시장거래 특징을 부여한 정부가 배치하는 토지자원의 일종의 특수한 방식이라고 볼 수 있다.

(b) 농촌집체이익과 농민개인이익의 충돌

토지수용 중 농촌집체조직의 이익과 농민개인의 이익충돌은 주로 재산권의 충돌인데 이는 주로 집체경제조직이 토지소유권자인 농민과의 도급경영권에서 비롯된다. 농촌집체와 농민개인의 이익충돌은 다음과 같은 두 가지 측면에서 살펴볼 수 있다. 첫째, 수용과정 중의 이익충돌이다. 집체경제조직과 농민개인의 이익은 일치하여야 마땅하다. 특히 국가나 정부와의 입장대립에서 하나의 이익공동체로서 정부와 협상을 진행해야 함에도 농촌 집체경제조직은 정부의 대변인 역할을 하는 것이다.[263)] 둘째, 토지수용보상비 분배과정 중의 이익충돌이다. 수용의 보상비는 토지보상비와 이주정착금을 포함하는데 모두 일정한 규칙 내에서 농촌 집체경제조직이 분배를 해야 한다. 농촌 집체경제조직과 농업종사자 혹은 구성원은 모두 독립적인 권리주체로서, 농업종사자 혹은 농민집체조직의 구성원은 토지도급경영권이 수용될 경우 집체조직과 마찬가지로 독립적인 주체의 신분으로 국가에 배상을 요구할 수 있어야 한다.[264)]

---

262) 王伟光,《利益论》, 人民出版社, 2001, p. 138.
263) 李长健·徐海萍·辛晨, “权力,权利和利益博弈－我国当前土地征收问题的法律与经济分析”, 经济体制改革 第2期, 2008, p. 83.

문제는 집체소유권과 도급경영권 사이에 모순이 존재하고 토지수용의 보상은 개인을 기초로 하는 것인지 집체를 기초로 보상하는 것인지는 근거가 부족하다는 점이다. 구체적으로 법률상의 보호제도를 어떻게 수립하느냐에 따라 달라질 것이다. 집체권리를 주로 할 것인지 도급경영권을 주로 할 것인지는 현재 명확하지 않은 것으로 보인다. 수용문제에서 양자의 모순은 매우 첨예하다고 하겠다. 이 외에도 법률상에는 비록 보상비는 농촌 집체경제조직이 소유한다고 되어있지만 현실에서 토지보상금은 촌민위원회가 지배하는 경우가 다수이고 이 경우 또한 집체소유권과 도급경영자 사이에 충돌이 존재한다. 즉 토지소유권은 집체에, 사용권은 농민 개인이, 처분권은 정부에 있는 실정이므로 모두 각자의 이익을 취득하기 위해 분쟁이 발생하게 되는 것이다.

(c) 중앙정부와 지방정부의 이익충돌

중국 토지수용 중, 중앙정부의 이익과 지방정부의 이익충돌도 다음과 같은 측면에서 살펴볼 수 있다.

첫째, 토지수용심사권한 제한 과정에서의 충돌이다. 토지소유권은 국무원이 국가를 대표하여 행사하지만, 국무원은 직접 모든 토지를 관리할 수는 없다. 그러므로 국무원은 대부분의 토지관리사무를 지방정부에게 관리하도록 하고 있는 일종의 위탁관계가 형성된다. 국무원은 인사임명, 인사조정 등 수단으로 지방정부에 대한 감독을 실시한다. 또한 중대사건에 대한 심사결정의 권력을 갖고 있다. 1998년《토지관리법》을 수정하면서 기존의 토지수용제도에 대해 수정을 한 부분이 바로 토지수용심사권한을 강화하여 성급이하 정부의 심사허가권을 취소하였다. 중앙정부의 이익목표를 실현하기 위하여 계획경제식의 심사를 확장하고 제한하는 방법으로 심사권한을 상승시켰다. 이렇게 함으로써 지방정부가 토지매도 등에서 장애가 되고 상급에 신고하도록 되었다. 그러나 지방정부는 이러한 규정에 대비해 보고를 하지 않거나 하나의 큰 프로젝트를 여러 개로 나뉘어 보고하거나 하는 방식으로 다량의 위법수용이 지속적으로 발생하고 있다.[265]

264) 李寿廷, “土地征收法律制度研究”, 西南政法大学博士学位论文, 2010, p. 75.
265) 李寿廷, “土地征收法律制度研究”, 西南政法大学博士学位论文, 2010, p. 78.

둘째, 토지매도수익 분배과정에서의 충돌이다. 1999년부터 건설용지 매도금의 수익에 관해 중앙과 지방이 3:7의 비율로 수익을 갖는다. 2004년부터 중앙은 토지매도의 평균 순수익의 15%이상을 농업토지개발에 사용한다고 결정하였다. 2006년부터 토지매도수익의 5%는 도시향진의 임대주택건설에 사용한다고 밝혔다. 그 뒤의 규정에서 분배는 진일보로 국유토지수익기금회의 건립과 국유기업개혁지지 등으로 확산되었다. 2006년 토지조정조치의 결과에 따라 국유토지수익은 전부 지방예산으로 정하였지만 2007년부터 다시 중앙과 지방은 3:7의 비율로 수익을 향유하게 되었다. 2007년 1월 1일부터 지방이 갖는 70%의 수익은 전부 성급정부(성, 자치구, 직할시, 계획도시 등)의 국고에 포함시키고 관리를 강화한다고 정하였다.[266] 이러한 수익분배의 변화과정에서 중앙정부와 지방정부의 모순을 보아낼 수 있고 또한 이는 중앙정부와 지방정부의 장기적인 이익분배의 다툼이 될 것으로 보인다.

셋째는 중앙정부와 지방정부의 토지수용 정책목표의 충돌이다. 비록 중앙정부와 지방정부는 모두 경제성장을 촉진하고 거주환경을 개선하고 사회발전의 추진에 전력을 다한다고 하지만, 지방정부는 지방경제 발전의 속도 및 수익 그리고 정치적 실적에 더 집중하게 된다. 심지어 중앙정부의 정책을 왜곡하여 자원의 낭비, 생태환경파괴 및 환경오염을 조성하는 경우도 비일비재하다. 중앙정부와 지방정부의 이익충돌은 직접적으로 지방정부의 대량의 위법행위를 양산하게 된다. 수익분배주체의 하나로서의 중앙정부는 일반적으로 농민을 보호하려는 경향이 있고 양식의 안전과 농산품의 충분한 공급을 보장하려는 측면이 있다. 그러나 수익분배주체로서의 지방정부 입장에서 토지수용은 거대한 재정근원이 된다.[267] 그러므로 지방정부는 토지수용 비용을 예산 외 자금으로 정하는데 일부 지방정부의 토지수익금이 전체 지방정부 재정수입의 절반을 넘게 차지한다. 지방정부는 독립적인 경제이익 경향을 갖고 개발자들과 협력하여 토지수용의 핵심이 되며 위로는 중앙정부와, 아래로는 농민과 분쟁을 일으킨다.

---

266)《关于调整新增建设用地土地有偿使用费政策的通知》

267) 李寿廷, "土地征收法律制度研究", 西南政法大学博士学位论文, 2010, p. 79.

Ⅶ 농촌 집체토지수용분쟁의 행정구제 관련 사례분석

다수의 선행연구 및 논문에서는 토지수용의 구제부분에 대해서는 논하지 않거나 구제가 어렵다고만 언급하고 있다. 중국에서 공민이 정부를 상대로 권익구제를 한다는 것은 현재로선 실로 어려운 일이고, 많은 공민들이 아예 엄두를 내지 못하므로 행정심판이나 행정소송 모두 공민들의 참여도가 매우 낮고 구제제도 또한 활성화되어 있지 않다.

그럼에도 본 연구에서는 심각하게 불평등한 행정기관의 공권력 행사와 공민의 권리행사에서 농촌 집체경제조직과 그 구성원의 합법적 이익이 어떻게 보호되며 약자인 공민의 권리는 어떻게 보호되는지 정확히 알아보기 위해서 현재 이루어지고 있는 실태부터 파악하고자 한다. 실태는 가급적이면 최신동향을 반영하는 사례를 선별하여 살펴보고자 하였다. 토지수용분쟁과 관련된 사례 중에 다수는 법원의 기각으로 마무리 되지만, 그 중에서도 현재 법원의 입장이나 태도를 엿볼 수 있고 또 변화되는 시사점을 줄 수 있는 사례를 선별하고자 하였다. 선별한 사례들은 주로 농촌 집체토지의 수용분쟁을 중심으로 관련 행정행위들에 대한 소 제기 여부가 가능한지에 대해 분석하고 쟁점을 검토한다.

1. 사례1: 존민 개인의 소송지위 (보상금 미공고에 대한 원고자격유무)[268)]

(1) 사건개요

재심신청인 정모씨는 충칭시(重庆市) 사핑바구(沙坪坝区) 정부의 토지이주정착금의 공고를 발표하지 않은 것에 대한 위법확인을 요구한 사안에서, 충칭시고급인민법원의 행정판결[269)]에 불복하여, 재심을 신청한 사건이다. 재심법원은 2017년 5월 25일에 행정재정[270)]으로 본안을 심리하였다. 2015년 9월 25일,

268) (2017) 最高法行再50号
269) (2016) 渝行终425号

정모씨는 충칭시 제1중급인민법원에 본안과 관련하여 소송을 제기하였고, 2009—2010년 사핑바구정부는 충칭서부현대물류원관리위원회[271]에 위탁하여 사핑바구의 주요 토지를 수용하게 하였고, 이로 인해 토지가 손실되고 자택지, 공장 건물이 모두 철거되었다. 사핑바구 정부는 토지를 수용함에 있어서 보상에 관련한 이주정착금 등에 대해 공고를 하지 않아 법률의 규정에 위반되므로, 법원이 이에 대한 위법확인을 해줄 것을 요구하였다.

(2) 판결요지

충칭시 제1중급인민법원은 1심 행정재정[272]에서 다음과 같이 인정하였다. 토지보상이주정착방안 공고는 행정기관이 농촌 집체경제조직을 대상으로 하는 행위이다. 관련 규정에[273] 의하면, 촌민위원회 혹은 농촌 집체경제조직이 농촌 집체토지에 관련한 행정행위에 대하여 기소하지 않을 경우, 과반수 이상의 촌민들은 경제집체조직의 명의로 소송을 제기할 수 있다. 조사를 거쳐, 사건토지 수용상황을 보았을 때, 조모씨가 개인 명의로 기소하였고, 이는 해당 집체경제조직촌민의 절반을 넘지 못하였다. 그러므로 해당 소송은 법률규정에 부합되지 않으며, 소송주체로서의 자격이 없다. 《행정소송법 사법해석》 제3조 제1관의 제10항, 《집체토지 행정사건에 관한 규정》 제3조의 규정에 따라 조모씨의 기소를 각하한다. 정모씨는 이에 불복하여 상소하였고, 충칭시고급인민법원은 2심 행정재정[274]에서 동일한 이유로 1심 재정을 유지하였다. 정모씨는 이에 불복하여 재심법원에 재심을 신청하였다. 재심청구이유는 원심법원이 적용한 《집체토지 행정사건에 관한 규정》의 제3조의 규정은 착오가 있으며 본안은 반드시 사법해석의 제4조 규정에 따라 수리하고 심리하는 것이 정확하므로 1심, 2심의 재정을 취소하고 본안을 심리할 것을 요구하였다.

본원은 심리를 거쳤고, 본안의 쟁점은 정모씨가 본안의 적격원고인지 여부이다. 《행정소송법》 제2조 제1관 규정에 의하면, "공민, 법인 또는 기타 조직

270) (2017) 最高法行申203号
271) 重庆西部现代物流园管理委员会
272) (2015) 渝一中法行初字第00525号
273) 《最高人民法院关于审理涉及农村集体土地行政案件若干问题的规定》第3조
274) (2016) 渝行终425号

은 행정기관과 행정기관 관련인원의 행정행위가 합법적 권익을 침해할 경우, 법에 따라 인민법원에 행정소송을 제기할 권리가 있다"고 규정하고 있다. 이로 보아 일반적으로 행정소송의 원고는 행정기관과 행정기관 관련 인원의 행정행위가 합법적 권익을 침해할 경우, 법원에 행정소송을 제기하는 방식으로 해당 권익을 수호하려는 공민, 법인 혹은 기타 조직이다. 행정상대인은 행정행위에서 명시한 직접상대인과 행정행위에서 비록 명시되지 않았지만 해당 합법적 권익에 실질적으로 영향을 미치는 간접상대인도 포함된다. 그러므로《행정소송법》제25조 제1관의 규정에 따라 "행정행위의 상대인 및 기타 행정행위와 이해관계가 있는 공민, 법인 혹은 기타 조직은 행정소송을 제기할 수 있다"고 되어있다. 해당 규정은 행정소송원고의 기준에 대해 "행정행위와 이해관계가 있는 자"로 정하였고,《행정소송법 사법해석》제1조에서는 "행정상대인의 권리의무의 발생에 실질적 영향을 미치는 행위"로 한정하고 있다.《행정소송법》및《행정소송법 사법해석》의 규정에 따라 행정소송의 원고자격요건은 두 가지가 있다. 하나는 기소인은 반드시 "행정행위와 이해관계가 있어야 함"이다. 여기서 행정행위와 이해관계가 있다는 것은 반드시 행정기관 및 해당 관련 인원의 행정행위가 공민, 법인 및 기타 조직의 권익에 이미 혹은 또 장래에 실질적 영향을 미치는 것을 말하는 것으로 이해할 수 있다. 둘째로, 행정행위가 행정상대인의 권익을 처분한 것을 가리킨다. 해당 처분에도 직접처분과 간접처분 두 가지가 포함된다고 볼 수 있다. 전자는 행정행위의 직접적인 증가, 박탈 혹은 행정상대인의 권익을 변경하는 것이고 후자는 행정행위가 비록 직접적으로 증가, 행정상대인의 권리를 박탈하거나 변경하지는 않았지만 해당 존재가 기타 법률행위를 행하는 데 있어서의 근거가 되거나 혹은 행정상대인이 불리한 위치에 놓이게 되는 것이다. 다시 말해서, 간접처분은 상대인의 권익 혹은 지위의 확인 외에 상대인의 권익의 약화도 포함된다. 즉, 여기서 말하는 이해관계는 확장해석(从宽解释)해야 하며, 모든 공민, 법인 혹은 기타 조직이 자신과 행정행위사이에 이해관계가 있음을 증명할 수 있거나 혹은 어떠한 특수한 이익이 있다면 반드시 행정행위의 이해관계가 있다고 인정하여야 한다. 다른 측면으로 원고는 반드시 법률상의 독립적인 공민, 법인 혹은 기타 조직이어야 한다. 왜냐면 법률상의 독립적인 인격을 가진 공민, 법인 혹은 기타 조직만이 소송의 결과를 책임질 수 있기 때문이다.

《토지관리법》 제10조의 규정에 따르면, "농촌 집체경제조직의 토지는 법적으로 농민집체소유이고, 이는 농촌 집체경제조직 혹은 촌민위원회가 경영, 관리한다."고 되어 있다. 촌민집체구성원의 개별촌민이 해당 집체가 향유하는 토지의 소유권이 행정행위의 침해를 받았다고 여길 경우에, 행정기관에 권리를 주장할 필요가 있으면 반드시 법적경로와 형식을 따라야 한다. 개별촌민의 의지를 촌농민집체의 의지로 전환하여 농민집체의 명의로 권리를 주장하는 것은, 촌민집체 구성원인 개별 촌민이 수권을 받지 않은 이상 원칙적으로 농촌집체를 대표해서 행정소송을 제기할 수 없다. 개별 촌민이 해당 행정행위에 대해 불복하고 또한 촌집체경제조직 혹은 촌민위원회가 자발적으로 소송을 제기하지 않으면 해당 촌민은 《촌민위원회조직법》에서 규정한 절차에 따라 촌민회의와 촌민대표회의 형식으로 집체결정을 거쳐 촌민위원회에서 집행하도록 하여야 한다. 또는 《집체토지 행정사건에 관한 규정》 제3조 제1, 2관에 따라 "촌민위원회 혹은 농촌 집체경제조직이 농촌 집체토지의 행정행위에 대해 기소하지 않으면 과반수의 촌민들은 집체경제조직의 명의로 행정소송을 제기할 수 있다", "농촌 집체경제조직의 구성원이 전부 도시주민으로 전환된 경우, 농촌 집체토지의 행정행위에 불복하는 경우 과반수의 기존 집체경제조직의 구성원은 기소할 수 있다"고 규정함으로써 전체 촌민의 집체의지를 대표하여 소송할 수 있게 하였다. 동 규정 제4조에서는 "토지사용권자 혹은 실제 사용자는 행정기관이 행한 집체토지의 사용 혹은 실제 사용과 관련한 행정행위에 불복하는 경우에 자신의 개인의 명의로 소송을 제기할 수 있다"고도 규정하였다.

본안에서, 정모씨의 소송청구는 인민법원이 사핑바구정부가 토지보상이주정착방안을 공고하지 않은 것은 위법한 행위임을 확인하였다. 원심법원은 해당 토지수용보상 및 이주정착방안의 공고는 행정기관이 농촌 집체경제조직을 상대로 행한 행정행위로 보았다. 《집체토지 행정사건에 관한 규정》 제3조 제1관의 규정에 따르면 본안의 적격원고는 촌민위원회 혹은 농촌 집체경제조직 혹은 과반수의 농민이다. 정모씨가 개인의 명의로 본안의 소송을 제기한 것은 법률의 규정에 부합하지 않으므로 소송주체가 아니라고 보고 정모씨의 소송청구를 각하하였다. 그러나 수용보상 및 이주정착방안은 농촌 집체경제조직의 구성원(피수용자 포함)의 직접적인 이익과 관련되고 공고가 반포되면 농촌 집체경제조직 및 그 구성원(피수용자 포함)들은 보상방안에 대해 각자 다른 의견이 있을 수 있으며 각 이해관계자의 의견을 수렴하기 위하여 법률은 수용보상 및 이주정착방안을 공고하도록 규정하였다. 그러므로 해당 공고는 토지수용과정 중에서의 법정절차이고 동시에 이는 농촌 집체경제조직과 촌민개체의 보상권으로 이는 촌농민 집체토지소유권을 침해하는 행정행위와 같지는 않다. 첫째는 공고의 대상에서 보면, 《토지관리법》 제48조의 규정에 따라 "토지수용보상 및 이주정착이 확정 된 후, 관련 지방정부는 반드시 공고를 하여야 하며 피수용토지의 농촌 집체경제조직과 농민의 의견을 수렴하여야 한다."고 규정하고 있다. 그러므로 수용보상 및 이주정착방안의 공고는 농촌 집체경제조직 뿐만 아니라 농민개개인도 대상으로 하고 있다. 둘째는 공고의 내용에서 보면, 《토지관리법 실시조례》 제26조 제1관은 "토지보상비는 농촌 집체경제조직에게 속한다. 지상부착물 및 미수확농작물 보상비는 지상부착물 및 미수확농작물 소유자에게 속한다."고 규정하고 있다. 공고내용은 농촌 집체경제조직이 소유하는 보상비도 포함하지만, 지상부착물과 미수확농작물의 소유자 개인이 소유하는 부분도 포함된다. 셋째는 권익반사(权益辐射)의 관점에서 비록 토지보상비용의 공고가 주로 농촌 집체경제조직에 관련되지만, 수익은 전체 구성원(피수용자 포함)이 받게 된다. 또한 구성원(피수용자 포함)들의 후속적인 보상금액과도 관련된다. 넷째는 《집체토지 행정사건에 관한 규정》 제4조를 보면, "토지사용권자 혹은 실제사용인은 행정기관이 행한 사용 혹은 실제 사용하는 집체토지의 행정행위에 불복하는 경우 자신의 개인 명의로 소송을 제기할 수 있다" 고 규정되어있다. 토지사용권자 혹은 실제 사용자는 행정기관의 행한 토지수용의 보상금 및 이주정착에 관련한 행정행위에 대하여 자신의 명의로 소송을 제기할 수 있다. 이상의 내용을 종합하면, 정모씨가 행정기관이 수용보상 및 이주정착의 공고를 하지 않아 자신의 합법적인 권익을 침해했다고 여길 경우 자신의 개인의 명의로 소송을 제기할 수 있다. 1심, 2심 법원은 《집체토지 행정사건에 관한 규정》 제3조 제1관의 규정에 따라 정모씨가 본안에서 소송주체자격을 구비하지 않았다고 인정한 부분은 법률적용 착오이다. 즉, 정모씨의 본안 소송을 제기한 것은 수리조건에 부합하며, 1심, 2심 재정에서 기소를 각하한 것은 법률의 규정에 위반되며 반드시 시정하여야 한다. 그리하여 충칭시제1중급법원에서 본안에 대해 계속 심리하도록 재정하였다.

(3) 평가

대법원은 1, 2심 판결을 파기하고 보상금 및 이주정착방안의 공고는 토지수용과정 중에서의 법정절차이고 동시에 이는 농촌 집체경제조직과 촌민개체의 보상권이므로 이는 촌농민집체토지소유권을 침해하는 행정행위와 같지는 않다고 보았다. 그 이유로 첫째는 공고의 대상에서《토지관리법》제48조의 규정에 따라 "토지수용보상 및 이주정착이 확정 된 후, 관련 지방정부는 반드시 공고를 하여야 하며 피수용토지의 농촌 집체경제조직과 농민의 의견을 수렴하여야 한다."고 규정하고 있다. 그러므로 수용보상 및 이주정착방안의 공고는 농촌 집체경제조직 뿐만 아니라 농민 개개인도 그 대상으로 하고 있다고 명시하였다. 둘째는 공고의 내용에서《토지관리법 실시조례》제26조 제1관은 "토지보상비는 농촌 집체경제조직에게 속한다. 지상부착물 및 미수확농작물 보상비는 지상부착물 및 미수확농작물 소유자에게 속한다."고 규정하고 있어 이는 농촌 집체경제조직이 소유하는 보상비도 포함하지만, 지상부착물과 미수확농작물의 소유자 개인이 소유하는 부분도 포함된다고 보았다. 셋째는 권익반사(权益辐射)의 관점에서 비록 토지보상비용의 공고가 주로 농촌 집체경제조직에 관련되지만, 수익은 전체 구성원(피수용자 포함)이 받게 되는 것이고 또한 구성원(피수용자 포함)들의 후속적인 보상금액과도 관련된다고 명시하였다. 넷째는《집체토지 행정사건에 관한 규정》제4조에서 "토지사용권자 혹은 실제사용인은 행정기관이 행한 사용 혹은 실제 사용하는 집체토지의 행정행위에 불복하는 경우 자신의 개인 명의로 소송을 제기할 수 있다" 고 규정하였음을 근거로 들었다.

대법원의 이러한 입장과 판결은 매우 바람직하다고 보여 진다. 농촌 집체경제조직이나 촌민위원회가 보상금의 주체이기는 하지만, 실질적으로 그 구성원 개개인에게 직접적인 영향을 받는 것으로 고려하면 그들에게 원고자격을 부여하는 것이 마땅하다고 판단된다.

2. 사례2: 성급정부의 회답(批复)[275]에 대한 소 제기 가능성 여부[276]

(1) 사건개요

사안은 재심신청인 조모씨가 랴오닝성(辽宁省)인민정부(이하 "랴오닝성정부"로 약칭)의 행정심판결정을 기소한 사건으로, 랴오닝성정부가 2015년 10월 9일 행한 행정판결[277]에 불복하여 재심청구를 한 사건이다.

1심의 내용을 살펴보면, 조모씨의 모친 정모씨는 생전에 이 사건 촌[278]의 촌민이었다. 2005년 6월 29일, 랴오닝성 정부의 239호 회답[279]에서 해당 촌의 논(水田) 3.1740헥타르[280]를 포함한 9.5326헥타르의 농용지를 건설용지로 전환하고 건설용지를 국유로 수용되는 것에 동의하였다. 이 중에는 당시 정모씨가 사용하던 5묘(亩)[281]의 논도 포함되었다. 2005년 10월 잉커우시(营口市) 인민정부가 행한 226호 회답[282]에서 정모씨가 사용하는 5묘 논을 포함한 1.5660헥타르의 토지를 잉커우시 방화방음판 제조공장[283]에 매도(出让)하였고, 해당 공장은 그 해에 건설하여 완공되었다. 해당 토지의 수용보상비용 60만 위안은 이미 해당 촌에 지급되었다. 그리고 조사에 따르면 239호 회답에서 토지가 수용된 후 해당 촌은 토지보상비용에 대해 분배를 진행하지 않았고, 수용된 농업종사자(农户)에 토지조정을 진행하였다. 조정에서 정모씨는 3묘의 도급(承包)토지를 획득하였고, 2009년 4월 9일 도급계약을 재계약하였다. 2013년 12월에 정모씨가 사망하였고, 해당 도급토지는 조모씨가 지속적으로 경작(耕种)하였다. 2014년 8월 조모씨는 민원신청을 시작하였고, 모친이 도급한 논을 반환할 것을 요구하였고 또한 도급계약을 체결할 것을 요구하였다. 2014년 11월 5일, 조모씨는 잉커우시 국토자원관리분국[284]에 해당 촌의 23.49묘(1.5660헥타르) 토지를

---

275) 회답은 일반적으로 하급기관이 보고하는 사항에 대하여 상급기관이 회답하는 형식의 문서의 일종이다. 심사와 허가와는 구별되는 개념이다.

276) (2016) 最高法行申281号行政裁定

277) (2015) 辽行终字第00267号

278) 营口市老边区路南镇崔家席坊村

279) 《关于营口市老边区实施乡级规划用地的批复》(以下简称239号用地批复)

280) 1헥타르는 1아르의 100배로 10,000㎡임

281) 묘(亩)는 중국에서 사용하는 토지 면적의 단위로 1묘는 0.667헥타르 정도이다.

282) 《关于向营口市老边区防火隔音板厂出让土地使用权的批复》营政土字 (2005) 226号

283) 营口市老边区防火隔音板厂

해당 방화방음판 제조 공장에 매도하는 것을 허락하는 관련문서의 공개를 신청하였다. 2014년 11월 17일, 조모씨는 랴오닝성정부에 행정심판신청서를 제출하여 239호 용지의 회답을 취소하고 경제적 손실을 보상할 것을 요구하였다. 2015년 1월 16일, 랴오닝성정부는 246호의 행정심판[285] 각하결정을 내렸고 이유인즉, 조모씨가 행정심판을 신청한 2014년 11월 17일은 이미 행정심판 신청기간을 도과하였다고 주장하였다. 조모씨는 이에 불복하여 행정소송을 제기하여 246호 행정결정을 취소하고, 239호 행정결정이 위법함을 확인하며, 도급토지를 반환하고 경제적 손실을 배상할 것을 요구하였다.

사건 주요일지에 따라 다시 간략히 정리해보면 다음과 같다.

[표 1] 사례2 사건일지

시기	내용	비고
2005.06.29	랴오닝성 정부의 회답 (239호) 내용은 9.5326헥타르 농용지를 건설용지로 전환하고 건설용지를 국유로 수용되는 것에 동의	정모씨가 사용하는 5묘 논도 해당 토지에 포함
2005.10	잉커우시 정부의 회답(226호) 내용은 1.5660헥타르의 토지를 방화방음판 제조 공장에 매도	정모씨가 사용하는 5묘 논도 해당 토지에 포함
	해당 토지의 수용보상 비용 60만 위안 해당촌에 지급	
	해당 촌은 토지보상비용에 대해 분배를 하지 않고, 수용된 농업종사자에 대해 토지조정을 진행	정모씨는 3묘의 도급토지를 획득
2009.04.09	정모씨는 도급토지에 대해 재계약	
2013.12	정모씨 사망, 조모씨가 지속적으로 경작	
2014.08	조모씨는 민원신청(신방)을 시작	모친이 도급한 논의 반환 및 도급계약을 새로 체결할 것을 요구
2014.11.05	조모씨는 해당 촌의 1.5660헥타르 토지를 방화방음판 제조 공장에 매도한 것을 허락한 관련 문서의 공개를 신청	

284) 营口市国土资源局老边分局

285) 辽政行复驳字 (2014) 246号

2014.11.17	조모씨는 랴오닝성 정부에 행정심판 신청	239호 회답을 취소하고 경제적 손실보상 요구
2015.01.16.	랴오닝성 정부는 행정심판 기각 결정(246호)	
	1심법원 선양시(沈阳市) 중급인민법원은 소송기각	246호 행정결정을 취소하고, 239호 회답이 위법함을 확인하고 경제적 손실보상 요구
	2심법원 랴오닝성 고급인민법원은 상소기각 원심판결 유지	
	재심법원 재심청구 기각	

(2) 1심 판결요지

1심법원 선양시 중급인민법원은 판결[286]에서 다음과 같이 인정하였다. 《행정심판법》 제30조 제2관, 《행정소송법》 제13조 제4관의 규정에 근거하여 성 정부가 수용한 토지결정은 행정기관이 최종재결인 행정행위이므로, 법원의 수리범위에 속하지 않는다. 조모씨가 제기한 회답의 위법확인 및 도급지 반환과 경제손실 보상의 소송요구는 본안의 수리범위에 속하지 않으므로 지지하지 않는다. 본 사건의 쟁점은 조모씨가 행정심판을 신청한 것이 법정 심판기한을 초과하였는가의 여부이다. 조모씨의 모친 정모씨가 사용한 도급토지 5묘 논은 2005년에 이미 국유로 수용되었고, 방화방음판 제조공장도 당해에 건설하여 완공되었다. 조모씨의 모친 정모씨는 줄곧 해당 촌에 거주해온 것으로 모친이 해당사실에 대해 몰랐다는 것은 분명히 합리적이지 않다. 랴오닝성정부는 사실과 증거에 따라 정모씨가 뒤늦게 2009년 4월 9일에 해당 토지가 국유로 수용되었음을 알게 되었다는 것을 확인하였다. 그러므로 해당 일자를 행정심판의 기산점으로 하는 것에 부당함이 없다. 랴오닝성정부가 적용한 《행정소송법 사법해석》의 행정소송 기소기간은 행정심판규정의 신청기간보다 길어 당사자 보호에 더욱 유리하고 여기에 법률적용의 부당함은 없다. 그러므로 《행정소송법》 제69조의 규정에 따라 조모씨의 소송을 기각한다.

286) (2015) 沈中行初字第69号行政

(3) 2심 판결요지

2심법원인 랴오닝성 고급인민법원은 판결[287]에서 다음과 같이 인정하였다.《행정심판법》제30조 제2관의 규정에 따라 성정부가 토지수용의 결정을 행한 자연자원의 소유권의 확정 또는 사용권자의 행정심판 결정은 최종재결이고 이는 행정소송의 범위에 속하지 않는다. 그러므로 토지수용 결정은 행정소송의 범위에 속하지 않는다. 1심판결이 인정한 해당 소송청구는 본안의 심리범위에 속하지 않는다는 판단은 정확하다. 랴오닝성정부가 근거한 239호 용지회답과 정모씨가 계약한 토지도급계약의 사실로 조모씨가 이미 행정심판 청구기간이 도과되었음을 인정한 것이므로 부당함이 없다. 조모씨가 제기한 도급계약은 해당 촌에서 토지를 분할하는 것이고, 토지수용과는 무관한 주장이며 충분한 증거로 증명하지 못하였으므로 지지하지 않는다.《행정소송법》제89조 제1관의 규정에 따라 상소를 기각하고 원심판결을 유지한다.

(4) 재심 판결요지

재심이유와 청구를 살펴보면, 조모씨는 재심에서 1, 2심의 판결은 사실이 명확하지 않고 증거가 부족하다고 주장하며, 조모는 2014년 11월5일에 정부정보공개를 통해서야 해당 토지가 수용된 사실을 알았고, 같은 해 11월 17일에 행정심판을 신청하였으므로 법정 심판기간을 도과하지 않았다고 주장한다. 또한 1, 2심은 판결이 지적한 2006년 3월 해당 촌민위원회가 수용보상사안으로 모친 정모와 체결한 3묘의 토지도급계약은 사실근거가 없으며, 3묘의 도급지는 보상이 아니라고 주장한다. 또《행정소송법》제12조 제5관의 규정에 따라 수용, 사용의 결정 및 보상의 결정에 불복하는 것은 행정소송의 범위에 속한다고 되어있다고 근거로 들었다. 심판기관과 기존의 행정행위를 행한 행정기관이 공통피고인 사건에서 법원은 심판결정과 원 행정행위에 대해 합병하여 재판하여야 한다고 주장하며, 1, 2심 판결에서《행정심판법》제30조 제2관을 적용한 것은 법률착오이며 2심 판결을 철회하고 조모씨의 소송청구를 지지하기 바란다고 청구하였다. 랴오닝성 정부는 답변에서, 해당 246호 행정심판결정은

---

287) (2015) 辽行终字第00267号行政

인정사실이 명확하며 증거가 확실하고 법률적용에도 문제가 없고 절차가 적법하며 법에 따라 조모씨의 재심청구를 기각한다고 밝혔다.

이에 재심법원은 심사를 거쳐 다음과 같이 인정한다고 밝혔다: 1, 2심판결에서 조모씨의 용지회답 위법확인 및 도급토지반환, 경제적 손실배상의 청구를 행정소송의 범위가 아니라고 인정하였다. 246호 행정심판결정의 취소소송에 대해서는 사실과 법률근거가 있고 1, 2심 판결은 주요사실이 명백하고 법률적용이 정확하며 심판절차도 적법하다. 그러므로 조모씨의 재심이유는 성립하지 않는다.

(5) 평가

이 사례는 오랜 시간을 거쳐 민원신청부터 행정심판, 1심, 2심, 재심까지 현재 법적으로 신청가능한 모든 행정구제를 신청한 사례이다.《행정소송법》제12조 제5관에서는 수용, 사용의 결정 및 보상결정에 불복하는 경우 행정소송을 제기할 수 있다고 되어있다. 그러나《행정심판법》제30조 제2관에서는 국무원 혹은 성, 지방자치구, 직할시 인민정부는 행정구획의 확정, 조정 혹은 수용토지의 결정, 성, 자치구, 직할시 인민정부가 확인한 토지, 광물자원, 수류, 삼림, 산령, 초원, 황지, 간석지, 해역 등의 소유권 혹은 사용권의 행정심판 결정은 최종재결로 한다고 되어있다. 법원은《행정심판법》을 적용하여 행정소송을 기각한 것인데 다음은 이 사례를 통한 기타 여러 내용을 정리하고자 한다.

(a) 성급정부의 토지수용회답에 관한 소 제기 가능성 관련 문제

《행정심판법》제30조 제2관의 규정에 따르면 국무원 혹은 성·지방자치구·직할시 인민정부는 행정구획의 확정, 조정 혹은 수용토지의 결정, 성·자치구·직할시 인민정부가 확인한 토지, 광물자원, 수류, 삼림, 산령, 초원, 황지, 간석지, 해역 등의 소유권 혹은 사용권의 행정심판 결정은 최종재결로 한다고 되어있다.《행정심판법 제30조 2관에 관한 사법해석》에서도 다음과 같이 규정하고 있다.《행정심판법》제30조 제2관이 규정한 최종재결은 반드시 두 가지 경우를 포함한다. 하나는 국무원 혹은 성급 인민정부가 행정구역에 관한 확정, 조정 혹은 수용토지의 결정이다. 둘째는 성급 인민정부가 이를 근거로 자연자원의 소유권 또는 사용권을 확인하는 행정심판 결정이다. 상술한 법률과 사법해석에 근거하여 공민, 법인 혹은 기타 조직은 성·자치구·직할시 인민정부가 행한 토지수용결정에 불복하여 행정심판을 신청한 경우, 행정심판기관이 행한 행정심판 결정은 종국재결이 된다.《행정소송법》제13조 제4관의 규정에 근거하여 "법률이 규정한 행정기관의 종국재결의 행정행위"에 불복하여 소송을 제기한 경우 인민법원은 수리하지 않는다. 본안에서 랴오닝성 정부가 행한 239호 용지 회답은 성급 인민정부의 수용토지의 결정이며 이는 행정기관이 행하는 종국재결에 속하고 조모씨가 행정기관의 종국재결 행위에 대해 불복하여 행정소송을 제기하였고, 이는 법원의 소송범위에 속하지 않기에 1, 2심의 판결은 부당하지 않다는 맥락으로 판결이 진행되었다.

《행정심판법》을 살펴보면, 해당 결정은 종국재결이다. 즉 성 정부가 행한 토지수용의 회답은 우선 행정심판은 제기할 수 있다고 볼 수 있다. 최근 다른 사례에서[288] 자치구정부가《행정심판법》제30조 제2관을 근거로 토지수용의 회답은 종국재결이라고 행정심판을 각하하였는데 최고인민법원에서 부당하다고 판결되었다.《행정심판법》제14조의 규정에 따르면 국무원의 각 부서, 혹은 성, 자치구, 직할시 인민정부의 구체적 행정행위에 불복하는 경우, 해당 행위를 행한 국무원의 각 부서, 혹은 성·자치구·직할시 인민정부에 행정심판을 신청할 수 있다. 심판결정에 불복하는 경우, 인민법원에 행정소송을 제기할 수도 있고, 국무원에 재결을 신청할 수도 있다. 이때 국무원은 동법의 규정에 따라 종국재결이 된다고 명시하고 있다. 이러한 규정에 따르면 성정부가 행한 회답은 구체적 행정행위에 속하므로 상술한 조문에 따라 행정심판을 신청하고 불복하면 여전히 다툴 수 있어야 하지만,《행정심판법》제30조 제2관의 규정에 따라 종국재결이 되고 행정소송의 범위에서 배제되게 된다. 실질적으로 이는 행정심판기관의 전문적인 행정권력의 일종 집행행위이다. 이러한 원인은 행정심판기관의 전문적인 행정권력은 사법기관인 법원의 심판과 감독을 받기 않게 하기 위함이다.

더 살펴볼만한 점은, 기존의《행정심판법》은 실시 과정에서, 성급이 아닌

288) 最高院 (2017) 最高法行再87号

시급, 현급 정부가 국무원 혹은 성급정부의 행정구획, 조정 혹은 수용토지의 결정에 따라 자연자원 소유권 혹은 사용권을 확정하는 행정심판결정을 하였다. 그러나 이러한 심판결정은 성급 기관이 행한 것이 아니므로 종국재결일 필요가 없어졌다. 그러므로 이에 불복하는 자는 심판 후에 다시 소송을 할 수 있게 되었고 이는《행정심판법》제30조 제2관의 입법목적과는 다른 결과를 초래하게 되어, 이러한 문제를 해소하기 위해《행정심판법 실시조례》에서는 다음과 같이 규정한 것으로 보인다. 신청인은 행정심판을 신청할 때, 반드시 직접 성급정부에 행정심판 신청을 하여야 하고 이는 종국재결이다. 신청인이 시급, 현급 정부에 행정심판을 신청할 경우, 시급, 현급 정부는 이러한 신청을 받게 되면 신청자에서 성급정부에 신청할 것을 고지하거나 직접 성급정부에 전달하여야 한다. 이렇게 규정함으로써 자연자원의 소유권의 귀속에 관한 확인은 완전히 행정기관내부의 심사에 맡기게 되었고 사법권을 행사하는 법원은 심사를 못하게 된 것이다.

(b) 행정심판 신청기간 도과의 문제

《행정심판법》제9조의 규정에 따르면, "공민, 법인 및 기타 조직은 행정행위가 자신의 합법적 권익을 침해하였다고 여기는 경우, 해당 행정행위를 알게 된 날로부터 60일 이내에 행정심판 신청을 제기할 수 있고 단 법률에서 규정한 신청기한이 60일을 초과한 경우에는 제외한다."고 되어있다.《행정심판 실시조례》제17조의 규정에 따르면 행정기관이 행한 구체적 행정행위가 공민 혹은 법인 기타 조직의 권리, 의무에 영향을 미치는 경우, 해당 행정심판을 신청할 수 있는 권리, 행정심판기관과 행정심판기간을 고지하여야 한다. 이 사건에서 조모씨가 기소 시 유효한《행정소송법 사법해석》제41조 제1관을 참조하면, "행정기관이 구체적 행정행위를 행할 때 공민, 법인 혹은 기타 조직에게 소권 혹은 기소기간을 고지하지 않았으면 기소기간은 공민, 법인 기타 조직이 소권 혹은 기소기간을 알거나 혹은 반드시 알게 된 날부터 계산한다. 그러나 구체적 행정행위의 내용을 알거나 혹은 반드시 알게 된 날은 최대 2년을 초과하지 못한다."고 규정하였다. 이 중 2년의 심판기간의 시작점은 "알게 되거나 반드시 알게 된 날로부터" 계산한다. 만약 당사자가 알게 된 날의 시점이 확정이 되었고, 그 날로부터 2년이 지난 시점에 행정심판을 신청하게 되면 행정심판의 법정신청기간을 도과한 것이다. 본안에서 랴오닝성 정부가 행한 239호 용지회답은 조모씨의 모친 정모씨에게 행정심판의 신청권리와 신청기간에 대해서 고지하지 않았다. 정모씨의 기소기간은 반드시 알거나 알게 된 날로 부터 최대 2년을 초과하지 못한다. 239호 용지회답의 내용은 해당 촌의 3.1740헥타르 토지를 국유소유로 하는 것에 동의하는 것이다. 조모씨는 2005년 정모씨가 해당 토지에 건축물이 있었다고 인정하였다. 그리고 정모씨는 줄곧 해당 촌에 거주하였고, 그의 5묘의 도급 토지가 점용당한 이유는 곧 집체토지가 국유소유로 수용된 것이다. 통상적인 경우에 비추어 볼때, 적어도 해당 토지의 도급이 점용되고 또한 3묘의 조정된 토지를 획득하였을 때 정모씨는 이미 토지수용의 사실을 알게 되었다고 보아야 한다고 인정하였다. 조모씨가 2014년 11월 5일 정부정보공개를 신청한 뒤에야 비로소 수용회답의 구체적 내용을 알았다고 주장하지만 이는 받아들여지지 않았다.

정상적인 사고방식으로 판단했을 때, 토지가 수용되었을 경우 알게 되었다고 보는 것이 마땅하다. 이 사건의 경우, 농민이 보상금의 획득을 위해 억지주장을 하고 있는 경우를 배제하지는 못하지만, 많은 사건의 경우 농촌지역의 특수성을 고려하지 않고 일괄적으로 판단하는 것에는 흠결이 있다고 보인다. 게다가 《행정소송법 사법해석》은 2018년 2월 8일 자로 새로 개정이 되었는데 제64조에서는 행정소송의 최장신청 기간을 기존의 2년에서 1년으로 변경하였다. 이는 상대적으로 민원신청사건을 줄이고 행정안정성의 고려로 인한 것이라지만 행정상대인 즉 공민의 입장에서는 권익구제를 강화한 것이 아니라 오히려 약화된 것이다. 그리고 《행정소송법 사법해석》제66조[289]에서는 행정부작위의 기소기한에 대해서도 규정하고 있는데, 여기서는 제64조의 규정에 따른 1년이 아니라 6개월이라는 기한이 적용된다.

(c) 촌민이 사망 후 토지보상금의 상속여부

촌민이 사망하면, 토지보상비용을 상속받는지의 여부에 대해서 주로 세가지 경우로 나누어 볼 수 있다. 즉 촌민이 보상방안이 확정되기 전에 사망한

289) 행정소송법 사법해석 제66조: 공민, 법인 혹은 기타 조직은 행정소송법 제47조의 제1관의 규정에 따라 행정기관이 법정직책을 이행하지 않아 소송을 제기할 경우, 반드시 행정기관의 법정직책이 기한이 만료되는 날로부터 6개월 이내에 제기하여야 한다.

경우, 보상방안이 확정되고, 토지보상비의 분배 전에 사망한 경우, 토지보상비 분배 후에 사망한 경우이다. 보상방안이 확정되기 전에 사망한 경우에는 이 촌민이 집체경제조직 내에서의 관련된 권리도 사망이라는 사실과 함께 소멸된다. 그러므로 해당 농민은 토지의 보상분배에 참여하지 못한다고 보아왔다. 보상방안이 확정되는 시기에도 촌민이 생존하였다면 그 때부터 해당 촌민은 토지보상비용의 분배권을 갖게 된다. 비록 나중에 사망하였다 하더라도 해당 토지의 보상비의 분배에는 영향을 받지 않는다고 보아야 한다. 《상속법》에 근거하여 촌민 생전의 합법적 권리는 개인의 재산으로 상속된다. 그러나 해당 촌민이 보상비 분배 시에도 생존하였다면 사실 상 이미 보상비를 획득한 것으로 보고 이 부분의 보상비는 개인재산으로 상속되고 토지보상비의 분배와는 무관하다고 보아야 할 것이다. 이처럼 중국은 주로 토지보상방안의 확정을 기준으로 하여 사망자의 보상비용이 상속되는지의 여부를 판단하였다. 이 사례의 경우에는 사실 상 이러한 관점에 따르면 조모씨의 모친 정모씨는 토지보상 배분 시에도 생존하였으므로 조모씨가 상속하는 것은 다툴 여지가 없다. 그러나 보상방안이 확정되고, 토지보상비의 분배를 지연하거나 또는 제대로 보상이 되지 않는 등의 경우에는 문제가 될 수 있다.

3. 사례3: 수용보상협의가 행정심판청구의 범위에 속하는지의 여부 290)291)

(1) 사건개요

사안은 원고 왕모씨가 피고인 행정기관이 행정심판을 기각하자 법원에 행정소송을 제기한 사례이고, 일전에 피고 행정기관은 해당 원고가 거주하는 촌민위원회(村民委员会)와 집체토지수용 보상협의를 체결하였다. 이 협의내용에 따라 보상금이 배정되었고 원고는 이에 불복하여 피고인 행정기관에 행정심판을 제기하였다. 그러나 피고가 원고의 행정심판을 기각하여 원고는 다시 법원에 행정소송을 제기한 사안이다.

290) 1심(2016) 豫01行初533号, 2016.12.14
291) 2심(2017) 豫行终421号, 2017.08.12

원고는 다음과 같이 주장하고 있다:《행정소송법》 제12조 제11관[292]의 규정에 따르면 이는 행정심판의 수리범위에 속한다. 피고 측에서 주장하는 보상협의가 수용의 단계적 행위라는 이유로 심판범위에 속하지 않는다는 기각결정을 내린 것은 사실인정과 법률적용의 명백한 착오이므로 행정심판 기각결정의 취소를 청구한다.

이에 피고는 다음과 같이 답변하고 있다: 첫째, 원고가 법률적용에 착오가 있어 원고의 소송제기를 기각하여야 한다. 우선, 수용보상협의는 단지 수용실행 과정에서의 단계적 행위이고, 기소할 수 있는 요건을 구비하지 않았다.《행정심판법》은 수용보상협의가 행정심판의 범위에 속한다고 규정하지 않았고 이에 따라 이는 행정심판의 범위에 속하지 않는다고 보아야 한다. 또한 원고가 행정소송의 범위로 행정심판의 범위를 확정하는 것은 법률적용의 착오이다.《행정소송법》 제12조 제11관 제11항의 규정에 따르면 "행정기관이 행정특허경영협의, 토지주택수용 보상협의 등 협의를 법적 규정의 이행 계약에 따라 이행하지 않거나 또는 위법 변경 해소" 한다는 한정조건이 성립되어야 사건 수리가 될 수 있는 것이지 단지 수용보상협의에 불복한다고 하여 수리할 수 있는 것은 아니다. 게다가 행정기관은 명확한 수권이 없으면 행하지 말아야 하는 것이다. 그러므로 피고가 해당 신청을 수리하지 않은 것은 정확하다. 둘째, 피고가 행한 행정심판의 결정내용 및 절차는 합법적이다.

(2) 1심 판결요지

이에 법원은 다음과 같이 인정하였다: 행정심판은 행정쟁의를 해결하는 기능이 있을 뿐만 아니라 더욱이 행정기관 내부의 자아수정의 감독제도로 행정소송에 비해 행정심판을 통하여 행정기관의 내부감독을 통해 공민, 법인 및 기타조직의 합법적 권익을 보호하는데 있어서 더욱 편리하고 신속하게 처리하는 장점이 있다. 그러므로 입법설정에서 행정심판의 수안 범위는 행정소송의 범위보다 더욱 넓게 된다.《행정심판법》이 행정심판의 수안 범위에 대해 불완

292) 중국《행정소송법》 제12조 제11관: 인민법원은 공민 혹은 기타 조직이 제기한 다음과 같은 소송청구를 수리한다. .....(11) 행정기관이 정부특허경영계약, 토지가옥수용보상협의 등 협의에 대해 법에 따라 이행하지 않거나, 약정대로 이행하지 않거나 또는 위법하게 변경·해제할 경우.

전 열거의 방식과 명확히 배제하는 방식으로 규정하고 있어 행정심판의 범위에 공간을 열어두고 있다. 행정심판법의 포괄성조항으로부터 알 수 있다시피 법률이 명확하게 배제하는 것 외에 공민, 법인 또는 기타 조직이 행정기관의 행정행위가 자신의 권익을 침해한다고 여기면 모두 행정심판을 신청할 수 있다. 그러므로 행정협의를 행정심판의 범위로 보는 것은 행정심판의 규정에 부합된다. 현행《행정소송법》은 이미 수용보상협의를 행정소송의 수리범위에 포함시켰다. 그러므로 수용보상협의에 불복하는 경우 우선 먼저 행정기관에 심판을 제기하는 것 또한 행정소송법이 규정한 구제경로라고 볼 수 있다. 피고가 주장하는 행정소송의 범위로 행정심판의 범위를 판단하는 것은 법률적용 착오라는 이유는 성립되지 않으며 본원은 해당 주장을 지지하지 않는다. 피고가 주장하는 본 사건에 관련되는 수용보상협의는 단계성 행위라는 문제에서 본원은 소위 단계적 행위라는 것은 행정행위가 여러 단계로 나뉘어서 완성되는 것을 뜻하며 매개 단계마다 행정상대인에 대해 최종처분이 내려지지 않아 이에 심판이나 소송을 제기할 요건이 구비되지 않은 것이다. 본안의 수용보상협의는 권리 및 의무의 이행계약에 대해 명확히 규정하고 다른 행정행위로 일정한 법률효과에 달하는 것이 아니기에 권리의무가 발생하지 않아 실질적 영향이 없는 단계성 행정행위에 속하지 않는다. 피고가 수용보상협의가 단계성행위로 수리를 거부한 것은 법률근거가 부족하다.

(3) 2심 판결요지

피고정부는 1심판결에 불복하여 상소하였고, 2심법원은 다음과 같이 인정하였다. 2015년 실시된 신 행정소송법 이전의 기존《행정소송법》과 2009년에 실시된《행정심판법》은 행정소송의 범위와 행정심판 범위의 규정에 모두 행정협의 쟁의를 규정하지 않았다. 그러나 수정 후의《행정소송법》은 비록 행정협의쟁의를 행정소송의 수안범위에 열거하였지만《행정심판법》은 현재까지 수정되지 않았다. 또한《행정심판법》의 범위에 대해서는 명확한 조정도 하지 않았다. 그러므로 행정협의쟁의는《행정심판법》의 범위에 속하지 않는다. 행정소송과 행정심판의 연계관계로 보았을 때, 비록 양자는 모두 행정쟁의를 해결하는 법적경로이지만《행정심판법》이 심판범위에 대해서 규정하지 않는 상황에서,

《행정소송법》의 수안범위로서 《행정심판법》의 범위를 추정할 수는 없다. 즉, 《행정심판법》 제6조의 규정에 근거하여 왕모씨가 피고정부와 촌민위원회가 체결한 보상협의에 불복하여 제기한 심판청구가 행정심판의 범위에 속하지 않으므로 기각결정을 내린 피고정부의 결정은 부당함이 없다. 그러므로 피고정부의 상소이유는 성립되고 1심판결에 착오가 있으므로 1심판결을 파기하고 왕모씨의 소송청구를 기각한다.

(4) 평가

이 사례는 수용보상협의에 관하여 1심에서 원고가 승소하였고, 행정협의가 《행정심판법》에서 명확히 배제된 부분이 아니기에 행정협의를 행정심판 범위에 속하는 것을 규정에 부합된다고 판단하였다. 그러나 피고정부가 상소하였고 2심 법원에서는 다시 피고가 승소한 사례이다. 2심 법원의 논리는 이미 수정된 《행정소송법》의 범위로 아직 수정되지 않은 《행정심판법》의 범위를 확정할 수 없다는 논리를 펼쳤다. 그러나 중국의 행정심판의 청구대상에는 청구대상에 포함되는 행정행위, 청구대상에서 배제되는 행정행위, 그리고 포괄조항이 있다. 행정협의는 명시적으로 열거한 청구대상에 포함된 행위는 아니다. 그러나 명확히 배제되는 부분도 아니기에 청구의 타당성이 인정되면 수리를 하는 것이 마땅하다고 본다. 2015년 《행정소송법》을 수정하면서 제12조에서는 행정기관이 행정특허 경영협의, 토지주택수용 보상협의 등 협의를 법이 규정한 이행 계약에 따라 이행하지 않거나 또는 위법·변경·해소의 경우에 행정소송을 제기할 수 있도록 명시하였다. 개정 전 행정소송법은 청구대상에 관하여 행정심판법과 같이 구체적 행정행위라고 규정하고 있었고, 따라서 별도의 규정이 없는 한 추상적 행정행위, 사실행위 등이 청구대상에서 배제되고 있었다. 신 《행정소송법》에서는 구체적 행정행위뿐만 아니라 일부 추상적 행정행위, 일부 행정사실행위, 나아가 쌍방적 행정행위도 행정소송의 대상적격에 포함시켰다. 그러나 《행정심판법》은 현재까지 수정이 되지 않았고 계속 구체적 행정행위로만 규정하고 있다. 그러므로 행정심판의 청구대상이 행정소송의 청구대상보다 좁게 된 셈이다. 행정심판은 행정소송과 달리 위법뿐만 아니라 부당도 심판의 대상으로 하고 있다는 점에서 모순적이고 행정심판법의 수정이 시급하다.

여기에서 1심법원은 행정협의가 행정심판에서 배제되는 행정행위가 아니므로 행정심판의 범위에 속한다고 보았고, 2심법원에서는 다시 《행정소송법》과 《행정심판법》은 별개이고 행정심판법은 아직 수정되지 않았기에 행정심판이 명시적으로 청구대상에 포함되는 것이 아니면 행정심판의 범위가 아니라고 보았다. 행정심판의 범위를 꼭 더 넓게까지는 아니더라도 행정소송과 그 범위를 동일하게 보는 것이 더욱 바람직해 보인다.

4. 사례4: 보상금분배행위가 행정행위에 속하는지의 여부[293)]

(1) 사건개요

사안은 이모씨 등 94인의 원고가 자신들이 토지수용에 관한 보상금을 분배받는 과정에서 공정한 대우를 받지 못하였다고 여겨 촌민위원회 및 행정기관을 상대로 1심, 2심을 거쳐 최고인민법원에 재심을 신청한 사례이다. 농촌집체 토지수용 보상 관련한 분배행위는 촌민위원회가 행사하는 자치행위에 속하며 행정행위에 속하지 않는다고 보았다. 즉, 당사자가 수용보상분배의 분쟁에 대해 행정소송을 제기한 것은 행정소송의 범위로 보지 않았다. 이모씨 등 94인이 거주하는 소재 촌의 부분적 토지가 수용되고 이에 토지보상비를 지급하는 과정에서 해당 촌민위원회가 호적기재일 1977년 9월3일을 기준으로 그 이전과 이후로 나누어 보상기준을 달리하였다. 이모씨 등 94인은 분배과정에 자신들이 공정한 대우를 받지 못했다고 여기고 2015년 행정소송을 제기하였다. 행정재결에서 행정소송의 피고는 반드시 행정기관 및 법률, 법규 또는 규장에서 수권하여 행정직권을 행사하는 기타 조직이여야 한다. 피고로 지목한 해당 촌민위원회는 자치조직으로 행정소송의 피고가 될 수 없음을 이유로 해당 재결을 기각하였다.

원고는 다음과 같이 주장하고 있다: 이모씨 등 94인은 토지보상금 분배에서 균등하게 보상받을 것을 요구하고 또한 촌민위원회가 자의적으로 1977년 호적을 둔 것을 기준으로 한 보상기준은 이모씨 등 94인의 합법적인 권익을 침

293) (2017) 最高法行申349号行政裁定

해한 것이며 행정기관이 이에 따라 토지보상비용 중의 이주정착비용을 지급하지 않은 것은 위법하다. 그러므로 불평등한 토지보상비 분배방안을 취소하고 피고 행정기관이 미지급한 이주정착비용을 지급할 것을 청구하였다.

이에 피고는 다음과 같이 주장하였다: 1. 피고 구(区)행정기관: 수용은 절차대로 진행되었고 촌민의 이익을 침해하지 않았다. 이모 등 94인의 기소는 토지보상분배방안에 관한 것이고 이 분배방안은 행정기관이 제정한 것이 아니다. 2. 피고 향(乡)행정기관: 촌민위원회는 행정기관이 아니다. 이모 등 94인의 기소는 행정소송의 범위에 속하지 않는다. 3. 촌민위원회: 본안은 행정소송의 범위에 속하지 않는다.

(2) 판결요지

법원은 다음과 같이 인정하였다: 《행정소송법》 제49조의 규정에 따라 행정소송을 제기하는 것은 반드시 인민법원의 수안범위여야 한다. 《농촌 토지도급분쟁 관련해석》 제1조 제4관의 규정에 따르면 토지수용보상금액 분배의 분쟁은 농촌토지의 민사분쟁이고 이는 민사사건으로 수리해야 한다. 농촌토지의 집체수용보상금액의 분배행위는 촌민위원회의 자치권을 행사하는 행위이고 행정행위에 속하지 않는다. 당사자들이 수용보상금액 분쟁에 관하여 행정소송을 제기한 것은 행정소송의 범위에 속하지 않는다. 본안에서 이모 등 94인이 촌민위원회가 제정한 토지보상금액 분배방안에 불복하여 행정소송을 제기한 것은 행정소송의 범위에 속하지 않는다. 또한 수용보상금액 분배방안이 평등한 권리를 침해했다는 것에 대해 해당 사항을 증빙하는 증거가 없고 피고 구(区)행정기관과 향(乡)행정기관이 촌민위원회의 보상방안 제정에 참여했다는 증거도 없으므로 피고 구(区)행정기관과 향(乡)행정기관을 상대로 소송을 제기한 것은 사실근거가 부족하다. 또한 이모 등 94인이 주장하는 합법적 권익의 침해주장은 실체적 심리범위에 속하는 것이고 1심, 2심 모두 기각하였고 모두 실체적인 심리문제를 다루지 않았다. 이에 실체적인 문제를 이유로 재심을 신청하는 것은 이유가 성립되지 않는다. 그러므로 이모 등 94인의 재심신청을 기각한다.

(3) 평가

이 사례는 촌민위원회의 수용보상금의 분배행위에 대하여 촌민위원회가 행정기관이 아니므로 행정행위로 보지 않았고, 원고가 1심, 2심 재심까지 모두 패소한 사례이다. 중국 행정법의 이론상 촌민위원회는 기층단체의 자치기구로 행정기관은 아니다.

촌민위원회란 중국대륙의 향(乡)진(镇)에 속하는 행정촌[294]의 촌민들이 민주적인 선거로 생긴 군중성 자치조직이다. 《촌민위원회조직법》 제2조에서는 기층 군중성 자치조직은 민주선거, 민주결책, 민주관리 및 감독을 실시한다고 규정하고 있다. 촌민위원회에서는 해당 촌의 공공사무와 공익사업 및 민간분쟁을 조정하고 사회의 치안과 질서를 유지한다. 또 인민정부에 촌민의 의견을 반영하고 요구하며 건의를 제출할 수도 있다고 규정하고 있다. 이론적으로는 촌민들의 사항은 자신들이 결정하고 자체적으로 행하는 것으로 되어있지만, 실질적으로 촌민위원회가 가지는 권력은 행정기관보다 작지 않다는 것이 큰 함정이다. 촌민위원회에 대한 감독이나 제약 또한 문제가 된다. 물론 이는 기존의 모든 사항을 행정기관의 상명하달식으로 진행하던 체제보다는 진보적이라고 할 수 있지만 촌민위원회는 암묵적으로 행정기관을 대변하는 역할을 하는 것이고 실질적으로는 크게 다를 바가 없다.

5. 사례5: 토지수용공고에 대한 소 제기 가능성 여부[295][296]

(1) 사건개요

조모씨는 다칭시 모 촌의 촌민으로서 헤이룽장(黑龙江)성 다칭시(大庆市)인민정부(이하 다칭시정부로 약칭) 및 1심의 제3자 다칭시국토자원구매비축중심(이하 다칭시 국토비축중심으로 약칭)의 수용공고 및 행정배상에 대해 소를 제기한 사안이다.

---

294) 행정촌이라 함은 중국 촌민위원회조직법에 의하여 설립된 촌민위원회에서 진행하는 촌민자치의 관리범위이고 즉 중국 기층 군중성 자치기관이다.

295) (2016) 最高法行申2346号行政裁定

296) (2016) 最高法行申1963号호의 판결도 사례5의 경우와 유사하다.

2008년 7월 4일, 국토자원부는 412호의[297] 회답을 하였고, 해당 회답은 국무원의 비준을 거쳐 헤이룽장성에서 보고한 하얼빈 등 8개 시의 농용지전환과 토지수용방안에 대해 동의한다는 내용의 공문이었다.[298] 2008년 9월 11일, 다칭시 국토자원국은 2008년 제11호 수용예고를 반포하였다. 다칭시 2008년도 제4기 농용지전환과 토지수용실시항목조직은 해당 촌에서 공청회를 진행하게 하고 해당 촌민위원회에 공청회 고지서를 송달하였다. 2008년 11월 5일, 다칭시 정부는 헤이룽장성 인민정부에 제49호[299] 문서를 제기하여 2008년 제4기 농용지전환과 토지수용실시방안에 대해 보고하고 청시(请示)하였다. 이 사건의 내용은 다음과 같다. 이 사건 지역[300]에 위치한 용지면전 79.8585헥타르의 2008년도 제4기 농용지 전환과 토지수용실시방안을 헤이룽장성 인민정부에 보고하고 그중 국유건설용지 0.5035헥타르, 집체농용지 16.7245헥타르, 집체건설용지56.0639헥타르, 집체미이용지 6.5666헥타르이다. 2008년 12월 17일 헤이룽장성 인민정부는 183호[301]를 통해 해당 내용에 원칙적으로 동의한다고 하였다. 2009년 2월 21일, 다칭시정부는 2008제01호<토지수용방안공고>(이하 1호수용공고로 약칭)에서 이 사건 지역에 위치한 모촌의 다칭시 금원부동산개발회사 범위 내의 집체농용지 16.724헥타르, 집체건설용지56.0639헥타르, 집체미이용지 6.5666헥타르를 국유건설용지로, 또한 국유건설용지 0.5035헥타르를 사용하여 이상 토지는 총 79.8585헥타르이다. 도시건설용지로, 건설항목의 명칭, 수용위치, 수용촌(조직) 및 면적, 토지보상 및 이주정착기준, 토지사용에 관련한 농업인원들의 정착방법, 수용보상등기에 관련된 규정을 공고하여 촌민위원회에 게시하였다. 조모씨의 도급토지도 1호 수용공고의 수용범위에 속하였다. 조모씨는 토지보상금 28,800위안을 받았으나 2015년 5월 7일 다칭시 중급인민법원에 본안의 행정소송을 제기하였다. 그는 다칭시정부가 행한 1호 수용공고가 위법하며, 위법한 수용 및 강제적으로 철거한 경제손실의 보상을 청구하였다.

297) 《国土资源部关于黑龙江省哈尔滨等8市2008年度农用地转用和土地征收方案的批复》, 国土资函[2008]412号
298) 《关于哈尔滨等8个城市2008年度建设用地的请示》(黑政发[2008]13号)
299) 庆政呈[2008]49号
300) 让胡路区
301) 黑政土[2008]第183号

(2) 1심 판결요지

다칭시 중급인민정부는 판결[302]에서 다음과 같이 인정하였다. 《행정소송법》 제25조 제1관의 규정에 따라 조모씨의 도급토지는 1호 수용토지공고의 수용범위에 포함되었고, 이에 따라 조모씨는 토지보상금 28,800위안을 받았다. 조모씨는 행정행위의 상대인이고 본안의 소송을 제기할 자격이 있다. 《토지관리법》 제45조 제1관 제3항의 규정에 따르면, 기본농전(农田)과 경지(耕地) 외의 기타 토지가 70헥타르를 초과하는 경우에는 국무원이 비준(批准)하여야 한다. 《국토부 320호 통지》에서 "도시건설용지는 국무원의 비준을 받아야 하고, 국토자원부가 건설용지 회답의 문서를 처리한다."고 규정하고 있다. 본안에서 관련 된 토지의 수용방안은 국무원에서 비준하고 국토자원부는 412호[303]의 농지전환과 토지수용방안의 회답을 하였다. 다칭시 정부가 행한 1호 토지수용공고의 내용 및 절차는 모두 《토지관리법 실시조례》 제25조 제1관의 규정에 부합한다. 《행정배상에 관한 규정》 제32조의 규정에 근거하여 조모씨는 행정소송 배상 중에서 자신의 주장에 대해 입증책임을 진다. 다칭시 정부가 행한 1호 토지수용공고는 합법이며, 심사에서 다칭시 정부가 강제적으로 철거하는 행위는 존재하지 않은 것으로 판명되었고 그러므로 조모씨의 행정배상청구를 지지하지 않는다. 《행정소송법》 제69조, 《행정배상에 관한 규정》 제33조의 규정에 따라 조모씨의 소송청구를 기각한다. 조모씨는 이에 불복하여 상소하였다.

(3) 2심 판결요지

헤이룽장성 고급인민법원은 판결[304]에서 다음과 같이 인정하였다. 토지수용공고는 단지 국무원, 성급 인민정부가 토지수용결정의 대외 고지행위이고, 토지수용공고의 내용이 공고기관의 독립적인 의지를 구현하지는 않으므로 토지수용공고에 대한 심사는 주로 공고내용이 국무원 성급 인민정부가 비준한 내용과 일치하는지 여부에 대해 심사한다. 심사를 거쳐 1호 토지수용공고는 기재한 토지수용 면적, 위치, 이주정착보상기준 등 내용면에서 모두 국토자원부

302) (2015) 庆行初字第18号行政判决
303) 国土资函 (2008) 412号
304) (2016)黑行终3号行政判决

의 회답[305]과 농용지전환에 관한 방안의 통지[306]의 내용과 일치한다. 해당 공고는 비준의 내용을 벗어나지 않았고 새로운 권리의무를 부과하지도 않았다. 그 외에 해당 공고의 반포주체, 공고절차 등도 모두《토지관리법 실시조례》,《수용공고방법》의 규정에 부합한다. 그러므로 다칭시 정부가 행한 1호 토지수용공고는 사실이 명확하고 법률적용이 정확하며 절차가 합법적이다. 조모씨는 다칭시 인민정부가 실제로 해당 촌의 집체토지 414만 평방미터를 수용하여 합법심사면적을 초과하였다는 문제제기를 하였다. 그러나 다칭시 인민정부가 심사범위를 초과하여 수용하였는지의 여부는 1호 토지수용공고가 반포된 이후 구체적 조직이 실시한 행위이다. 그러므로 1호 토지수용고의 합법성에는 영향을 주지 않으며 해당 이유는 성립하지 않는다. 조모씨가 상소하여 다칭시 인민정부가 그의 알 권리, 공청권 등을 박탈하였다는 문제에 대해서는 다칭시 국토자원국에서 제출한 다칭시 국토자원국수용예고[307] 및 공청고지서[308]가 다칭시 정부가 토지수용을 하기 전에, 이미 해당 촌에 상황을 고지하여 공청회를 하도록 하였음이 증명되므로 조모의 상소이유는 성립하지 않는다. 조모씨가 다칭시 정부에 배상책임을 요구하는 문제에 대해서는 토지보상비, 미수확농작물보상비, 가옥이주정착의 비용확정 등 행위는 모두 1호 토지수용공고가 행해진 후 관련 부서가 구체적으로 조직하여 실시한 수용 및 수용 후 국유토지위의 가옥수용행위이므로 상술한 내용에 불복할 경우 따로 권리를 주장하여야 한다. 그러므로 조모씨의 배상의 상소이유를 지지하지 않으며《행정소송법》제89조 제1관 및 제1항의 규정에 따라 상소를 기각하고 1심판결을 유지한다. 조모씨는 이에 불복하여 재심을 신청하였다.

(4) 재심 판결요지

조모씨는 재심에서 다음과 같이 주장하였다. 첫째, 1, 2심은 단지 수용토지공고에 대해 심리하였으므로 판결이 부당하다. 해당 촌의 토지수용행위는 5개 절차에 거쳐 농지전환과 토지수용을 하였고 토지수용공고는 여러 부 있는

---

305)《国土资源部关于黑龙江省哈尔滨等8市2008年度农用地转用和土地征收方案的批复》

306) 黑龙江省人民政府《关于审核同意大庆市二OO八年度第四期城市建设农用土地转用和土地征收实施方案的通知》

307)《大庆市国土资源局征地预告》

308)《听证告知书》

데 단지 1호 토지수용공고에만 심리를 진행한 것은 나의 소송청구와 위배된다. 둘째, 1, 2심판결의 법률적용 착오이다. 1호 토지수용공고의 시간, 법정내용 등이 누락되었으며, 공고에 명시된 심판기관과 실제 심판기관이 불일치한다. 성급정부 행정기관이 국무원의 비준을 대체하였다. 셋째로 1, 2심은 다칭시 정부가 범위를 초과하여 수용하였는지의 여부에 관해 1호 토지수용공고의 합법성에 영향이 없다고 판단하여《행정소송법》제6조의 규정의 합법성심사원칙을 위반하였다. 넷째로, 1, 2심판결은 소송청구를 누락하였다. 1심 중 조모씨는 제2항 소송청구는 위법하게 수용당한 행정배상이었다. 1, 2심은 위법하게 수용하였는지의 여부에 대해서는 심리와 판결을 하지 않았다. 그러므로 1, 2심 판결을 철회하고 법에 따라 본안 재심을 신청한다.

다칭시정부는 조모씨와 기소당한 수용토지에서 이해관계가 있는 토지는 단지 집체건설용지이고, 도급토지와 집체미이용지는 관련되지 않는다고 주장하였다. 그러므로 5호 수용토지방안의 공고는 해당 촌의 집체미이용지 11.8621 헥타르에만 관련되는 부분이고 조모씨와는 이익관계가 없다. 1심에서 조모는 이미 5호 수용토지공고에 대해 심리하지 않는 것에 동의하였다. 1호 토지수용공고는 행위가 합법적이고 위법배상문제가 존재하지 않으며 조모씨의 가옥을 철거한 행위 또한 다칭시정부의 행위가 아니므로 1,2심 법원의 법률적용은 정확하며 사실인정이 명확하고 증거가 충분하며 절차가 적법하여 조모씨의 재심신청의 기각을 청구한다.

다칭시 국토비축중심은 답변에서, 국토비축중심은 본안의 제3자로 열거되지 말아야 한다고 주장하였다. 조모씨가 1호 토지수용공고에 대해 소송을 제기한 것은 토지비축중심과 무관하다. 조모씨의 가옥철거보상사항은 다칭시방산관리국(房产管理局)을 거쳐 가옥철거 재결을 행하였고, 보상금액은 이미 지급완료 하였으므로 조모씨의 재심신청의 기각을 청구한다.

본원은 심사를 거쳐 다음과 같이 인정한다.《행정소송법 사법해석》제1조 제2관 제6항의 규정에 따라 공민, 법인 혹은 기타 조직의 권리의무에 실제적으로 영향을 발생하지 않는 행정행위는 행정소송의 범위에 속하지 않는다. 현급이상 지방정부가《토지관리법》제46조 및《토지관리법 실시조례》제25조의 규정에 따라 법적으로 수용공고행위를 한 것은 수용비준기관, 비준번호, 수용토지의 용도, 범위, 면적 및 수용보상기준, 이주정착방안과 보상기간 등 사항을 해당 촌에 공시 혹은 고지하는 행위로서 피수용자의 권리의무에 실질적으로 영향을 미치는 것은 후속적인 토지수용행위이지 토지수용공고는 아니다. 그러므로 수용공고행위는 원칙적으로 기소할 수 없는 행정행위이다. 하지만, 피수용자가 수용공고내용과 토지수용회답 비준의 토지의 범위, 용도, 면적, 보상기준 등 내용의 불일치를 이유로 소송을 제기한 경우, 인민법원의 수안범위에 속한다. 본안에서, 조모씨는 다칭시정부의 1호 토지수용공고가 위법하다고 하는 주장은 실질적으로 토지수용행위의 합법성에 대해 의문을 제기한 것이다. 1, 2심의 판결은 1호 토지수용공고의 내용과 국토자원부의 회답 및 헤이룽장성 인민정부가 통지한 내용과 일치하다. 조모씨가 주장하는 1호 토지수용공고의 위법행위는 사실과 법률근거가 부족하다. 조모씨는 또한 수용공고가 여러 부 있는데 1, 2심에서는 단지 1호 토지수용공고에 대해서만 심리한 것이 판결이 합법적이지 않다고 하였다. 단, 본안의 사실은 1심에서 소명되다시피, 조모씨의 소송청구는 명확히 1호 토지수용공고가 위법한 것을 주장하였다. 해당 사안으로 재심을 청구한 것은 이유가 성립되지 않고 사실과 부합하지 않으므로 성립되지 않는다. 조모씨는 또한 1, 2심 판결이 소송청구를 누락하였다고 하는데 해당 소송청구는 실은 위법한 토지수용행위와 가옥의 강제철거로 조성한 행정배상의 소송청구이다. 《국가배상법》 제9조 규정에 따르면, 배상청구인은 배상을 요구하려면 먼저 배상의무기관에 배상신청을 제출하여야 한다. 직접 인민법원에 단독으로 행정배상소송을 제기한 경우 인민법원은 수리하지 않는다. 또한 조모씨는 해당 행위가 위법하다는 명확한 증거가 없다 그러므로 조모씨의 재심이유는 성립하지 않는다. 종합하여, 조모씨의 재심청구는 《행정소송법》 제91조 제3, 4, 6관의 규정에 부합하지 않으며, 《행정소송법 사법해석》 제74조의 규정에 따라 조모씨의 재심신청을 기각한다.

(5) 평가

현급이상 인민정부는 《토지관리법》 제46조 및 《토지관리법 실시조례》 제25조의 규정에 따라 법적 절차에 따라 수용공고를 반포하는 행위는 단지, 수용비준기관, 비준문서, 수용토지의 용도, 범위, 면적 및 수용보상기준, 이주정착방안과 보상기간 등 비준사항을 피수용 소재 향·진, 촌에 공시 혹은 고지하는 행위이다. 피수용자의 권리의무의 발생은 실제적으로 영향 받는 것은 토지수용회답 및 그 이후 관련된 토지수용행위이지, 수용공고행위는 아니다. 그러므로 수용공고 행위는 원칙적으로 소를 제기할 수 없는 행정행위라고 보고 있다. 단, 피수용자가 수용공고의 내용과 실제 수용하는 토지의 범위, 용도, 면적, 보상기준 등 내용이 부합하지 않음을 이유로 소송을 제기하는 것을 수안범위에 속한다고 명시하였다.

토지수용공고는 피수용자가 제일 처음으로 자신의 토지가 수용될 것임을 알게 되는 정보로서 수용결정에 대해서 다툴 수 있는 경로가 없어 토지수용공고를 상대로 소송을 제기한 것으로 보인다. 토지수용 공고에 대해서도 이의제기를 할 수 있도록 하는 것이 마땅하다고 보여 진다. 실질적으로 토지수용공고는 토지수용결정에 대해 이의가 있는 것으로 보는 것으로 법원에서는 수리를 하지 않고 있는 것이다. 또한 수용공고의 절차적 적법성에 대해서도 다툴 수 없는 것이 토지수용에 관한 명확한 절차적 법률이 없기 때문이다.

6. 쟁점검토

중국의 판례들은 행정기관을 상대로 소송을 제기한 사례가 매우 드물고 실은 대부분 자격요건이나 기간도과를 이유로 각하하거나 기각하고 실질적 심사를 피하고 있다. 토지수용 관련된 문제는 모든 법원이 가장 기피하는 사건이기도 하다. 이하에서 주요 쟁점들을 정리하여 검토한다.

(1) 관련법제

(a) 연혁[309)]

1) 행정구제권의 정립

1990년 10월 이전에는 중국에는 토지의 피수용자를 위한 행정구제권이 없었다. 《국가건설용지방법》, 《국가건설징용토지조례》와 1988년 수정 이전의 《토

309) 郑全新·邹爱华, "论土地征收中的被征收人行政救济权保护", 湖北大学学报第2期, 2014, p.　117－118.

지관리법》까지 모두 피수용권자에 대한 행정구제에 대해서 규정하지 않았다. 또한 기타 법률로 자연인, 법인, 기타 조직이 일반적으로 적용가능한 행정구제권을 규정하지도 않았다. 그러나 1990년 10월 1일부터 시행한《행정소송법》에 의해 피수용권자는 행정소송권을 갖게 되었다. 1991년 이후《행정심판조례》가 반포되고 실시됨에 따라 피수용권자는 행정심판권도 갖게 되었다.

2) 행정구제 대상범위의 변화

1990년 10월부터 1998년까지 규정된 행정구제의 객체는 매우 적었으며 단지 토지수용결정 뿐이었다. 1999년부터 2004년 10월 행정구제권의 두 가지 객체 즉, 수용결정 후의 공고와 이주정착보조금의 결정이 추가되었다. 2004년 11월 이후, 행정구제권의 객체는 수용신청 전의 고지와 공청회 두 가지가 더 추가되었다. 또 2004년 10월 공포된《토지관리 개혁에 관한 결정》에서 토지수용절차를 개선할 것을 요구하고 한 가지 규정을 더 추가하였다. 즉, 수용신청인이 수용신청 전에 피수용토지의 농민에게 고지하여야 하고, 이때 농민이 공청회의 개최를 요구하면 반드시 개최하여야 한다는 내용이다.[310] 이 규정에 근거하여 해당 토지관리부서가 고지의무와 공청회를 조직하는 의무를 행하지 않으면 피수용자는 관련기관에 행정구제를 신청할 수 있게 된다.

3) 행정구제 운용의 변화

1999년 이전에는 피수용자의 행정구제권의 운용에는 한계를 설정하지 않았다. 1999년 이후, 피수용자의 행정구제권에는 한계가 생겼다. 우선 피수용자는 이주정착보조금의 결정에 대해 불복할 경우, 직접 행정심판 혹은 행정소송을 제기할 수 없다.《토지관리법》제25조의 규정에 따르면 만약 피수용자가 보상기준에 이의가 있을 경우 반드시 먼저 관할권의 지방인민정부에 조정을 신청해야 한다. 피수용자가 해당 조정의견에 여전히 이견이 있는 경우 이어서 해당 수용결정을 내린 심사기관에 재결을 신청하여야 한다. 만약 피수용자가 해당 수용심사기관의 재결에 여전히 이의가 있는 경우에 그때 다시 행정심판과 행정소송을 제기할 수 있다. 또, 피수용자는 수용결정에 불복할 때 직접 행정소송을 제기할 수 없고 행정심판의 전치를 거쳐야 한다.《행정심판법》제30조의

310)《关于深化改革严格土地管理的决定》

규정에 따라 피수용자는 수용의 결정에 이의가 있으면, 먼저 행정심판을 신청하고 심판결정에도 불복하면, 다시 행정소송을 제기할 수 있다.

4) 행정구제 신청주체의 확대

1990년부터 1998년까지 행정구제의 신청주체는 단지 토지소유자로만 한정되었다. 1999년부터 토지사용권자도 추가하였는데,《행정심판법》제30조에서는 당사자가 자신이 합법적으로 취득한 토지 등 자연자원의 사용권이 행정기관의 구체적 행정행위로 인해 침해를 입었을 경우, 행정구제 신청을 할 수 있다고 규정하고 있다. 이로부터 토지의 사용권자 역시 수용의 결정에 대해 불복할 경우 행정구제권을 갖게 되었다.

(b) 구체적 행정행위

중국에서는 행정행위의 판단에 있어서 행정기관이 행한 일정한 법률후과를 초래하는 어떠한 권리의무를 설정, 변경 혹은 소멸하는 행위를 행정행위라고 본다. 법률용어 중의 행정행위와 생활 중의 행정기관이 행하는 행위는 다른 것이며, 행정기관이 행한 행위가 모두 행정행위는 아니다. 행정법의 일반적인 이론에 따라 행정기관이 행하는 행위가 반드시 일정한 법률후과를 초래하고 즉 행정기관의 의지대로 어떠한 권리·의무관계를 설정, 변경, 소멸하는 것을 말한다.

구체적 행정행위의 판단에 있어서는 행정행위의 법률효과가 반드시 특정인 혹은 특정사항에 관한 것 이여야 한다.《행정심판법》제6조에서도 행정심판을 신청할 수 있는 행정행위를 구체적 행정행위로 한정하고 있다. 그러므로 구체적 행정행위의 판단이 필요한데, 행정법이론은 주로 두 가지 측면으로 판단하고 있다. 첫째는 행정행위가 대상하는 상대가 특정적인지, 둘째는 행정행위의 사항이 특정적인지이다. 즉 행정행위의 법률효과는 반드시 특정인 혹은 특정사항에 대한 것이야 하는 것이다.

(c) 신청인의 합법적 권익

모든 국민이 행정기관이 행한 구체적 행정행위에 대해 구제를 신청할 수 있는 것이 아니고 반드시 행정기관이 행한 행위가 신청인의 합법적 권익을 침해할 때 신청이 가능하다. 즉, 행정기관과 신청인 사이에 이해관계가 존재하여야 하는 것이다.

손해여부 사실의 인정에 대해서 우선 인신과 재산에 관한 손해에 대해 고려한다. 그리고 또한 손해가 반드시 현실적으로 존재하는 것이며, 이미 발생했거나 혹은 발생 가능성이 상당히 큰 경우이고 추측으로 발생가능한 손해는 포함하지 않는다. 또한 이 손해는 반드시 특정인 혹은 어느 한 부분에 대한 것이어야 하고, 만약 손해의 대상이 불특정적이고, 측정불가능한 경우에는 소를 제기할 수 없다.

손해와 구체적 행정행위 사이에 인과관계가 있어야 한다. 구체적 행정행위의 발생은 신청인손해의 직접적인 원인이고, 또한 손해는 구체적 행정행위의 필연적인 결과여야 한다. 행정행위와의 이해관계에 대해서는 2018년 2월 8일부터 시행하는 신《행정소송법 사법해석》제12조에서 조금 더 명확히 규정하고 있다. ① 기소한 행정행위가 인접권(相邻权), 공평경쟁권(公平竞争权)에 관련된 경우, ② 행정심판 등 행정절차에서 제3자로 열거된 자, ③ 행정기관이 법에 근거하여 가해자의 법률책임을 요구하는 경우, ④ 행정행위의 취소 혹은 변경으로 인하여 관련된 합법적 권익과 관련되는 경우, ⑤ 자신의 합법적 권익을 수호하기 위하여 행정기관에 기소하였고, 해당 직책을 처리하는 행정기관의 작위 혹은 부작위, ⑥ 기타 행정행위와 이해관계가 있는 경우에는 행정소송법 제25조에서 규정하는 행정행위와 인과관계가 있다고 인정하고 있다.

(2) 보상협의의 문제점(사례1, 사례3)

보상협의의 분쟁에 관한 사례는 주로 사례3에서 그 내용을 정리하였다. 현실적으로 실제 이와 유사한 사례가 매우 많으며 또한 많은 부분에서 법제정비가 이루어지지 않아 혼선을 빚고 있다. 2015년 수정 후의 행정소송법은 새로 행정협의 소송의 범위에 포함시켰다. 그러나 단지 행정소송을 제기할 수 있는 범위에 포함시켰을 뿐 관련 내용들이 명확하지 않아 법원도 적용에 어려움이 있다. 이하 행정협의로 인해 발생가능한 문제점들에 대해 짚어보고자 한다.

(a) 집체토지 수용보상협의의 행정협의 성질

수정 후의 행정소송법은 특정한 조건 하에서 행정협의의 분쟁을 행정소송의 범위에 포함한다고 규정하였다. 행정협의에 대한 연구가 초보적인 단계이다 보니 행정협의의 제3자에 대한 명확한 규범 또한 없다. 계약의 제3자는 대개 민법의 영역에서 기원하여 민사계약의 제3자에 대한 규정을 참조할 수는 있다. 그러나 행정협의의 제3자는 행정협의 계약체결의 당사자를 제외한 행정협의의 이익관계자로 이해할 수 있다. 여기에는 또 확정적인 행정협의 제3자와 임의의 제3자가 있을 수 있는데, 행정협의 조항에서 명확히 열거하고 있는 부분과 명확한 계약이 부여되진 않았지만 제3자의 권익에 실질적 손해를 입힐 수 있는 경우가 있다고 판단된다.

토지수용보상은 정부가 법에 따라 농촌집체 소유의 토지에 보상을 제공하는 것인데 《토지관리법》의 규정에 근거하여 해당 토지의 기존의 용도에 따라 보상을 하도록 되어있다. 또한 보상의 항목과 기준도 정하고 있다. 그러나 행정협의의 방식으로 토지보상을 한다는 내용은 들어있지 않다. 그럼에도 불구하고 현실생활에서는 협의의 방식으로 보상을 하는 경우가 비교적 많고, 이러한 방식은 또한 많은 분쟁을 미연에 방지하는 장점도 있다.

(b) 제3자로서 농민(개인)의 소송지위

행정협의의 제3자의 일종으로서 농민은 토지수용과정에서 그 권익의 구제가 어떻게 되는지 살펴보면, 현재 행정소송법은 행정협의의 제3자의 소권에 대해서 규정을 하지 않았다. 그러므로 농민의 권익의 소송구제가 가능하려면 우선 원고자격은 중요한 문제가 된다. 토지수용보상 영역의 제3자로서 사법실무에서는 대개 《집체토지 행정사건에 관한 규정》으로 농민의 원고자격을 판단한다. 사례1의 경우 이러한 내용을 쟁점으로 다루는 판례이다.

행정소송의 원고자격 요건은 주로 두 가지 측면인데, ① 기소인은 반드시 구체적 행정행위와 법률상의 이해관계가 있어야 하고 이는 또한 행정기관의 행정행위가 공민, 법인 기타 조직의 권리의무에 실제적인 영향을 미치는 것이라고 이해가능하다. ② 원고는 또 반드시 법률상의 독립적인, 공민, 법인 혹은 기타 조직이어야 한다. 상술한 원고자격은 집체토지행정사건의 규정에서도 표현되고 있다. 즉 제4조에서는 “토지사용권자 혹은 실제 사용자는 행정기관이 행한 집체토지의 행정행위에 불복하는 경우 자신의 명의로 소송을 제기할 수 있다”고 규정하고 있다. 이는 이해관계의 측면으로부터 토지수용의 객체는 토지의 소유권과 사용권이다. 집체토지의 수용은 사용권자와 실제사용권자와 이해관계가 있다. 즉, 농민개체도 토지사용권자거나 실제 사용인일 경우, 자신의 명의로도 소송을 제기할 수 있다고 보는 것이 마땅하다고 판단된다. 이러한 맥락으로 판단한 사례1의 재심판결의 결론은 매우 바람직하다고 볼 수 있다.

또한, 집체토지행정사건의 규정 제3조 제1관에서는 “촌민위원회 혹은 농촌 집체경제조직이 농촌 집체토지의 행정행위에 기소하지 않을 경우, 과반수의 농민은 집체경제조직의 명의로 소송을 제기할 수 있다”고 규정하고 있다. 해당 조문이 해결하고자 하는 문제는 농민개체가 집체의 명의로 기소할 수 있는가에 대한 문제이다. 법률상의 독립적인, 공민, 법인 혹은 기타 조직이 여러 가지 어떠한 이유로 법에 따라 소송을 제기할 수 없으면, 행정상대인의 합법적 권익은 제대로 보장을 받을 수 없을 때, 내부의 조직 혹은 개인이 법인 혹은 기타 조직을 대표해서 소송을 제기하는 것을 허용할 것인가 하는 문제이다. 학계에는 세 가지 의견이 존재한다. 첫째로는 농민은 몇 명이던 집체의 명의로 소송을 제기할 수 없다는 주장이다. 둘째로는 농민은 집체의 명의로 소송을 제기할 수 있고, 일정 비례의 농민 즉 촌민위원회 혹은 농촌집체 경제조직의 명의로 기소할 수 있다고 본다. 또한 비례에 따라 정하자는 관점 중에서도 일종의 관점은 《촌민위원회조직법》을 참조하여 소수와 다수로 구분하자는 의견과 또 다른 관점은 《토지관리법》의 규정에 따라 3분의 2 이상의 촌민으로 구성되어야 촌민위원회의 명의로 기소할 수 있다고 주장하고 있다.[311] 《집체토지 행정사건에 관한 규정》은 촌민위원회가 현실에서 소수의 인원들에 의해 작동되고, 농민은 전체의지를 형성하기 어렵고 또한 농촌집체의 명의로 소송을 제기하여 농민의 권익을 보호하기 어렵다고 보아, 농민에게 “집체의 명의”로 소송을 가능하게 하였고, 또한 비례에서도 3분의2가 아니라 과반수로 규정함으로 농민의 소권을 행사하는 가능성을 높인 것이다.

311) 江必新,《最高人民法院关于审理涉及农村集体土地行政案件若干问题的规定》的理解与适用, 法律出版社, 2013, p. 41.

(c) 한국의 경우

한국의 경우 사업시행자, 토지소유자 또는 관계인은 재결에 불복이 있는 경우, 이의신청을 거쳐 행정소송을 제기할 수 있다고 규정하고 있다.[312] 관계인이라 함은 사업시행자가 취득하거나 사용할 토지에 관하여 지상권·지역권·전세권·저당권·사용대차 또는 임대차에 따른 권리 또는 그 밖에 토지에 관한 소유권 외의 권리를 가진 자나 그 토지에 있는 물건에 관하여 소유권이나 그 밖의 권리를 가진 자를 말한다.[313] 즉, 공익사업을 위한 토지 등의 취득 및 보상에 관한 법률에 따라 이행한 절차 그 밖의 행위는 사업시행자, 토지소유자 외의 관계인의 승계인에게도 그 효력이 미친다.[314]

《행정소송법》에서는 원고적격을 법률상 이익이 있는 자로 정하고 있다.[315] 처분의 상대방인 경우에는 당연히 원고적격이 인정되는 경우가 보통이지만 제3자와 관련되는 경우에는 구체적으로 나누어 살펴보아야 하는데 단체의 처분에 있어서 그 구성원에게는 원칙적으로 원고적격을 인정하지 않고 있다. 그러나 예외적으로 성질상 법인이 다툴 수 없고 그 구성원의 지위를 보전할 다른 방법이 없어 구성원의 권익구제를 위해서는 불가피한 경우에는 단체의 처분에 대하여 그 구성원의 원고적격을 인정한 경우도 있다.[316] 또한 대법원은 당사자가 아니더라도 직접적 이해관계자라면, 원고적격을 인정하고 있다.[317] 간접 이해관계는 인정하지 않고 있다.[318] 원고적격이 인정되는 이익으로서는 직접적·구체적·개별적(개인적)·법적 이익이 있고, 원고적격이 인정되지 않는 이익으로서는 간접적·추상적·경제적·사실적·반사적 이익이 있다고 할 수 있다.[319]

중국의 경우를 이런 맥락에서 살펴보면, 농민 개체는 토지수용의 상대인이 아니더라도 관계인으로 볼 수 있을 것이다. 그리고 해당 단체 구성원으로 원고적격을 인정받지 못하더라도 이는 직접적인 이해관계자로서 그 원고적격

---

312) 한국「토지보상법」제85조 제1항.
313) 한국「토지보상법」제2조 제5호.
314) 한국「토지보상법」제5조 제2항.
315) 한국「행정소송법」제12조.
316) 김유환,『현대 행정법강의』, 법문사, 2018, 386면.
317) 대법원 2010. 5. 13. 선고 2009두19168 판결.
318) 김유환,『현대 행정법강의』, 법문사, 2018, 387면.
319) 함인선, "제3자소송에서의 원고적격", 법학논총 제23권 1호, 2003, 210면.

이 인정되는 것은 마땅하다고 본다.

(3) 보상배분의 문제점(사례3, 사례4)

농촌토지의 보상배분 과정에서도 심한 불균형과 불공평이 이루어지고 있는데 실질적으로는 토지수용에 참여하는 주체들의 이익충돌이라고 볼 수 있다. 두드러지게 나타나는 객관적 사실은 여러 주체 중에 각급 지방정부가 관리자의 명의로서 농촌토지 수용과정에서의 최대 수혜자가 되고, 농촌 집체경제조직 또한 그들의 유리한 위치를 이용하여 보상금의 많은 부분을 갖고, 실질적으로 보상을 받아야 하는 소유자 본인 농민들은 정당한 보상을 받지 못하는 것이다.

(a) 수익배분의 이익주체

중국의 행정주체는 주로 중앙행정기관과 지방행정기관으로 나뉘어 있다. 그리고 일반적인 행정기관과 전문행정기관으로 나뉠 수 있는데 일반 행정기관은 인민대표대회에 상응하는 일급정부 즉 향정부(乡政府), 현정부(县政府), 시정부(市政府), 성정부(省政府)가 이에 해당하고, 전문행정기관으로는 일급정부의 부처 예를 들면, 현정부 소속의 공안국, 재정국, 교육국 등이 해당한다. 그 다음은 정식적인 행정기관, 파출기관, 파출기구가 있다. 정식행정기관은 인민대표대회가 설립하고 독립적으로 행정직능을 행사하는 행정기관이다. 이는 각급정부 및 부처가 포함되고 파출기관 및 기구는 정식행정기관의 파출기관 및 기구로 관련된 입법에서 수권한 직능을 행사한다. 지방행정기관은 수직적 영도(领导)를 받게 된다.

수익배분의 이익주체로는 우선 각급 정부가 있다. 중앙정부로는 관련 업무를 진행하는 국무원의 각 부서이며 지방정부는 주로 각 성·시·현·향 정부이다. 촌은 지방정부는 아니지만 중국에서 현행 농촌 토지재산권자의 대표자 역할을 한다. 정부는 농촌을 위하여 충족한 공공자원을 제공하고 농촌경제발전을 촉진하는 등 토지의 가치를 향상시키고, 정부가 다시 토지세를 징수하는 방식으로 토지수익의 분배에 참여하게 된다. 또한 농촌집체 소유의 토지는 집체소유의 범위에서만 매도 및 매매가 가능하기에 직접 건설기관이나 개인에게 매도할 수 없게 된다. 이는 반드시 먼저 국가수용을 거쳐야 하는 것인데 농업용지를 건설용지로 전환시킨 이후에 정부가 다시 양도하여 토지양도금을 수취한다.

또 농촌토지의 도급자와 경영자도 이익주체에 속한다. 도급경영권 역시 농민의 중요한 재산권이다. 농민이 토지에 대한 의존도가 높다보니 이는 농민의 기본적 생산요소와 생활의 원천일 뿐만 아니라 사회적 보장기능도 있다고 보아야 할 것이다. 《토지관리법》 제14조[320], 《물권법》 제125조[321] 등 규정에 따라 도급경영으로 취득한 수익에 대해서는 완전한 지배권을 행사할 수 있다고 보아야 한다.

그리고 가장 중요한 이익주체는 바로 농촌집체조직이다. 농촌집체조직은 농촌 집체토지의 소유자이며 농촌토지의 분배권을 향유한다. 농촌집체소유의 토지는 농촌 집체경제조직 혹은 촌민위원회가 관리하고 경영한다. 농촌집체는 촌민을 개체로 구성되었지만, 촌민마다 모두 그의 의지에 따라 집체사무를 처리하도록 된다는 것을 의미하지는 않는다. 사례2의 경우에, 농촌 집체경제조직의 보상금분배행위에 대해서 농민과 집체경제조직과의 이익충돌문제인데 "농촌집체" 개념의 모호성, 무실체성으로 인해 이러한 충돌은 늘 생기게 되는 것이다. 구체적인 농촌집체사무는 촌민위원회가 관리하며 촌민위원회는 촌민이 자아관리, 자아교육, 자아서비스를 하는 기층군중자치조직이며 촌민이익의 수호자와 대리인이다. 형식적으로는 그렇게 되어있지만, 실질적으로 토지수용보상금의 지급 시에 소유권주체를 이유로 소수의 촌 간부들은 자신의 우월한 지위를 이용해 임의로 배분하고 부정 배분의 문제가 많이 발생한다. 토지보상금 배분을 지연하거나 유보하여 다른 곳에 쓰거나 또는 억류하여 결과적으로 농민들에게 배분되는 금액이 매우 줄어들게 된다.[322] 농촌사회는 특히 "인맥사회"의 관례가 깊이 뿌리박힌 곳이라 할 수 있는데 촌 간부의 친척 및 우호관계

---

320) 중국 《토지관리법》제14조: 농촌집체소유의 토지는 본촌 집체경제조직의 구성원이 수급경영하며 재배업, 목축업, 어업생산에 종사한다.

321) 중국 《물권법》 제125조: 토지를 수급 경영하는 자는 점유, 사용 및 수익의 권익을 향유하고 재배업, 임업, 목축업 등 농업생산에 종사하는 권리가 있다.

322) 冯俊条, "集体土地征用与农村土地收益分配的制度创新", 郑州轻工业学院学报第14卷第2期, 2013, p. 75 참조.

중심으로 보상과 이익배분을 진행해왔다. 촌 간부와 갈등이 생길 경우, 불이익이 두려워 감히 의견을 내놓지 못하던 때와 달리 현재는 농민들의 권익수호 의식도 날로 강화됨에 따라 촌 간부와 농민간의 분쟁도 많이 발생하고 있으며, 이러한 분쟁은 주로 분배과정에서 나타나며 간부와 군중 사이의 긴장한 관계 국면을 초래하기도 한다.323)

(b) 촌민위원회와 농촌 집체경제조직

1) **촌민위원회와 농촌 집체경제조직의 구별**

농촌 집체경제조직과 촌민위원회는 많은 경우에 혼용되는데 실은 엄연히 다른 종류의 조직이다. 그러나 많은 경우에 역할이 겹치기에 같은 조직으로 오해하는 경우들도 흔히 있다.

우선 촌민위원회는 《촌민위원회조직접》에 따라 설립된 촌민이 자아관리, 자아교육, 자아서비스를 하는 기층군중자치조직이며 민주선거, 민주결책, 민주관리, 민주감독을 실행하는 촌민자치제도의 주요 조직이다. 그러나 농촌 집체경제조직은 《헌법》, 《농업법》등 법률에 따른 중국 농촌 집체경제제도의 주요 조직형식이다. 중국 농촌의 기본경제제도는 농촌 집체토지 소유제와 가정도급, 통일적으로의 분배하는 것을 결합하는 경영메커니즘 두 가지가 있다. 농촌에는 두 개의 조직이 모두 존재하는 데 전자는 주로 농촌군중의 자치조직이고 후자는 독립적으로 경제활동의 자주권을 갖고 있는 경제조직이라 볼 수 있다. 양자사이에는 상하급의 관계가 존재하지 않는다.

그러나 현재 법률 규정에서도 양자의 직책과 권한이 중첩되는 부분이 많다. 《토지관리법》 제10조에서는 농민집체소유의 토지가 법에 따라 농민집체소유에 속할 경우, 농촌 집체경제조직 혹은 촌민위원회가 경영, 관리한다고 규정하고 있다. 이 외 《농업법》, 《촌민위원회조직접》, 《민법통칙》등에서도 모두 양자의 역할이 중복되는 규정을 하고 있다. 이렇게 양자의 구분이 명확하지 않은 경우 책임을 져야 하는 사항에 대해 책임 전가의 문제가 발생할 수 있다. 또한 최근의 동향은 대부분의 지역에는 농촌 집체경제조직이 있지만 그 기능의 약

---

323) 曹俊宇, “土地使用規则不明导致农村干群关系的紧张－－A村土地调整风波案例研究”, 新余高专学报第12卷第1期, 2007, p. 40 참조.

화 등으로 대개 촌민위원회가 그 경제기능을 하고 있는 실정이다. 두 조직을 합치는 것은 일시적으로는 혼동을 최소화 하는 것으로 보이지만 양자의 가치가 엄연히 다르고 특히 수용 중에서 촌민 간부의 부패와 수익분배에 대한 온전한 간섭을 막기 위해 설립된 점을 고려하면 두 조직은 법률적으로 명확히 구별할 필요가 있다.

2) 촌민위원회의 소송지위

최근 2018년 2월 8일부터 시행한《행정소송법 사법해석》제24조에서는 다음과 같은 내용을 규정하고 있다. 당사자가 촌민위원회 혹은 주민위원회가 법률, 법규, 규장의 수권으로 행한 행정관리의 직무행위에 대해 불복하여 소송을 제기한 경우, 촌민위원회 혹은 주민위원회가 피고가 된다. 그러나 수권의 증거가 명확하지 않는 경우에는 행정기관이 될 수 없음은 마찬가지이다. 그렇다고 평등한 민사주체라고 보기도 힘들다. 실질적으로 촌장이 갖는 권리가 거의 독점적으로 막대할 경우 기타 촌민들의 권익은 침해를 받을 수밖에 없고 또 구제할 길이 없게 된다. 촌민위원회 자체적으로 제정한 방안은 민주적인 선거를 거친다는 이론이지만 이는 암묵적으로 행정기관이 증거가 될 만한 계약을 체결하지 않거나 수권의 방식을 거치지 않고 촌민위원회에 맡겨버리는 것을 유도하는 것으로도 풀이될 수 있다.

(c) 한국의 경우

한국의 경우 도시정비법 상의 조합 성격을 살펴보면, 공법인으로서 성격을 인정하고 있다. 대법원 2009.9.17. 선고 2007다2428 전원합의체 판결은 "도시 및 주거환경정비법에 따른 주택재건축정비사업조합은 관할 행정청의 감독 아래 도시정비법상의 주택건축정비사업을 시행하는 공법인으로서, 그 목적 범위 내에서 법령이 정하는 바에 따라 일정한 행정작용을 행하는 행정주체의 지위를 갖는다. 그리고 재건축조합이 행정주체의 지위에서 도시정비법 제48조에 따라 수립하는 관리처분계획은 정비사업의 시행 결과 조성되는 대지 또는 건축물의 권리귀속에 관한 사항과 조합원의 비용 부담에 관한 사항 등을 정함으로써 조합원의 재산상 권리, 의무 등에 구체적이고 직접적인 영향을 미치게 되므로, 이는 구속적 행정계획으로서 재건축조합이 행하는 독립적인 행정처분에 해당한다."고 판시하였다. 대법원 2009.10.15. 선고2008다93001판결도 "사업시행계획안에 대한 조합 총회결의의 효력 등을 다투는 소송 또한 행정소송법상의 당사자소송에 해당한다."고 판시하였다. 즉, 재개발·재건축 조합을 공법인으로 인정하고 그 행정주체로 인정하고 있다. 물론 여기에 사회시행계획 그리고 관리처분계획 등의 법적 성질을 구분하여 논할 수도 있지만 여기서는 더 깊게 논하지 않기로 한다.

중국의 촌민위원회의 경우에도 실질적으로 보상금 배분행위의 계획 및 수립주체이고 이것은 공적 임무를 수행하는 것이므로 공행정주체라고 보아야 마땅할 것이다. 그리고 그 배분의 행위 역시 원칙적으로 처분의 내용으로 공정력을 부여받은 것이므로 처분으로 보는 것이 타당하다고 생각된다.

(4) 구제절차의 문제점(사례1, 사례2, 사례3, 사례4, 사례5)

(a) 공공이익 인정기준

사실 공공이익의 인정기준의 문제는 절차적 문제뿐만 아니라, 모든 토지수용과정에서 문제 시 되는 부분이기도 하다. 헌법과 법률의 규정이 상당히 추상적이기 때문에 실제 집행에는 어려움이 따를 수밖에 없다. 공공이익의 구체적 적용범위에 관한 예시적 규정이나 열거적 규정도 전혀 없다. 그러므로 토지수용 항목을 심사함에 있어서 행정기관의 재량에 따라 결정되고, 국민들은 공공이익을 근거로 다투기가 힘들다.

이러한 모호한 기준은 정부와 국민들 사이의 분쟁뿐만 아니라 더 나아가 정부와 정부사이에 의견이 있을 경우에도 문제가 된다. 결국 혼선이 빚어지고 토지수용이 계획대로 진행되지 못하면 그 손해 또한 고스란히 국민들이 안게 되는 것이다.

(b) 주체의 기능

토지수용절차 주체의 권한에 대해서는《토지관리법》,《토지관리법 실시조례》,《건설용지심사비준관리방법》등의 법에서 규정하고 있다. 토지수용절차 주체에 관한 내용을 보면 다음과 같다. 첫째, 건설항목 소재지 시나 현 인민정부는 토지수용을 실시하는 기관임과 동시에 토지수용권을 가지고 있는 토지수용

주체로서 토지수용권의 분쟁을 처리하는 기구이다. 둘째, 국무원과 성급 인민 정부는 토지수용을 비준하는 기관임과 동시에 보상기준의 분쟁에 관한 심판기관이다. 셋째. 시 또는 현의 토지관리부서는 토지수용 과정에서의 구체적인 사무를 책임지며, 토지수용의 구체적 사무를 실행하는 기관이다. 토지수용절차 주체의 행위에 관한 주요한 내용으로는 토지관리부서가 방안을 확정하는 행위[324], 각급 정부가 각각의 방안에 대해서 심사를 하는 행위,[325] 각각의 방안에 대한 집행을 관리, 감독하는 행위,[326] 토지수용비준부의 보상표준에 대한 재결행위[327] 성급이상 정부의 권한귀속분쟁에 대한 처리행위[328] 등이 있다.

여기서 가장 큰 문제점은 이러한 주체 및 주체들의 행위에 관하여 이 과정에서 발생하는 분쟁에 대하여 독립적인 해결기관이 없다는 것이다. 토지수용과정에서 발생하는 분쟁을 토지수용을 행하는 행정기관이 스스로 판결하기에 이는 정당절차의 원칙에 위반한다고 보아야 하겠다. 또한 중국은 토지수용 행정관리기관과 독립적인 토지수용 사무기구가 별도로 존재하지 않고 국토관리부가 이에 관한 사무를 총 처리한다. 그러나 국토관리부의 토지수용에 대한 업무의 과다와 적은 인원으로 인해 토지수용에 관한 구체적인 사무뿐만 아니라 전문성이 강한 사무까지도 향정부 또는 촌민위원회 또는 토지사용기관에 이를 위탁하는 경우가 많다.

현행 토지수용 주체제도는 토지수용과 공급을 분리하는 법정제도에 부합하지 않는다. 정부는 피수용자에게 보상비를 지급할 수 있는 재정여건이 충분하지 못하기 때문에 주로 현실적으로는 토지사용기관이 보상비를 지급하게 된다. 그 결과 전후 절차가 뒤바뀌어 토지사용기관이 확정된 후에 토지수용을 실시하게 되는 것이다. 협상행위 또한 존재하지 않는다. 중국의 《토지관리법》은 토지수용시간의 단축, 토지수용비용의 절약, 토지수용 효율을 제고한다는 이유로 《국가건설징용토지조례》의 협상제도에 관한 규정을 부정하고 있다. 하지만 이로 인해 결국 피수용자가 보상액에 대해 충분히 논쟁할 기회가 박탈되고 피

---

324) 중국 《토지관리법》 실시조례 제20조.
325) 중국 《토지관리법》 제45조.
326) 중국 《건설용지심사비준관리방법》 제17조.
327) 중국 《토지관리법 실시조례》 제25조.
328) 중국 《토지관리법》 제16조.

수용자의 이익이 침해됨에 따라 결국 더욱 큰 사회적 분쟁을 초래하게 되는 것이다. 그리고 토지수용을 비준하는 기관이 보상기준의 분쟁에 관하여 재결하도록 되어있는데 이는 형식상의 재결행위이고 실질적인 행정재결이라고 보기 어렵다.

(c) 공고절차

중국 《토지관리법》은 국가의 토지수용은 법정절차에 따라서 비준을 한 후 현급 이상의 지방인민정부가 공고를 하고[329], 토지보상과 이주방안이 확정된 이후에도 관련 지방인민정부가 이를 공고를 하도록 규정하고 있다.[330] 사례1은 지방정부가 공고를 하지 않는 행위 자체는 위법한 것이므로 농민인 원고가 승소한 사례이고 공고자체에 대해서는 소송을 제기하지 못하나, 그 공고의 내용이 실제와 다른 경우 소송을 제기할 수 있다고 명시한 판결이 사례4이다.

(d) 국무원의 토지수용결정

중국에서 국무원은 최고의 행정권력기관이다. 그러므로 법치국가를 자칭하면서 사법종심의 원칙에 위배되더라도 국무원은 사법심사의 대상이 되지 않는다. 이러한 국무원의 지위와 위상을 유지하기 위해서 다음과 같은 문제들이 발생하곤 한다.

피수용인이 성급정부의 토지수용결정에는 행정심판이나 행정소송을 신청할 수 있지만 직접 국무원의 토지수용결정에 대해서는 행정심판이나 행정소송을 제기할 수 없다. 단지 국토자원부라는 국무원의 소속부서라는 중계를 통해서 간접적으로 국무원의 토지수용결정에 행정심판이나 행정소송을 제기할 수 있다. 《토지관리법》 제45조의 규정에 근거하면 토지수용 허가권을 갖고 있는 것은 국무원이다. 그러므로 국무원은 자신의 명의로 된 문서로서 수용결정에 동의하거나 반대하는 결정을 내리게 된다. 그러나 1999년 10월 22일 반포하고 실시하는 국무원이 동의한 《국무원의 건설용지 심사방법》규정에 근거하여 성급 인민정부가 보고한 토지수용의 신청은 국토자원부가 초심(初审)을 하고 여기에 대해 동의비준을 건의하거나 또는 비준을 동의하지 않는 건의를 하게 된

329) 중국 《토지관리법》 제46조 제1관.
330) 중국 《토지관리법》 제48조.

다. 비준동의의견에 대해서는 국토자원부가 심사보고를 형성하고 국무원에 심사를 받는다. 동의하지 않는 것에 대해서는 국토자원부가 건설용지 청시를 올려온 성급정부에게 돌려보낸다. 또한 국무원에 기록해둔다. 국무원의 비준을 거쳐 국토자원부가 건설용지회답 문서를 책임지고 처리한다. 관련 성, 자치구, 직할시인민정부에 대해 회답하고 또한 국무원의 각 부서에 송달하며 "국무원의 비준을 거쳐"라는 문구를 표명한다. 이러한 작업의 결과는 국토자원부가 토지수용결정의 공문발송기관으로 되고, 명의상의 토지수용결정 심사기관이 된다. 피수용자는 토지수용결정에 불복할 때, 국토자원부에 대해서 행정심판을 제기할 수 있고 국무원에 직접 행정심판을 제기할 수 없다.

피수용인의 행정심판의 조건이 법률의 규정에 부합할 때, 국토자원부는 반드시 수리하여야 한다. 그렇지 않으면 피수용인은 국토자원부가 행정심판을 수리하지 않는 것을 이유로 법원에 행정소송을 제기할 수 있다. 만약 피수용인이 제기한 심판신청이 조건에 부합되면 법원은 국토자원부가 심판신청의 수리를 하도록 판결해야 한다. 국토자원부는 피수용인의 심판을 신청하면 처리하기가 어려워진다. 원인은 해당 토지수용결정은 결코 국토자원부 자신이 결정한 사안이 아니라 국무원이 결정한 것이기 때문이다. 국토자원부가 할 수 있는 최선의 선택은 기존의 결정을 유지하는 것이다. 국토자원부의 유지결정에 피수용인이 불복할 경우, 《행정심판법》 제14조에 근거하여 피수용인은 두 가지 구제경로가 있다. 하나는 국무원에 행정심판을 신청하는 것이고 다른 하나는 법원에 행정소송을 제기하는 것이다. 만약 피수용인이 국무원에 행정심판을 신청한다면 이때 국무원의 재결은 종국재결이다. 국무원의 재결에 불복하더라도 법원에 소송을 제기할 수 없다. 기존의 결정자체가 국무원이 내린 결정이기에 국무원 역시 기존의 결정을 유지할 가능성이 매우 크다. 만약 피수용인이 법원에 행정소송을 제기하였다면 법원 역시 국토자원부가 국무원을 대신하여 내린 결정을 철회하기가 어렵다. 이유인 즉, 이러한 결정은 비록 국토자원부의 명의로 되어있지만 실질적인 결정권자는 국무원이기 때문이다. 현재의 법률규정에 따르면 법원은 국무원의 여느 결정에 대해서도 심사를 진행할 수가 없다. 그러므로 법원은 실체문제에서 피수용인의 손을 들어주기 어렵고, 단지 절차상으로만 판단을 할 뿐이다. 결국은 비록 절차상의 하자가 있다 하더라도 피수용인은 구제를 받기 어려운 것이다.

이 외, 일전에 선양시의 7명의 농민들이 국토자원부를 상대로 패소한 사례가 있는데 그들은 국토자원부가 국무원을 대신한 559호의 문서의 보상결정에 불복하여 우선 국토자원부에 행정심판을 제기하였고, 유지결정이 내려지자 다시 법원에 기소하였다. 1심, 2심에서 모두 패소하자 이들은 전인대 상무위원회에 위헌심사건의서를 제출하였다. 전인대상무위원회에서 직권으로 국토자원부가 제정한 《국무원의 건설용지 심사방법》을 심사하고 또한 국무원의 해당 문서에 대한 회답의 위헌심사를 진행해줄 것을 요구하면서 그들은 국무원이 해당 회답으로 법률이 수권한 국무원의 수용심사권을 국토자원부에게 수권할 수 없고 이로 인해 피수용인은 수용결정에 대해 구제할 길이 없다고 설명했다. 그러나 그 뒤로 해당 사건의 위헌심사에 대한 정보는 찾을 수가 없었고 그들의 소망은 실현되지 않았을 것이라 예측해본다.[331)]

(e) 행정심판과 행정소송과의 관계

《토지관리법》 제45조의 규정에 따르면 토지수용결정권의 주체는 국무원과 성급정부이다. 피수용인이 성급정부가 행한 토지수용결정에 불복하는 경우, 행정심판법 제30조 제1관 및 제14조의 규정에 근거하여 성급 인민정부에 행정심판을 신청하고, 성급 인민정부의 행정심판 결정에 불복하는 경우 다시 법원에 행정소송을 신청할 수 있다. 피수용인은 성급 인민정부의 수용결정에 불복하는 경우 행정심판과 행정소송제도의 운용에는 장애가 존재하지 않는다. 그러나 여기서 《행정심판법》 제6조, 제30조 제2관의 규정에 따라 토지의 소유권자 혹은 사용자는 성급 인민정부가 행한 토지의 수용결정에 행정심판을 신청할 수는 있지만 이는 최종재결이다. 이러한 관점에는 물론 다른 견해도 존재하나 현재 법원의 입장은 이렇다 할 것이다.

(5) 소결

사례분석을 정리하면, 현재 중국의 토지수용에 관한 법 규정은 미흡하고 실무에서는 토지수용에 관한 모든 구제가 이루어지고 있지 않다고 볼 수 있다.

---

331) http://magazine.caijing.com.cn/2004-12-27/110061601.html (최종방문일: 2018.06.30)

그럼에도 농민들의 권익구제를 강화하려는 방향으로 분명히 발전하고 있다는 점을 발견할 수 있다. 사례1의 경우, 행정기관의 토지보상방안 미공고는 위법한 것이며 또한 촌민 개인의 원고적격을 인정하였고 사례3에서도 비록 2심에서 패소하였지만 1심의 경우 행정심판의 수안범위를 넓게 보아 원고적격을 인정하였다. 이는 실로 큰 발전이 아닐 수 없다. 그러나 행정심판이나 행정소송으로 권익구제를 받기란 너무 어려웠기에 사람들이 지금까지 가장 많이 택하는 것은 민원신청제도이다. 물론 이는 중국에서 오랜 전통과 역사를 지닌 제도이기도 하고, 법적지식이 전무한 농민들이 가장 친숙한 행정기관이기도 하다. 그러므로 자신이 부딪힌 모든 곤란에 대해 민원신청기관을 찾는 것이 다수 인민들에게 익숙하다. 그러나 민원신청제도로 실질적인 구제를 받은 사례도 거의 없는 것으로 보인다. 그 외, 법적으로 구제할 방법이 없음을 잘 아는 이들은 사회공개편지라는 방법을 택하기도 한다.

앞서, 전반적인 중국 농촌 집체토지의 수용은 위에서 언급한 연혁과 배경을 거쳐 수많은 문제점을 안고 있고 또한 분쟁이 발생할 수밖에 없는 모순적인 이익주체들의 충돌을 보여주고 있다. 이러한 문제는 구체적으로 주로 이하에서 정리하는바와 같이, 토지수용법의 법률미비, 보상의 공정성, 수용절차의 불합리성, 행정구제의 문제로도 표현된다고 본다.

(a) 법률미비

현재 중국의 토지수용 관련은 입법은 여러 개별 법률에 분산되어 있으며 이는 규범적인 토지수용에 매우 큰 영향을 미치게 된다. 《헌법》, 《물권법》, 《토지관리법》, 《토지도급법》 등 법률에서 모든 관련내용을 규정하고 있으나 규범화된 토지수용 입법이 없는 상태이다. 각기 다른 법률들은 각각의 입법목적의 다름에 따라 그 취지도 달리하고 있다. 심지어 각각의 법률들은 모순되는 부분도 많다. 예를 들어 《헌법》 제10조 3관에서 토지수용의 보상을 하여야 한다는 내용을 규정하고 있지만 물권법에서는 수용을 할 수만 있다고 규정하고 보상을 하여야 한다는 내용이 없다. 또한 《토지관리법》 제2조에서는 "국가의 공공이익의 수요를 위하여, 법에 따라 수용 혹은 징용을 할 수 있고 보상을 하여야 한다."고 규정하고 또 동법 제43조에서는 "어떠한 기관이나 개인은 건설을 진행함에 있어서 토지사용이 필요한 경우, 법에 따라 국유토지를 신청할 수 있다; 단 향진기업과 촌민건설주택을 건설하기 위해 법적으로 이미 본 집체경제조직의 농촌집체소유의 토지사용을 비준 받은 경우는 제외한다."고 규정하고 있다. 앞서 법적으로 신청 가능한 국유토지에는 이미 국가소유의 토지와 국가가 수용한 기존의 농촌 집체토지를 포함하는 것이다. 또한《헌법》제10조 2관은 토지수용권의 행사는 공공이익을 전제로 하고 있지만《토지관리법》에서는 해당하는 내용이 없다.

(b) 수용요건의 불명확성

위에서 언급한바와 같이,《토지관리법》은《헌법》에 위배되는 내용이 있는데 그 중에서 공공이익을 요건으로 하는 내용은 없다. 결국 이러한 수용요건의 불명확성으로 공공이익에 부합되는 사업, 그리고 국가건설을 위해 토지수용을 허가한 경우 모두 수용이 가능하게 되는 것이다. 토지수용의 문제에서 현재의 법률 자체는 모순적이다. 이는 토지수용의 남용을 부추기고 모순을 극대화하는 결과를 낳을 수밖에 없다.

(c) 보상의 공정성 결여

중국 현행의 토지수용보상의 방식은 계획경제와 시장경제 두 가지 사고방식의 혼합의 산물이라고도 볼 수 있다. 보상비를 지급할 때는 계획경제시대의 사고방식으로 토지수용의 연간 가치의 일정 배수로 보상을 하고 있다. 피수용 농민들을 배치할 때는 시장경제의 사고방식으로 피수용농민들이 노동시장에서 자체적으로 직업을 찾도록 하고 있다. 시장경제의 기본원칙은 "등가교환"이다. 토지수용 중의 보상행위는 시장경제기본원칙의 지배의 행위이다. 토지수용은 단지 수용자가 국가의 공권력을 빌려 강제적으로 피수용자의 토지를 수용하는 것을 의미하는 것이지 수용자가 피수용토지의 시장가치대로 피수용자에 보상금을 지불하는 것을 의미하지는 않는다. 기타 국가들의 보상기준은 대개 수용토지의 시장기준으로 하고 있다. 해당 시장 기준은 하나의 자원적인 판매측이 공개시장에 자원적으로 나선 구매자에게 토지를 판매하고 금액을 획득하는 것이다.

도시와 농촌의 이원적인 경제구조 배경 하에서 도시화 중의 농지를 건설용지로 전환하는 것은 본질적으로는 토지이익을 다시 재분배하고 조정하는 과정인 것이다. 도시토지의 희소성과 토지용도의 변경, 공업화 및 도시화의 실현 등 여러 작용 하에 농지의 시장가치는 몇 배에서 몇 십배까지도 상승한다. 그러므로 거대한 차액의 수익이 생긴다. 농지를 건설용지로 전환하는 데에는 거대한 차액의 수익이 나는데 관련 이익주체(농민, 집체, 정부, 도시용지자 등 포함)는 모두 수익의 쟁탈전에 참여하는 셈이다. 지방정부는 이러한 과정에서 진정한 "지주"이고, 차액수입의 합법적인 소유자로서 농민은 완전히 이익의 쟁탈에서 소외된다.

중국 현행의 보상체계 또한 매우 혼란스럽다. 《토지관리법》에서는 적정보상을 원칙으로 하고 있지만 구체적인 내용을 규정하고 있지 않고 《광산자원법》에서는 합리보상을 규정하고 있고 《농촌토지도급법》, 《도시가옥관리법》 등 법률에서는 상응보상이라고 규정하고 있다. 《향진기업부담감독관리조례》[332]에서는 일정보상이라고도 규정하고 있다. 보상의 원칙은 보상제도를 확립하는 중요한 전제임에도 이러한 부분부터 명확히 해야 할 필요가 있다고 본다.

(d) 절차의 투명성 결여

수용의 절차에 대해서도 명확한 법률 규정이 없고, 《토지관리법》을 비롯한 여러 법률에 산재되어 있는 실정이다. 대개 절차가 많고 복잡하며 중복적이고 과정이 매우 길다. 또한 집체조직과 농민의 이익을 보호하는 공청회 등 절차는 원칙적인 규정만 있을 뿐 구체적인 규정이 없다.

(e) 행정구제의 문제점

구제가 없는 구제는 권리가 아닌 것처럼, 행정구제의 문제점이 가장 심각하고 시급한 문제라고 생각된다. 우선, 법적으로 규정한 토지수용분쟁을 처리할 수 있는 내용이 거의 없다. 이는 토지수용 분쟁의 행정구제제도가 제대로 작동할 수 없는 근본적인 이유이다. 그 중에서도 구제의 범위에 포함되는 토지수용의 유형은 매우 제한적이다. 상당수의 토지수용과 관련된 분쟁은 구제받을 방법이 아예 없다. 행정재결제도는 수용보상과 관련된 분쟁을 해결하는 것

---

332) 《乡镇企业负担监督管理条例》

인데 토지수용 분쟁의 당사자는 행정기관의 구체적인 행정행위가 근거한 규정에 대해 행정심판을 제기하면 이러한 "구체적 행정행위가 근거한 규정"은 수리범위에서 제외되곤 한다. 법원에서 토지수용과 관련한 사건에 대해서는 장기적으로 수리를 하지 않는 상태이고, 간혹 수리를 하더라도 기각하는 방식을 고수해왔다. 2005년 법원에서 공포한 사법해석[333]에서는 토지수용보상금의 분배와 관련해서는 민사분쟁으로 처리한다는 내용과 집체경제조직의 구성원이 토지보상금의 금액에 대해 소송을 제기하는 경우 법원은 수리하지 않는다고 규정하고 있다.

333) 《关于审理涉及农村土地承包纠纷案件适用法律问题的解释》

제 3 장 한국의 토지수용법제와 관련 행정구제

이 장에서는 중국과의 비교 고찰을 중심으로 한국의 토지수용법제와 행정구제에 대해 살펴보고자 한다. 주로 토지수용의 헌법적 근거, 개념, 당사자, 목적물을 중심으로 하는 이론적 근거 및 수용과 관련한 공익에 대한 논의, 토지수용의 보상, 그리고 절차, 행정구제까지 살펴보고자 한다.

I 토지수용의 이론적 근거

1. 한국의 토지제도

한국의 경우 근대 「민법」의 기본원칙에 입각하여 토지제도가 제정되었다. 생산수단에 대한 사유재산제의 보장, 계약자유의 인정 및 과실책임주의에 입각하고 있다. 이러한 기본원칙들을 절대적으로 받아들인 것은 아니며, 공공의 이익, 즉 공동체의 이익을 위해서는 법률로써 제한할 수 있도록 하고 있다. 개인의 이성에 의한 창의와 이기심에 의한 활동의 자유를 보장하고 있으나 다른 한편으로는 개인의 자유로운 활동이 무제약적인 것이 아니라 개인의 사회성과 공공성이 강조되기도 한다.

한국 「민법」 제211조는 "소유자는 법률의 범위 내에서 그 소유물을 사용·수익·처분할 권리가 있다."고 규정하고 있다. 소유권이라 함은 사용·수익·처분 등 물건을 전면적으로 지배할 수 있는 원천적인 권리를 말한다. 한국의 경제구조는 시장경제체제 내지 자본주의 경제체제를 기반으로 하고 있다. 사적

소유를 보호하기 위한 법적 소유권은 자본주의 경제체제에 있어서 사유재산제도의 기초가 된다.

한국은 생산수단과 비생산수단을 구분하지 아니하고, 물건을 동산과 부동산으로 나누며, 부동산은 토지와 그 정착물로 구성하고 있다. 그리하여 토지와 그 정착물이 각각 독립한 부동산으로 다루어지고 있다.[1] 토지는 생산수단이지만 이에 대한 사소유권을 인정하여 토지를 법률의 범위 내에서 사용·수익·처분할 수 있도록 허용하고 있다.[2] 생산수단에 대한 사소유권을 인정할 뿐만 아니라 사유재산제를 제도적으로 보장하고 있다. 이러한 생산수단에 대한 사소유권의 인정과 사유재산의 제도적 보장은, 인간은 인격적이고 자유로운 존재이므로 자유로운 인격의 존재를 가능케 할 수 있는 재산적 기초를 마련하기 위함이다.

2. 공용수용의 개념

한국에서 공용수용이란 공익사업을 위하여 타인의 특정한 재산권을 법률의 힘에 의하여 강제적으로 취득함을 말한다.[3] 즉 공용수용이란 공공필요에 의하여 특정의 목적물에 관한 소유권 및 기타 권리를 그 권리자의 의사에 불구하고 국가권력에 의하여 취득하거나 소멸 또는 제한시키는 것을 말한다.[4] 대법원은 공용수용요건에 대해 "공용수용은 공익사업을 위하여 특정의 재산권을 법률에 의하여 강제적으로 취득하는 것을 내용으로 하므로 그 공익사업을 위한 필요가 있어야 하고, 수용할 목적물의 범위는 원칙적으로 사업을 위하여 필요한 최소한도에 그쳐야 한다."고 판시하고 있다.[5]

한국의 「공익사업을 위한 토지 등의 취득 및 보상에 관한 법률」 제3조 및

1) 한국 「민법」 제99조: (부동산, 동산) ①토지 및 그 정착물은 부동산이다. ②부동산 이외의 물건은 동산이다.
2) 한국 「민법」 제211조: (소유권의 내용) 소유자는 법률의 범위내에서 그 소유물을 사용, 수익, 처분할 권리가 있다.
3) 김향기, 『행정법개론』, 탑북스, 2018, 957면.
4) 이재삼, "공익사업에 있어서 사인의 수용권에 관한 연구", 토지공법연구 제43집 제1호, 2009, 251면.
5) 대법원 2005. 11. 10. 선고 2003두7507 판결; 대법원 1987. 9. 8. 선고 87누395 판결; 대법원 1994. 1. 11. 선고 93누8108 판결.

제4조에 의하면 공용수용이 가능한 사업을 규정하고 있다. 공용수용제도를 인정하고 있는 현행 법제 하에서 사업시행자가 토지 등을 수용 또는 사용하기 위해서는 수용을 행할 수 있을 정도의 공공성을 지닌 사업이어야 하기 때문에 사업의 성격을 판단하는 것은 매우 중요하다. 이에 관한 입법주의는 열거주의와 개괄주의가 있으나 「공익사업을 위한 토지 등의 취득 및 보상에 관한 법률」 제4조 각호에서 정하는 사업이 공익성에 관한 우선순위를 정하고 있고[6] 공익시설과 사업에 관하여 구체적으로 정하고 있는 점을 볼 때 열거주의를 채택하고 있는 것으로 보인다. 그러나 제4조 제8호에서 "그 밖에 다른 법률에 의하여 토지 등을 수용 또는 사용할 수 있는 사업"으로 규정함으로써 타법에 공익성 판단을 포괄적으로 위임하고 있는 규정의 취지에 비추어 볼 때 이 열거주의는 공익사업의 제한적 열거가 아니라 포괄적으로 열거한 것으로서 제4조에서 규정하고 있는 공익사업은 예시적인 규정이라고 해석할 수 있다.

3. 헌법적 근거

공용수용은 사유재산제도를 보장하고 있는 헌법조항과도 관련이 있고 공용수용의 해석 및 운용은 물론 입법에서도 사유재산제도의 보호취지에 위반되지 않아야 한다. 이러한 맥락에서 공용수용은 법적 해석상 중요한 요소로 작용하게 된다.

한국 「헌법」 제23조 3관은 "공공필요에 의한 재산권의 수용, 사용 또는 제한 및 그에 대한 보상은 법률로써 하되, 정당한 보상을 지급하여야 한다."고 규정하여 공용수용에 법적근거가 필요함을 규정하고 있다. 공용수용은 기본권인 재산권에 대한 중대한 침해이므로 반드시 법률의 근거를 요한다. 이는 침해유보설의 입장인데, 원래 침해유보는 군주와 시민사이에 대립이 존재하던 19세기의 입헌군주제에서 발전한 것으로, 개인의 자유와 사유재산으로 구성되었던 근대사회에서의 개인의 영역을 군주의 집행권으로부터 보호하기 위해, 이에 대해 필요한 침해는 국민대표의 동의에 의할 것, 즉 법률의 형식에 의할 것이 요구되었다. 이러한 법률유보를 오늘날에는 침해유보로 새기는 것이다.[7]

6) 대법원 1992. 4. 28. 선고 91다29927 판결.

한국 「헌법」은 공공필요에 의한 "재산권의 수용은 법률로서 하되"라고 하여 수용개념을 포괄적으로 법률에 위임하고 있고, 「공익사업을 위한 토지 등의 취득 및 보상에 관한 법률」은 토지수용의 목적을 공익사업의 시행으로 삼고 있다. 수용자가 국가인 경우에는 의문이 없으나, 국가 이외의 공공단체나 사인인 경우에는 학설의 대립이 있다.[8] 헌법재판소는 '공용수용은 ① 헌법 제23조 제3관에 의하여 국민의 재산권을 그 의사에 반하여 강제적으로라도 취득해야 할 공익적 필요성이 있을 것, ② 수용과 그에 대한 보상은 법률에 의거할 것, ③ 정당한 보상을 지급할 것 등의 요건을 모두 갖추어야 한다.'고 판시하였다.[9]

한국 「헌법」은 제23조 외에도 또 여러 조항들을 통해 사회적 구속성과 제한의 근거를 마련하고 있다. 즉, 제120조 제2항에서 "국토와 자원은 국가의 보호를 받으며 국가는 그 균형 있는 개발과 이용을 위하여 필요한 계획을 수립한다."고 정하고 있고 또 제122조에서는 "국가는 국민 모두의 생산 및 생활의 기반이 되는 국토의 효율적이고 균형 있는 이용·개발과 보전을 위하여 법률이 정하는바에 의하여 그에 관한 필요한 제한과 의무를 과할 수 있다."고 규정하고 있다. 제121조에서는 농지소작제도의 금지에 대해서도 규정하고 있다.

(1) 헌법상 토지재산권의 보호

자연의 성질을 갖는 토지는 국가의 한 구성부분이자 동시에 사인의 소유의 대상이 되기도 하는바, 토지의 보존·이용·관리·개발은 국가와 사회의 공동의 과제이며 책임이 된다.[10] 한국 「헌법」에서는 재산권을 보장하고 있으며 사유재산제도의 토대 위에서 개인의 사적재산권을 보장하고 있다. 이는 개인이 자유롭게 재산을 소유하고 사용·수익·처분할 수 있는 권리를 말한다. 재산권 중의 하나인 토지재산권은 재산권의 가장 중추적이고 핵심적인 구성축으로 재산적 가치를 가지는 토지에 대하여 가지는 모든 권리를 말한다.[11] 즉, 현행

---

7) 홍정선, 『행정법원론(상)』, 박영사, 2018, 56면.
8) 김향기, 『행정법개론』, 탑북스, 2018, 958면.
9) 헌재 1994. 2. 24. 92헌가15 결정; 헌재 1995. 2. 23. 93헌바29 판결; 헌재 1995. 10. 26. 95헌바22 결정; 헌재 1996. 4 15. 95헌바9 결정; 헌재 1998. 3. 26. 93헌바12 결정; 헌재 2006. 7. 27. 2003헌바18 결정; 헌재 2008. 4. 24. 2006헌바98 결정.
10) 홍정선, 『행정법원론(하)』, 박영사, 2018, 690면.
11) 김영원, "공용수용제도의 헌법적 문제에 관한 연구", 인제대학교 박사학위논문, 2016, 10면.

헌법이 보장하고 있는 재산권이란 경제적 가치가 있는 모든 공법상·사법상의 권리를 말하고 사적 유용성과 그에 대한 원칙적인 처분권을 포함하는 모든 재산가치 있는 권리를 말하고 있기에 토지재산권은 이에 따른 사용권, 수익권, 처분권 등으로 보호된다.[12)]

헌법재판소는 토지재산권의 성격에 대해 "헌법상의 재산권은 토지소유자가 이용가능한 모든 용도로 토지를 자유로이 최대한 사용할 권리나 가장 경제적 또는 효율적으로 사용할 수 있는 권리를 의미하지 않는다……토지재산권은 강한 사회성, 공공성을 지내고 있어 이에 대하여는 다른 재산권에 비하여 보다 강한 제한과 의무를 부과할 수는 있으나 그렇다고 하더라도 다른 기본권을 제한하는 입법과 마찬가지로 비례원칙을 준수하여야 하고, 재산권의 본질적 내용인 사용·수익권을 부인하여서는 아니 된다." 고 판시하였다.[13)]

(2) 재산권 보장의 한계

이러한 재산권의 보장도 제약이 없는 것이 아니라 공공복리 등을 위해서 일정한 제약을 받게 된다. 그 제약의 근거가 되는 규정은 「헌법」제23조 제2항과 제37조 제2항이다. 이는 국민의 재산권을 보장하면서도 재산권의 행사가 일정한 제약을 받는다는 점도 밝히고 있다. 즉 재산권의 행사는 공공복리에 적합하도록 하여야 할 헌법적 한계를 가진다는 것인데 이것을 재산권의 사회적 구속성이라고 한다.[14)] 재산권 행사의 사회적 구속성에 대해 헌법재판소는 "재산권의 절대적 보장에서 배태되는 사회적 폐단을 최소화하고 아울러 사유재산제도의 기본이념을 보호하려는 것으로서 사유재산제도의 유지존속을 위한 사유재산제도의 최소한의 자기희생 내지 양보인 것이다."라고 정하고 있다.[15)] 그러나 이러한 경우에도 법률의 규정에 따라야 하고 사유재산이 제한되는 경우에도 자유와 권리의 본질적인 내용을 침해할 수 없다고 보아야 할 것이다.

---

12) 김은자, "공용침해에 있어서 토지보상제도에 관한 연구", 동국대학교 박사학위논문, 2017, 51면.
13) 헌재 1998. 12. 24. 89헌마214 등 결정.
14) 김영원, 앞의 논문, 12면.
15) 헌재 1989. 12. 22. 88헌가13 결정; 헌재 1993. 7. 29. 92헌바20 결정.

4. 공용수용의 당사자

(1) 수용의 주체

공용수용은 공익사업의 주체에 의해 이루어진다. 즉, 「공익사업을 위한 토지 등의 취득 및 보상에 관한 법률」은 공용수용의 주체를 사업시행자라 부른다.[16] 일반적으로 공용수용은 국가나 지방자치단체가 공용주체가 된다.

그러나 사인도 공적 임무를 위하는 경우라면 국가나 지방자치단체로부터 공용수용을 할 수 있는 권한을 부여받을 수 있다.[17] 또한 지방자치단체가 공용수용의 주체인 경우에는 국가도 사인에 해당할 수 있다.[18] 즉, 판례에 의하면 "토지수용법에 의하여 수용의 대상이 되는 토지에 대하여는 토지를 수용 또는 사용할 수 있는 사업에 이용되고 있는 토지에 대하여 제5조의 규정에 의한 제한 외에는 아무런 제한이 없으므로, 국가소유의 토지도 공공사업자인 공공단체가 공익사업을 위하여 필요한 경우에는 이를 수용할 수 있다고 봄이 상당하다."고 하여 지방자치단체가 국유의 토지를 수용함으로써 국가를 피수용자(사인)로 인정한 것이다.

(a) 수용권자

공용수용에 있어서 공용수용의 주체(공용수용권자)가 누구인가는 문제이다. 이와 관련하여 국가수용권설과 사업시행자수용권설(공공사업자수용권설)의 대립이 있다.[19]

1) 국가수용권설

국가수용권설은 수용권이 국가적 공권이라는 것을 이유로 수용권의 주체는 언제나 국가이며, 사업시행자는 단지 국가에 대하여 자기 사업을 위하여 필요한 토지 등을 수용하여 줄 것을 청구할 수 있는 권리를 가짐에 불과하다고 하는 견해이다.[20] 이러한 견해는 공용수용권의 본질을 수용의 효과를 발생시

---

16) 한국 「토지보상법」 제2조 3호.

17) 한국 「토지보상법」 제2조 3호, 제5조, 제19조 1항.

18) 대법원 1981. 6. 9. 선고 80다316 판결.(토지수용법에 의하여 수용의 대상이 되는 토지에 대하여는 동법 제5조의 규정에 의한 제한 외에는 아무런 제한이 없으므로 국유의 토지도 이를 수용할 수 있다).

19) 홍정선, 『행정법원론(하)』, 박영사, 2018, 612면.

킬 수 있는 힘으로 보면서, 사인인 사업시행자는 국가에 대하여 다만 자기의 사업을 위하여 토지 등을 수용해줄 것을 청구할 수 있는 권리(수용청구권)만을 갖는다는 입장이다.[21]

2) 사업시행자수용권설

사업시행자수용권설은 공용수용의 본질을 자기의 이익을 위한 재산권의 강제적 취득으로 보고, 거기에서의 수용권은 공용수용의 효과를 향유할 수 있는 법상의 능력을 뜻하는 것으로 보기 때문에 수용권의 주체는 공용수용의 효과를 향수하는 자, 즉 재산권을 취득하는 자인 사업시행자가 된다고 한다.[22]

3) 소결

공용수용은 공익사업을 위해 사인의 재산권을 강제로 취득한다는 데에 그 의미가 있는 것임을 고려하면, 그리고 수용의 강제성은 수용의 효과를 위한 원인행위에 불과하다는 점을 고려할 때, 사업시행자수용권설이 다수설로 되고 있는 것으로 보인다.

(b) 사업시행자

1) 사업시행자의 의의[23]

「공익사업을 위한 토지 등의 취득 및 보상에 관한 법률」은 사업시행자를 제4조에 해당하는 사업인 공익사업을 수행하는 자로 정의하고 있다.[24] 따라서 국가·공법인·사법인 모두 사업시행자가 될 수 있다. 동법에 따라 이행한 절차와 그 밖의 행위는 사업시행자, 토지소유자 및 관계인의 승계인에게도 그 효력이 미친다.[25]

2) 사업시행자의 권리·의무 승계

법률에 의한 사업시행자의 권리·의무는 그 사업을 승계한 자에게 이전한

20) 김향기, 『행정법개론』, 탑북스, 2018, 959면.
21) 홍정선, 『행정법원론(하)』, 박영사, 2018, 612면.
22) 김향기, 앞의 책, 959면.
23) 홍정선, 『행정법원론(하)』, 박영사, 2018, 626면.
24) 한국 「토지보상법」 제2조 3호.
25) 한국 「토지보상법」 제5조 2항.

다.[26] 따라서 동법에 의한 사업시행자가 변경될 수 있다. 이 경우 그 권리의 양수인은 양도인의 권리·의무를 승계 받게 된다. 공익사업을 승계하여 사업을 시행한다면, 그 승계가 이루어질 수 있다. 그리고 사업시행자의 권리 또는 의무는 그 사업을 승계한 자에게 이전하게 된다.

3) 대리

동법은 또 대리행위를 명백히 하고 있다. 즉 사업시행자가 사업인정의 신청, 재결의 신청, 의견서의 제출 등의 행위를 함에 있어서 변호사 또는 그 밖의 자를 대리인으로 할 수 있다.[27] 이와 같은 대리관계를 확실하게 하기 위하여 대리인은 서면으로써 그 권한을 증명하지 않으면 안 된다.

(2) 수용의 상대방

(a) 피수용자[28]

1) 피수용자의 의의

공용수용의 상대방은 수용되는 재산권의 소유자 및 기타의 권리자를 의미한다. 공법인인가 사법인인가를 불문하고 피수용자가 될 수 있으며, 경우에 따라서는 국가도 피수용자가 될 수 있다. 예를 들어 지방자치단체가 국가의 일반재산을 수용하여 공익사업을 경영하고자 하는 경우이다. 토지소유자라 함은 공익사업에 필요한 토지의 소유자를 말한다.[29]

2) 피수용자의 지위

법에 따라 이행한 절차와 그 밖의 행위는 사업시행자, 토지소유자 및 관계인의 승계인에게도 효력이 미친다.[30] 피수용자는 사업인정 및 재결신청서에 대한 의견제출권[31], 토지 · 물건 조서내용에 대한 이의제기권[32], 재결신청청구권[33], 손실보상청구권, 수용재결에 대한 이의신청권[34], 행정소송제기권[35] 및

---

26) 한국「토지보상법」제5조 1항.
27) 한국「토지보상법」제7조.
28) 홍정선,『행정법원론(하)』, 박영사, 2018, 627면.
29) 한국「토지보상법」제2조 제4호.
30) 한국「토지보상법」제5조 제2항.
31) 한국「토지보상법」제21조; 제31조 2.
32) 한국「토지보상법」제15조 3.
33) 한국「토지보상법」제30조.

환매권[36] 등 권리를 갖고 토지보전의무[37], 수용목적물의 인도·이전[38] 등 의무를 부담한다.

(b) 관계인[39]

1) 관계인의 의의

관계인이라 함은 사업시행자가 취득하거나 사용할 토지에 관하여 지상권·지역권·전세권·저당권·사용대차 또는 임대차에 따른 권리 또는 그 밖에 토지에 관한 소유권 외의 권리를 가진 자나 그 토지에 있는 물건에 관하여 소유권이나 그 밖의 권리를 가진 자를 말한다.[40] 다만, 사업인정의 고시가 된 후에 권리를 취득한 자는 기존의 권리를 승계한 자를 제외하고는 관계인에 포함되지 아니한다.[41]

2) 관계인의 지위

법에 따라 이행한 절차와 그 밖의 행위는 사업시행자, 토지소유자 및 관계인의 승계인에게도 효력이 미친다.[42] 그리고 사업시행자와 마찬가지로 대리인을 선임할 수 있다.[43]

5. 공용수용의 목적물

공용수용은 공익사업을 위하여 타인의 특정한 재산권을 법률의 힘에 의해 강제적으로 취득하는 것이므로 공용수용의 목적물의 범위는 원칙적으로 공익사업을 위하여 필요한 최소한도에 그쳐야 한다.[44] 즉, 공용수용의 경우에 비례원칙이 적용된다. 공용수용은 소유권 등 사인의 재산권을 목적물로 한다. 즉,

34) 한국 「토지보상법」 제83조.
35) 한국 「토지보상법」 제85조.
36) 한국 「토지보상법」 제91조.
37) 한국 「토지보상법」 제25조.
38) 한국 「토지보상법」 제43조.
39) 홍정선, 『행정법원론(하)』, 박영사, 2018, 627면.
40) 한국 「토지보상법」 제2조 제5호 본문.
41) 한국 「토지보상법」 제2조 제5호 단서.
42) 한국 「토지보상법」 제5조 제2항.
43) 한국 「토지보상법」 제7조.
44) 대법원 1987. 9. 8. 선고 87누395 판결.

사인의 재산권에는 소유권이 중심이겠으나, 그 외에 지상권·저당권 등의 물권도 대상이 될 수 있는 것이다.[45]

(1) 목적물의 종류 · 제한 · 범위

공용수용의 기본적인 목적물은 토지수용의 경우에는 토지소유권이다.[46] 사업시행자가 ① 토지 및 이에 관한 소유권 외의 권리, ② 토지와 함께 공익사업을 위하여 필요로 하는 입목, 건물 기타 토지에 정착한 물건 및 이에 관한 소유권 외의 권리, ③ 광업권·어업권 또는 물의 사용에 관한 권리, ④ 토지에 속한 흙·돌·모래 또는 자갈에 관한 권리 등의 토지·물건 및 권리를 취득 또는 사용하는 경우에 이를 적용한다.[47] 이 외에 특별법에 토석·죽목·운반기구 기타의 동산에 관한 권리 및 무체재산권 등이 있다.[48]

공용수용은 원칙적으로 그를 통하여 하려는 공익사업에 필요한 최소한도에 그쳐야 하며, 또한 건물자체의 성질상 수용이 불능하거나 제한되는 것이 있다. ① 치외법권이 인정되는 외국대사관 등의 부지 · 건물, ② 공물 등은 수용할 수 없으며, ③ 현재 공용수용을 할 수 있는 사업에 공용되고 있는 토지는 특별한 필요가 있는 경우가 아니면 수용할 수 없다.[49]

(2) 목적물의 확장

공용수용의 목적물은 공익사업에 필요한 범위 내에 한정되는 것이 원칙이지만, 예외적으로 수용자와 피수용자 간의 이해의 합리적 조정의 견지에서 사업의 목적에 비추어 필요한 한도를 넘어 수용할 수 있다.[50]

(a) 전부수용(잔여지수용)

잔여지수용이란 동일한 토지소유자에게 속하는 수용 목적물인 일단의 토지의 일부가 수용됨으로 인하여 잔여지를 종래의 목적에 사용하는 것이 현저

---

45) 한국「토지보상법」 제3조.
46) 홍정선, 『행정법원론(하)』, 박영사, 2018, 628면.
47) 한국「토지보상법」 제3조; 제19조 제1항.
48) 김향기, 『행정법개론』, 탑북스, 2018, 960면.
49) 김향기, 앞의 책, 960면.
50) 김향기, 앞의 책, 960면.

히 곤란한 때 토지소유자의 청구에 의해 사업시행자가 당해 토지의 전부를 매수하거나 수용하는 것을 말한다.[51] 보통 잔지수용, 전부수용이라고도 한다. 사업인정고시가 있은 후 잔여지 등의 매수 및 수용청구[52]에 따라 사업시행자가 잔여지를 취득하는 경우, 그 잔여지에 대하여는 제20조의 규정에 의한 사업의 인정 및 제22조의 규정에 의한 사업인정고시가 있는 것으로 본다.[53] 이 경우 수용의 청구는 매수에 관한 협의가 성립되지 아니한 경우에만 할 수 있으며, 그 사업의 공사완료일까지 하여야 한다.[54] 한편, 제1항에 따라 매수 또는 수용의 청구가 있는 잔여지 및 잔여지에 있는 물건에 관하여 권리를 가진 자는 사업시행자나 관할 토지수용위원회에 그 권리의 존속을 청구할 수 있다.[55]

(b) 완전수용

완전수용이란 단지 토지를 사용함으로써 족하지만 토지소유자가 받게 되는 토지이용의 현저한 장해 내지 제한에 갈음하여 수용보상을 가능하게 하기 위해 마련된 제도이다.[56] 사업인정고시가 있은 후 ① 토지를 사용하는 기간이 3년 이상인 때, ② 토지의 사용으로 인하여 토지의 형질이 변경되는 때, ③ 사용하고자 하는 토지에 그 토지소유자의 건축물이 있는 때에는 당해 제72조의 사용하는 토지의 매수청구에 대하여 토지소유자는 사업 시행자에게 그 토지의 매수를 청구하거나 관할 토지수용위원회에 그 토지의 수용을 청구하는 경우[57], 관계인은 사업시행자 또는 관할 토지수용위원회에 그 권리의 존속을 청구할 수 있다.[58]

(c) 이전수용

이전수용이란 수용할 토지 위에 있는 물건은 이전료를 보상하고 이전시킴이 원칙이나 이전의 강행이 곤란한 경우에 예외적으로 그 물건을 함께 수용하

---

51) 류해웅·허강무, 『신수용보상법론』, 부연사, 2016, 165면.
52) 한국 「토지보상법」 제74조 제1항.
53) 한국 「토지보상법」 제74조 제3항.
54) 한국 「토지보상법」 제74조 제1항 제2문.
55) 한국 「토지보상법」 제74조 제2항.
56) 류해웅·허강무, 『신수용보상법론』, 부연사, 2016, 164면.
57) 한국 「토지보상법」 제72조 1문.
58) 한국 「토지보상법」 제72조 2문.

는 것을 말한다.[59] 해당 물건의 가격으로 보상해야 하는 경우는 ① 물건의 이전이 어렵거나 그 이전으로 인하여 종래의 목적대로 사용할 수 없게 된 경우, ② 물건의 이전비가 그 물건의 가격을 넘는 경우, ③ 사업시행자가 공익사업에 직접 사용할 목적으로 취득하는 경우 등이다.[60]

Ⅱ 수용요건으로서의 공공필요

1. 공공필요의 개념

한국에서는 「헌법」 제23조 제3항의 '공공필요'라는 개념을 정하고 있다. '공공필요'란 공공이익을 위한 일정한 공익사업을 실현하거나 국가안전보장·질서유지 등의 공익목적을 달성하기 위해서 재산권의 제한이 불가피한 경우를 말한다.[61]

공용수용에 있어서 공공필요는 그 재산권 침해의 적법성을 정당화하는 실질적 근거이자 한계를 이루고, 공익사업의 성립요건에서 요구하였던 공익목적에의 지향만이 아니라, 특정의 공익사업이 사실상 공공필요를 실현하는데 봉사했는지를 심사하여 그 적법 여하를 판단하기 위한 요건이 되고, 이는 또 사업시행자와 토지소유자 간의 이해관계에서도 중요한 판단기준이 된다.[62] 재산권의 제한을 정당화시키는 '공공필요'의 요건이 존재하는지 여부를 판단하는데 있어서는 과잉금지의 원칙이 그 기준이 된다고 본다.[63]

또한 공용수용에 있어서 공공필요는 사업의 '공공성'과 '필요성'이라는 2가지 요소로 구성되어 있다고 보는 견해가 있다. 사업의 공공성이 인정된다고 하여 공용수용이 허용될 수 있는 것이 아니며, 공익을 위해 사익의 희생을 요구하는 현실적 필요성이 추가적으로 충족되어야 한다고 보는 견해이다.[64] 공용

59) 김향기, 『행정법개론』, 탑북스, 2018, 961면.
60) 한국 「토지보상법」 제75조.
61) 허영, 『한국헌법론』, 박영사, 2018, 541면.
62) 이부하, "토지수용절차에서의 헌법적 쟁점", 토지공법연구 제73집 제1호, 2016, 99면.
63) 허영, 앞의 책, 541면.

수용이 허용될 수 있는 공익성을 가진 사업, 즉 공익사업의 범위는 공용수용에 대한 법률유보원칙에 따라 법률에서 명확히 규정되어야 하며 공익에 도움이 되는 사업이라도 공익사업으로 실정법에 열거되어 있지 않은 사업은 공용수용에 있어서 공공성을 지닌 사업이라 할 수 없다고 보는 것이다.[65] 공용수용에 있어서 '필요성'은 목적물의 공익사업에의 적합성과 목적물 취득의 보충성 및 목적달성에의 필요최소성을 내포하는 개념이라고 본다.[66]

그리고 「헌법」 제23조 3항의 '공공필요'와 「헌법」 제37조의 제2항의 '공공복리'를 어떻게 볼 것인지에 대해 견해가 나뉜다. 좁게 보는 견해로 '공공필요'는 '공공복리' 개념보다 협의의 개념이며, 공용침해의 허용요건으로서의 공공의 필요는 단순공익 또는 국가의 이익 이상의 중대한 공익이며 반드시 특정한 공익사업과 연관되어 특정인의 재산권 침해가 불가피한 고양된 공익이라고 보는 견해가 있다.[67] 넓게 보는 견해로는 '공공필요'는 '공공복리'보다 넓고 적극적인 개념으로, 공공필요에 의한 재산권제한은 손실보상제도와 관련된 것으로 그것은 국가의 정책의 수행을 위하여 불가피한 것이라고 본다.[68] 그러나 공공필요의 개념을 넓게 이해할 경우, 공용침해가 무제한적으로 허용될 수 있으며 국가 등에 의한 국민의 재산권보장이 형해화될 수 있다는 견해도 있다.[69][70] 헌법재판소는 「헌법」 제23조 제3항의 공공필요는 국민의 재산권을 그 의사에 반하여 장기적으로라도 취득해야 할 공익적 필요성이며 그 구성요소로서의 공익성은 추상적인 공익 일반 또는 국가의 이익 이상의 중대한 공익을 요구하므로 기본권 일반의 제한 사유인 공공복리보다 좁게 보는 것이 타당하다고 판시하였다.[71]

---

64) 정찬우, "사인의 토지수용권에 관한 고찰", 입법학연구 제11집 2호, 2014, 97면.
65) 김연태, "공공수용의 요건으로서 '공공필요'", 고려법학 제48권, 2007, 89-91면.
66) 김연태, 앞의 논문, 94면.
67) 김성수, "행정상 손실보상의 요건으로서 공공필요와 특별한 희생의 재조명", 고시계 제473호, 1996, 121면.
68) 성낙인, 『헌법학』, 법문사, 2018, 983면.
69) 정연주, "토지재산권의 범위와 공용침해", 토지공법연구 제43권 제1호, 2009, 316-317면.
70) 허영, 『한국헌법론』, 박영사, 2018, 541면.(저자는 제37조 제2항이 기본권제한입법의 한계조항이라고 이해하는 입장에서 재산권사유로서의 공공필요도 마땅히 제37조 제2항의 한계 내에서만 인정될 수 있기에 이러한 논쟁이 무의미하고 불필요하다고 보고 있다.)
71) 헌재 2014. 10. 30. 2011헌바129 결정.

2. 공공필요와 공익과의 관계

공익은 국가 또는 지방자치단체 등 구성원 전체의 이익을 의미한다. 공익은 공동체의 이익이지만, 공동체 자체의 이익만으로 공익이 될 수 없다. 즉, 국가 또는 지방자치단체의 단순한 이익은 원칙상 공익이 아닌 것이다.[72] 헌법과 판례 등에서는 공익이라는 용어를 직접 사용하지 않고 '공공복리', '공공의 안녕질서', '공공필요'등으로 공익에 해당하는 개념들을 다양하게 사용하고 있다. 이들은 광의의 공익 개념에 해당한다고 볼 수도 있을 것이나 실제적 용어법은 입법 또는 판례의 구체적인 맥락에 따라서 조금씩 다르다.[73]

행정법에서 공익은 이념적 기능만 있는 것이 아니라, 일정한 법적 효과를 갖는 개념인데 ① 공익은 공법관계와 사법관계를 구별하는 기준이고, ② 공익은 행정통제의 기능을 하며, ③ 공익은 평등원칙의 예외사유이기도 하다. ④ 비례원칙의 적용에서는 공익이 이익형량의 요소가 된다. 공익 상호간 및 공익과 사익 상호간, 사익 상호간에 이익이 적절히 조정되어야 한다. ⑤ 권익 제한에는 법률의 근거가 있어야 하지만, 공익은 일정한 경우에 보충적으로 명문의 법규정이 없는 경우에도 권익 제한의 직접적 근거가 된다. 즉, 판례는 공익상 필요만으로 행정행위의 철회가 가능하고, 재량행위에서 공익을 이유로 특허 등 수익적 행위를 거부할 수 있다고 본다. ⑥ 공익은 공법상 계약의 특수한 법적 규율의 근거가 되기도 한다.[74]

위에서와 같이 공익은 넓고 포괄적인 개념의 용어라고 한다면, 「헌법」 제23조 제3항의 공공필요는 공익성과 필요성을 동시에 충족할 수 있는 공익개념이라고 하겠다. 즉, 공공성과 필요성을 모두 구비해야 공익성이 충족되는 최협의의 공익개념이라고 볼 수 있다.[75] 공공필요는 헌법 상 보장된 재산권보장의 제한적 근거로서 적용되는 공익개념으로 「공익사업을 위한 토지 등의 취득 및 보상에 관한 법률」에서는 공공사업으로 인정된 사업에 대해서도 공공필요성의 검증절차를 거치는 것으로 판단된다. 공익과 공공필요 양자 모두의 명확한 개

72) 박균성·도승하, 『토지보상행정법』, 박영사, 2014, 9면.
73) 최송화, "공익개념의 법문제화: 행정법의 문제로서의 공익", 서울대학교 법학 제49권 제2호, 2000, 31면.
74) 박균성·도승하, 앞의 책, 9-10면.
75) 김영원, "공용수용제도의 헌법적 문제에 관한 연구", 인제대학교 박사학위논문, 2016, 43면.

념 정의가 쉽지는 않고 또 그 시대의 배경에 따라 결정될 것이지만, 일반적으로 공익의 개념을 총체적인 공공의 이익으로 해석한다면 공공필요는 단순한 공익의 개념을 넘어서는 국민의 생존배려 등과 같은 다른 공익에 비해 절대적으로 우월성, 제한성, 긴절성, 불가피성을 지닌 최협의 공익 개념으로 이해된다.[76]

Ⅲ 손실보상제도

1. 손실보상제도의 관념

행정상 손실보상이란 공공필요에 따른 적법한 공권력 행사로 인해 국민의 재산에 특별한 희생이 가해진 경우에 국민의 재산권 보장과 평등부담의 견지에서 행해지는 조절적 보상을 말한다.[77] 사유재산제도와 재산권을 보장하는 민주주의 헌법국가에서 손실보상제도는 당연한 요청이 된다. 과거의 손실보상제도가 주로 재산권보상이라는 측면에서 기능을 해왔다고 한다면, 오늘날에는 재산권보장 이외에 생활보상이라는 것이 부각되고 있음이 특징적이라고 할 수 있다.[78]

행정상 손실보상의 이론적 근거로 기득권설(자연권으로서 기득권의 불가침을 전제로 공적 목적을 위한 침해에 보상이 주어져야 한다는 이론), 은혜설(보상은 국가가 은혜적으로 주는 것이라는 이론), 공용징수설(실정법상 공용징수제도를 일반화하여 이론화한 이론) 등이 주장되었으나, 오늘날 통설적인 견해인 특별희생설만이 지지를 얻고 있는 것으로 보인다.[79]

또 실정법적 근거로 「헌법」 제23조 3항은 "공공필요에 의한 재산권의 수용·사용 또는 제한 및 그에 대한 보상은 법률로써 하되, 정당한 보상을 지급하여야 한다."고 규정하여 공용수용으로 인한 재산권의 침해에 대한 정당보상원

76) 김영원, "공용수용제도의 헌법적 문제에 관한 연구", 인제대학교 박사학위논문, 2016, 44면.
77) 김유환, 『현대 행정법강의』, 법문사, 2018, 523면.
78) 홍정선, 『행정법원론(상)』, 박영사, 2018, 825면.
79) 홍정선, 『행정법원론(상)』, 박영사, 2018, 826면.

칙을 명시하고 있다. 동조를 불가분조항(결부조항, 부대조항)으로도 이해된다.[80] 공익사업에 필요한 토지 등의 수용 및 사용과 그 손실보상에 관한 법으로 「공익사업을 위한 토지 등의 취득 및 보상에 관한 법률」이 있다. 공용제한과 그 보상에 관해서는 특별한 규정이 없으나 손실보상의 기본원칙을 정하고, 손실보상의 내용에 관하여 구체적으로 규정을 두고 있는데 주로 사업시행자보상의 원칙, 금전보상의 원칙, 개인별 보상의 원칙, 사전보상의 원칙, 일괄보상의 원칙, 시가보상의 원칙, 사업시행이익과의 상계금지원칙 등이 있다.[81] 그 밖의 단행 법률에서도 손실보상에 관한 규정이 발견된다.(예: 도로법 제83조, 제99조; 하천법 제76조; 수산법 제81조; 소방법 제25조 제3항; 수목원 조성 및 진흥에 관한 법률 제8조의2 등)[82]

손실보상의 청구권의 성질에 대해서는 학설은 공권설과 사권설로 나뉘고 있는데 손실보상의 원인행위가 공법적인 것이므로, 그 효과로서 손실보상 역시 공법적으로 보아야 한다는 공권설이 통설인 것으로 보이고 이러한 경우 그에 관한 소송은 공법상 당사자소송의 문제가 된다.[83] 판례는 종래 손실보상의 원인이 공법적이라도 손실의 내용이 사권이라면, 손실보상은 사법적인 것이라 하였다. 그러나 2006년 대법원 전원합의체 판결은 하천법상의 손실보상청구를 공법상 권리로 보아 행정소송법상 당사자소송의 대상이 되어야 한다고 종래 민사소송으로 다루던 판례를 변경하였다.[84] 근년에는 손실보상청구권이 재산상 가해진 공법상 특별한 희생에 대한 것임을 이유로 공법상 권리로 보는 판례도 나타났다.[85]

2. 손실보상청구권의 성립요건

재산권의 인격적 관련성을 고려해볼 때 재산권 보장에 있어서 가치보장보다는 존속보장이 우선적이다.[86] 헌법이 예정하는 손실보상청구권의 요건으로

80) 홍정선, 『행정법원론(상)』, 박영사, 2018, 828면.
81) 류해웅 · 허강무, 『신수용보상법론』, 부연사, 2016, 303－308면.
82) 홍정선, 『행정법원론(상)』, 박영사, 2018, 829면.
83) 한국 「토지보상법」 제85조 제2항.
84) 대법원 2006. 5. 18. 선고 2004다6207 판결.
85) 홍정선, 『행정법원론(상)』, 박영사, 2018, 830면; 대법원 2012. 10. 11. 선고 2010다23210 판결.

공공필요, 침해와 특별한 희생, 보상규정으로 나누어 본다.[87)]

(1) 공공필요

공공필요는 앞서 2절에서 자세히 살펴본 바와 같이, 즉 행정상의 손실보상의 대상이 되는 공용침해가 되기 위해서는 그 침해가 공공필요에 의한 것이어야 한다는 것이다.[88)]

(2) 재산권

손실보상의 대상이 되는 공용침해는 재산권에 대한 침해여야 한다. 재산권의 종류는 물권인가 채권인가를 가리지 않고, 공법상의 권리인가, 사법상의 권리인가도 가리지 않는다.[89)] 다만 사회정책적 견지에서 그 손해가 영업상 손실 등 간접손실에서 비롯된 것이라도 손실보상의 대상이 될 수 있다. 또한 그 침해의 태양에 있어서 직접성과 의도성을 결여한 경우에는 현재로서는 손실보상의 길은 없지만 수용적 침해이론에 따르면 이 경우에도 행정상 손실보상에 준하는 손실보상이 이루어져야 한다고 본다.[90)]

(3) 특별한 희생

공공필요를 위한 재산권의 침해가 있는 경우에 손실보상이 되기 위하여 그 침해로 인한 손실이 특별한 희생에 해당하여야 한다. 그 손해가 재산권에 내재하는 사회적 제약에 불과한 경우에는 재산권자가 수인하여야 한다고 보고 있다.[91)] 예를 들어, ① 법령위반 등 스스로 자초한 행위, ② 위험방지 및 제거를 위한 경우, ③ 검사, 시험을 위한 필요최소한의 견품수거 등, ④ 공익목적을 위한 재산권의 효용의 문제 등의 경우는 당연히 수인하여야 할 재산권의 내용 및 한계에 따른 제약이므로 보상규정을 두지 않는다.[92)]

---

86) 김유환, 『현대 행정법강의』, 법문사, 2018, 537면.
87) 홍정선, 『행정법원론(상)』, 박영사, 2018, 831면.
88) 김유환, 앞의 책, 538면.
89) 홍정선, 『행정법원론(상)』, 박영사, 2018, 833면.
90) 김유환, 앞의 책, 538면.
91) 박균성 · 도승하, 『토지보상행정법』, 박영사, 2014, 570면.
92) 김유환, 『현대 행정법강의』, 법문사, 2018, 539면.

이론적으로 특별한 희생인지의 판단에 있어서는 ① 피해자 중심의 관점에서 희생에 특별성에 중점을 두는 경우(특별희생설)와 ② 가해행위의 태양이라는 점에서 침해의 중대성과 범위에 중점을 두는 경우(중대설) 등 다양한 방식이 있다.[93] 또한 이론을 ① 침해행위나 희생이 인적범위의 측면에서 한정되어 있는지의 여부에 따라 특별한 희생인지 여부를 가리려고 하는 경향(형식적 표준설)과 ② 침해행위나 희생 자체의 본질적 중대성을 기준으로 특별한 희생인지의 여부를 가리려는 경향(실질적 표준설)으로 분류할 수도 있다.[94]

한국의 통설은 형식적 기준설과 실질적기준설이 일면의 타당성만을 갖는다고 보고 형식적 기준설과 실질적 기준설을 종합하여 특별한 희생과 사회적 제약을 구별하여야 한다고 보고 있다.[95]

3. 손실보상의 기준

한국 「헌법」제23조 제3항은 행정상 손실보상에 있어서 정당한 보상을 지급하도록 규정하고 있고, 정당한 보상이 어떤 보상인지에 대해서는 학설의 대립이 있다.

(1) 완전보상설

이 견해는 손실보상이 재산권보장, 부담의 공평, 상실된 가치의 보전이라는 관점에서 인정된다고 보아 보상은 완전보상이어야 한다는 입장이다.[96] 헌법재판소도 「헌법」제23조 제3항에서 규정하고 있는 정당한 보상은 원칙적으로 피수용재산의 객관적인 재산가치를 완전하게 보상하는 것이어야 한다고 판시하고 있다.[97] 완전보상의 의미도 객관적 교환가치만을 의미하는가, 아니면 부대적 손실도 포함하는가에 관해 견해는 갈리고 있다. 한국 「공익사업을 위한 토지 등의 취득 및 보상에 관한 법률」에서는 부대적 손실에 대한 보상을 규정

93) 김유환, 앞의 책, 540면.
94) 김유환, 앞의 책, 540면.
95) 박균성·도승하, 앞의 책, 572면.
96) 김동희, 『행정법Ⅰ』, 박영사, 2018, 620면.
97) 헌재 1990. 6. 25. 89헌마107 결정.

하고 있어서 한국은 제도적으로 손실전부보상설에 접근하고 있다고 볼 수 있다.[98] 완전보상설은 미국 헌법수정 제5조의 정당한 보상의 해석을 중심으로 발전해온 것이다.[99]

(2) 상당보상설

이 견해는 재산권의 사회적 제약 내지 사회의 구속성, 재산권의 공공복리 적합의무의 관점에서 공·사익을 형량하여 보상내용이 결정되어야 한다는 입장이다.[100] 상당보상설에도 두 가지 상이한 입장이 존재하는데 ① 합리적상당보상설은 그때그때의 사회적 통념에 비추어 객관적으로 공정·타당하면 되는 것과 ② 원칙적으로 완전한 보상이 주어져야 하지만 합리적인 이유가 있다면 그보다 하회할 수 있다는 것이다.[101] 독일기본법 제14조 3항의 “보상은 공공 및 관계자의 이해를 공정히 고려하여 결정하여야 한다.”고 규정한 것은 상당보상설의 입장인 것으로 본다.[102]

(3) 절충설

절충설은 경우에 따라 완전보상 또는 상당보상을 한다고 한다. 그리하여 예컨대 작은 재산에 대해서는 완전보상을 해주지만 큰 재산에 대해서는 상당보상도 가능하다고 한다. 특히 농지개혁을 위한 농지매수조치 등과 같이 권리관계의 변혁을 목적으로 하는 재산권 침해는 상당보상이 가능하며, 전쟁 기타 국가의 위난 시에도 상당보상이 가능하다고 한다. 이러한 절충설은 넓은 의미에서의 상당보상설의 일종이라고 볼 수 있다.[103]

---

98) 김유환, 『현대 행정법강의』, 법문사, 2018, 543면.
99) 홍정선, 『행정법원론(상)』, 박영사, 2018, 843면.
100) 홍정선, 『행정법원론(상)』, 박영사, 2018, 843면.
101) 김유환, 앞의 책, 544면.
102) 홍정선, 『행정법원론(상)』, 박영사, 2018, 843면.
103) 김유환, 『현대 행정법강의』, 법문사, 2018, 544면.

4. 생활보상과 생활권보상

(1) 대상의 변천

손실보상의 대상은 역사의 변천에 따라 대인보상에서 대물보상으로, 대물보상에서 생활보상으로 변천해왔다. 행정상 손실보상은 원칙적으로 재산권에 대한 보상이지만 대규모 공공사업의 경우, 생활의 터전을 잃고 이주를 하여야 할 상황에서 단순히 재산권만을 보상하는 것은 정당한 보상이라고 할 수 없는 것이다.[104]

(2) 개념과 종류

생활보상과 생활권보상에 대해 동의어로 보는 견해가 일반적이나, 구분하여 보는 것이 타당하다는 견해가 있다. 즉, 생활권을 재산권에 대응하여 보상의 대상이 되는 독자적인 권리로 보면서 생활권보상은 보상의 대상의 문제로 보고 생활보상은 보상의 이념 및 방식으로 보아야 한다는 견해[105]와 생활보상이란 '피수용자 등이 종전과 같은 생활을 유지할 수 있도록 하는 것으로서 재산권보상과 생활권보상을 포괄하는 개념'으로 이해하고 생활권보상이란 생활보상 가운데 재산권보상으로 포섭할 수 없는 보상의 범위를 뜻한다고 보는 견해가 있다.[106]

생활보상은 피수용자가 종전과 같은 생활을 유지할 수 있도록 실질적으로 보장하는 보상을 말하는 것인데 이는 또 생활재건조치라고도 한다.[107] 생활보상의 종류는 ① 주거대책과 생활대책, ② 일반생활재건조치와 특별생활재건조치, ③ 일반법상 생활보상과 개별법상 생활보상이 있다.

(3) 법적 근거

헌법적 근거로 모든 국민은 인간다운 생활을 할 권리가 있다고 규정한 헌법 제34조와 헌법 제23조 3항이 아울러서 제시되고, 법률적 근거로는 「공익사

104) 김유환, 앞의 책, 549면.
105) 박균성 · 도승하, 『토지보상행정법』, 박영사, 2014, 1037면.
106) 김유환, 『현대 행정법강의』, 법문사, 2018, 550면.
107) 박균성 · 도승하, 『토지보상행정법』, 박영사, 2014, 1037면.

업을 위한 토지 등의 취득 및 보상에 관한 법률」 제4조 제7호와 제77조, 제78조, 제79조 등이 있다.[108]

Ⅳ 토지수용의 절차

1. 사업의 인정

토지수용의 절차가 어느 경우에나 동일하다고 할 수는 없지만, 대부분의 토지수용 관련법들은「공익사업을 위한 토지 등의 취득 및 보상에 관한 법률」 상당부분 준용하고 있으므로 동법의 절차가 가장 표준이 되는 절차라고 할 수 있다.[109]

사업시행자는 공익사업의 수행을 위하여 필요하면「공익사업을 위한 토지 등의 취득 및 보상에 관한 법률」에서 정하는 바에 따라 토지 등을 수용하거나 사용할 수 있다.[110] 사업시행자는 제19조에 따라 토지 등을 수용하거나 사용하려면 대통령령으로 정하는 바에 따라 국토교통부장관의 사업인정을 받아야 한다.[111] 사업인정이란 특정사업이 공용수용을 할 만한 공익사업에 해당함을 인정하여, 사업시행자에게 일정한 절차를 거쳐 그 사업에 필요한 토지의 수용권을 설정하여 주는 형성적 행정행위이다.[112][113] 사업인정의 권한은 국토교통부장관에게 있고 사업인정을 신청하려는 자는 국토교통부령으로 정하는 수수료를 내야 한다.[114]

토지수용권은 사업인정으로부터 발생하므로 사업인정이 토지취득에 있어서 중요한 의미가 있다. 사업인정은 항고소송의 대상이 되는 행정처분이다. 사업인정절차와 관련하여 판례이론이 다양하게 발전해왔고 사기업에 대해서도

108) 김유환, 앞의 책, 553면.
109) 김유환, 『현대 행정법강의』, 법문사, 2018, 555면.
110) 한국「토지보상법」 제19조 제1항.
111) 한국「토지보상법」 제20조 제1항.
112) 이철환, 『행정구제법 강의』, 피데스도서출판, 2018, 625면.
113) 한국「토지보상법」 제2조 제7호.
114) 한국「토지보상법」 제20조 제2항.

공익사업이 인정될 수 있지만 최근의 판례[115]는 일정한 한계를 설정한 바 있다.[116]

2. 토지조서·물건조서, 보상계획 및 보상액의 산정

사업시행자는 토지조서와 물건조서를 작성하여 서명 또는 날인을 하고 토지소유자와 관계인의 서명 또는 날인을 받아야 한다.[117] 또한 사업시행자는 토지조서와 물건조서를 작성하였을 때에는 공익사업의 개요, 토지조서 및 물건조서의 내용과 보상의 시기·방법 및 절차 등이 포함된 보상계획을 전국을 보급지역으로 하는 일간신문에 공고하고, 토지소유자 및 관계인에게 각각 통지하여야 하며, 제2항 단서에 따라 열람을 의뢰하는 사업시행자를 제외하고는 특별자치도지사, 시장·군수 또는 구청장에게도 통지하여야 한다.[118] 사업시행자는 토지 등에 대한 보상액을 산정하려는 경우에는 부동산가격 공시 및 감정평가에 관한 법률에 의거 감정평가업자 3인을 선정하여 토지 등의 평가를 의뢰하여야 한다.[119]

3. 협의

사업인정의 고시가 있은 후 사업시행자가 그 토지에 관하여 권리를 취득하거나 소멸시키기 위하여 토지소유자 및 관계인과 충분한 협의를 하도록[120] 협의전치주의를 취하고 있다. 협의란 수용할 토지의 범위·수용시기·손실보상 등에 관한 사업시행자와 피수용자 사이의 교섭행위이다.[121] 협의가 성립되면

---

115) 대법원 2011. 1. 27. 선고 2009두1051 판결: 사업인정을 위한 요건으로 ① 공익성, ② 공익과 사익, 공익상호간 및 사익상호간의 비교교량, ③ 사업시행자가 해당 공익사업을 수행할 의사와 능력 등을 들고 있다. 2. 헌재 2014. 10 .30. 2011헌바129·171(병합) 결정: 골프장과 같이 공익성이 낮은 사업의 경우 민간개발업자에게 수용권한을 부여하는 것은 헌법에 합치되지 아니한다. 김유환, 『현대 행정법강의』, 법문사, 2018, 555－556면.

116) 김유환, 앞의 책, 555면.

117) 한국 「토지보상법」 제26조 제1항 제2문, 제14조 제1항 본문.

118) 한국 「토지보상법」 제26조 제1항 제2문, 제15조 제1항 본문.

119) 한국 「토지보상법」 제26조 제1항 제2문, 제68조 제1항 본문.

120) 한국 「토지보상법」 제26조 제1항.

121) 이철환, 『행정구제법 강의』, 피데스도서출판, 2018, 628면.

수용절차는 종결되어 공익사업을 위한 토지 등의 취득 목적을 달성하게 된다. 협의가 성립되지 않으면 재결절차를 거치게 된다. 협의절차는 사업인정전이나 후나 모두 사법상 계약으로 보는 것이 원칙이지만 사업인정 후의 협의에 대해서는 관할 토지수용위원회의 확인절차가 존재한다. 토지수용위원회의 확인을 거친 협의는 공법상계약으로 이해하여야 할 것이다.[122)][123)]

V 토지수용의 행정구제

1. 재결

(1) 재결의 신청

토지수용위원회의 재결은 사업시행자로 하여금 토지의 소유권 또는 사용권을 취득하도록 하고 사업시행자가 지급할 손실보상액을 정하는 결정을 말한다.[124)] 「공익사업을 위한 토지 등의 취득 및 보상에 관한 법률」 제26조에 따른 협의가 성립되지 아니하거나 협의를 할 수 없을 때에는 사업시행자는 사업인정고시가 된 날부터 1년 이내에 대통령령으로 정하는 바에 따라 관할 토지수용위원회에 재결을 신청할 수 있다[125)]. 재결신청권이 사업시행자에게만 인정되고 피수용자에게는 인정되지 않는다. 다만, 예외적으로 수용절차와는 별도로 타인토지에 출입하여 측량 및 조사로 인한 손실[126)] 및 수용대상토지 이외 토지의 공사로 인한 비용손실[127)] 등에 따른 보상청구권을 행사하는 경우에는 토지소유자 및 관계인에게도 재결신청권이 인정된다.[128)]

재결신청은 법률에서 정하고 있는 사업인정고시가 있은 날로부터 1년 이

122) 김유환, 『현대 행정법강의』, 법문사, 2018, 555면.
123) 대법원 2000. 10. 13. 선고 2000두5142 판결: 사업인정은 고시한 날로부터 효력을 발생하고 사업인정의 관계자에 대한 통지나 고시를 결한 것은 사업인정의 취소사유이다.
124) 이철환, 『행정구제법 강의』, 피데스도서출판, 2018, 630면.
125) 한국 「토지보상법」 제28조 제1항.
126) 한국 「토지보상법」 제9조 제4항.
127) 한국 「토지보상법」 제79조 제1항.
128) 한국 「토지보상법」 제9조 제5항부터 제7항.

내에 하는 것이 원칙이며, 개별법이 재결신청을 사업기간 내에 할 수 있도록 하는 특례의 규정은 이 원칙에 대한 예외이다. 재결의 신청은 협의가 성립되지 아니한 경우에 하는 것이며, 그 협의가 사업시행자의 과실로 불성립된 것이 아니라면 재결신청이 기각되었다고 하더라도 사업시행자는 재결신청기간의 제한 규정에 저촉되지 아니하는 한 다시 재결신청을 할 수 있다.[129] 또한 대법원은 시행자가 그 사업시행기간 내에 토지에 대한 수용재결 신청을 하였다면 그 신청은 사업시행기간이 경과하였다 하더라도 여전히 유효하므로 토지수용위원회는 사업시행기간이 경과한 이후에도 수용재결을 할 수 있다고 한다.[130]

(2) 토지수용위원회(재결기관)[131]

토지 등의 수용과 사용에 관한 재결을 하기 위하여 국토교통부에 중앙토지수용위원회를 두고, 특별시·광역시·도·특별자치도에 지방토지수용위원회를 둔다.[132]

중앙토지수용위원회는 ① 국가 또는 시·도가 사업시행자인 사업, ② 수용하거나 사용할 토지가 둘 이상의 시·도에 걸쳐 있는 사업의 재결에 관한 사항을 관장한다.[133] 지방토지수용위원회는 제1항 각 호 외의 사업의 재결에 관한 사항을 관장한다.[134]

중앙토지수용위원회는 원행정처분으로 수용재결을 하고, 그 수용재결의 불복에 대한 이의재결도 하는 이중적인 기관의 성격을 갖는다.[135]

토지수용위원회가 재결할 내용은 수용 또는 사용할 토지의 구역 및 사용방법, 손실의 보상, 수용 또는 사용의 개시일과 기간 등의 사항이며, 사업시행자·토지소유자 또는 관계인이 신청한 범위 안에서 재결하여야 한다.[136][137] 다만, 제1항 제2호의 손실의 보상에 있어서는 증액재결을 할 수 있다.[138]

129) 대법원 1966. 4. 23. 선고 95누15551 판결.
130) 대법원 2007. 1. 11. 선고 2004두8538 판결.
131) 홍정선, 『행정법원론(하)』, 박영사, 2018, 643-645면.
132) 한국 「토지보상법」 제49조.
133) 한국 「토지보상법」 제51조 제1항.
134) 한국 「토지보상법」 제51조 제2항.
135) 정형근, 『행정법』, 피앤씨미디어, 2017, 903면.
136) 한국 「토지보상법」 제50조.
137) 김남진·김연태, 『행정법II』, 법문사, 2018, 606면.

토지수용의 절차는 재결로서 종결되며, 일정한 조건 하에 수용의 효과가 발생한다. 따라서 재결이 행해지면 법률관계의 당사자인 수용권자와 피수용자 간에 권리와 의무 등이 발생한다. 재결의 효과는 다음과 같이 정리가능하다.

① 목적물의 권리취득이다. 재결의 효과로서 일정한 조건하에 사업시행자의 권리취득의 효과가 발생한다. 수용에 의한 사업시행자의 권리취득은 토지소유자와 사업시행자 사이의 법률행위에 의한 승계취득이 아니라 법률의 규정에 의한 원시취득이다.[139]

② 위험부담이 원칙적으로 소유자 혹은 관계인으로부터 사업시행자에게 이전되는 효과가 있다. 토지수용위원회의 재결이 있은 후 수용하거나 사용할 토지의 물건이 토지소유자 또는 관계인의 고의나 과실 없이 멸실되거나 훼손된 경우 그로 인한 손실은 사업시행자의 부담으로 한다.[140][141]

③ 피수용자인 토지소유자 및 관계인은 손실보상청구권을 취득한다. 사업시행자는 천재·지변 시의 경우를 제외하고 수용 또는 사용의 시작일 까지 관할 토지수용위원회가 재결한 보상금을 지급하여야 한다.[142]

④ 토지소유자 및 관계인과 그 밖에 토지소유자나 관계인에 포함되지 아니하는 자로서 수용하거나 사용할 토지나 그 토지에 있는 물건에 관한 권리를 가진 자는 수용 또는 사용의 개시일 까지 그 토지나 물건을 사업시행자에게 인도하거나 이전하여야 한다.[143]

⑤ 피수용자인 토지소유자 및 관계인이 토지나 물건의 인도·이전 의무를 이행하지 않는 경우 그 이행을 확보하기 위하여 대행 및 대집행제도를 두고 있다.[144]

이 외에 피수용자는 또 환매권을 갖는 효과가 발생한다. 수용목적물이 일정한 기간이 경과하였음에도 필요 없게 된 경우, 원래의 토지소유자가 환매할 수 있는 권리를 말한다.

---

138) 한국「토지보상법」제50조 제2항 단서.
139) 박균성·도승하,『토지보상행정법』, 박영사, 2014, 914면.
140) 한국「토지보상법」제46조.
141) 박균성·도승하,『토지보상행정법』, 박영사, 2014, 914면.
142) 박균성·도승하, 앞의 책, 915면.
143) 한국「토지보상법」제43조.
144) 박균성·도승하, 앞의 책, 923면.

2. 이의신청[145)]

토지수용에 있어서 이의신청이란 토지수용위원회의 위법 또는 부당한 재결처분으로 인하여 권리 또는 이익을 침해당한 자가 복심적 재결기관인 중앙토지수용위원회에 대하여 그 처분의 취소 또는 변경을 구하는 쟁송절차이다.[146)]

(1) 이의의 신청

① 중앙토지수용위원회의 제34조에 따른 재결에 이의가 있는 자는 중앙토지수용위원회에 이의를 신청할 수 있다.[147)] ② 지방토지수용위원회의 제34조에 따른 재결에 이의가 있는 자는 해당 지방토지수용위원회를 거쳐 중앙토지수용위원회에 이의를 신청할 수 있다.[148)] ③ 제1항 및 제2항에 따른 이의의 신청은 재결서의 정본을 받은 날부터 30일 이내에 하여야 한다.[149)] 한편, 이의신청의 절차에는 행정심판법이 준용된다.[150)][151)]

(2) 이의신청에 대한 재결

중앙토지수용위원회는 제83조에 따른 이의신청을 받은 경우 제34조에 따른 재결이 위법하거나 부당하다고 인정할 때에는 그 재결의 전부 또는 일부를 취소하거나 보상액을 변경할 수 있다.[152)] 제84조 제1항에 따라 보상금이 늘어난 경우 사업시행자는 재결의 취소 또는 변경의 재결서 정본을 받은 날부터 30일 이내에 보상금을 받을 자에게 그 늘어난 보상금을 지급하여야 한다.[153)] 다만, 제40조(보상금의 지급 또는 공탁) 제2항 제1호·제2호 또는 제4호에 해당할 때에는 그 금액을 공탁할 수 있다.[154)] 제85조 제1항에 따른 기간 이내에 소송

---

145) 홍정선, 『행정법원론(하)』, 박영사, 2018, 647-649면.
146) 이선영, 『토지수용 및 보상법 핵심과제』, 리북스, 2012, 181면.
147) 한국 「토지보상법」 제83조 제1항.
148) 한국 「토지보상법」 제83조 제2항.
149) 한국 「토지보상법」 제83조 제3항.
150) 대법원 1992. 6. 9. 선고 92누565 판결.
151) 박균성·도승하, 『토지보상행정법』, 박영사, 2014, 927-928면.
152) 한국 「토지보상법」 제84조 제1항.
153) 한국 「토지보상법」 제84조 제2항 본문.

이 제기되지 아니하거나 그 밖의 사유로 이의신청에 대한 재결이 확정된 때에는 민사소송법상의 확정판결이 있는 것으로 보며, 재결서 정본은 집행력 있는 판결의 정본과 동일한 효력을 가진다.[155] 사업시행자, 토지소유자 또는 관계인은 이의신청에 대한 재결이 확정되었을 때에는 관할 토지수용위원회에 대통령령으로 정하는 바에 따라 재결확정증명서의 교부를 청구할 수 있다.[156]

3. 행정소송

(1) 행정소송의 제기[157]

사업시행자, 토지소유자 또는 관계인은 제34조에 따른 재결에 불복할 때에는 재결서를 받은 날부터 60일 이내에, 이의신청을 거쳤을 때에는 이의신청에 대한 재결서를 받은 날부터 30일 이내에 각각 행정소송을 제기할 수 있다.[158] 뿐만 아니라 「행정심판법」 제27조(행정심판 제기기간)와 「행정소송법」 제20조(제소기간)의 규정은 적용되지 아니한다.

(2) 보상금증감청구소송

제85조 제1항에 따라 제기하려는 행정소송이 보상금의 증감에 관한 소송인 경우 그 소송을 제기하는 자가 토지소유자 또는 관계인일 때에는 사업시행자를, 사업시행자인 때에는 토지소유자 또는 관계인을 각각 피고로 한다.[159][160] 「공익사업을 위한 토지 등의 취득 및 보상에 관한 법률」은 종래 토지수용법의 보상금증감청구소송에 대해 형식적 당사자소송이라는 견해와 그렇게 볼 수 없다는 견해가 나누어진 것은 재결청도 공동피고로 하고 있었기 때문이다. 그러나 「공익사업을 위한 토지 등의 취득 및 보상에 관한 법률」은 재결청을 피고에서 삭제하고 법률관계의 한쪽 당사자를 피고로 하는 소송으로 전환하였다. 「공

---

154) 한국 「토지보상법」 제84조 제2항 단서.
155) 한국 「토지보상법」 제86조 제1항.
156) 한국 「토지보상법」 제86조 제2항.
157) 홍정선, 『행정법원론(하)』, 박영사, 2018, 649－650면.
158) 한국 「토지보상법」 제85조 제1항 제1문.
159) 한국 「토지보상법」 제85조 제2항.
160) 홍정선, 『행정법원론(하)』, 박영사, 2018, 650면.

익사업을 위한 토지 등의 취득 및 보상에 관한 법률」이 규정하고 있는 보상금의 증감에 관한 소송은 순수한 형식적 당사자소송을 명문화하고 있는 것으로 보는 것이 일반적이다.[161)][162)]

재결에 불복하여 보상금증감청구소송을 제기하였으나 요건의 불비로 인해 각하되거나 이유가 없어 기각당한 경우 또는 원고가 취하한 경우에는 재결이 확정된다. 행정소송의 제기기간 이내에 소송이 제기되지 아니한 경우 민사소송법상의 확정판결이 있은 것으로 보며, 재결서 정본은 집행력 있는 판결의 정본과 동일한 효력을 가진다고 규정하고 있다.[163)] 또한 사업시행자는 재결에 불복하여 행정소송을 제기하는 규정[164)]에 따라 사업시행자가 제기한 행정소송이 각하·기각 또는 취하된 경우 다음의 하나에 해당하는 날부터 판결일 또는 취하일까지의 기간에 대하여 소송촉진 등에 관한 특례법 제3조의 규정에 의한 법정이율을 적용하여 산정한 금액을 보상금에 가산하여 지급하여야 한다고 규정하고 있다.[165)]

보상금증감청구소송의 경우 법원은 직접 보상금을 결정하므로 소송당사자는 판결 결과에 따라 이행하여야 하며, 토지수용위원회는 별도 처분을 할 필요가 없다. 이의신청에 대한 재결이 확정된 때에는 민사소송법상의 확정판결이 있은 것으로 보며, 재결서 정본은 집행력 있는 판결의 정본과 동일한 효력을 가진다고 규정하고 있다.[166)]

---

161) 김남진·김연태, 『행정법(Ⅰ)』, 법문사, 2018, 690면.
162) 김향기, 『행정법개론』, 탑북스, 2018, 973면.
163) 한국 「토지보상법」 제86조제1항.
164) 한국 「토지보상법」 제85조 제1항.
165) 1. 재결이 있은 후 소송을 제기한 때에는 재결서 정본을 받은 날, 2. 이의신청에 대한 재결이 있은 후 소송을 제기한 때에는 그 재결서 정본을 받은 날.
166) 박균성·도승하, 『토지보상행정법』, 박영사, 2014, 934면.

제 4 장 중국과 한국의 토지수용법제와 관련 행정구제의 비교 및 시사점

I 비교 및 시사점

한국과 중국은 기본적으로 토지소유권의 설정부터 다르다. 이러한 근본적인 차이는 토지수용법제에서도 다른 양상을 보일 수밖에 없게 된다. 그러나 시장체제로 전환 중에 있고 그 과정에 상당히 많은 문제점을 낳고 있는 중국의 현실에서 상대적으로 빠른 시간 내에 안정화 된 한국의 토지수용법제를 살펴보는 것은 그 의미가 크다고 생각한다. 이하에서 제도적 차이부터 공익에 관한 논의, 손실보상, 수용절차, 그리고 행정구제의 제 문제에 대해 비교 검토하고자 한다.

1. 이론적 근거

한국의 경우 「민법」의 기본원칙에 입각하여 생산수단에 대한 사유재산제의 보장, 계약자유의 인정 및 과실책임주의에 입각한 토지제도를 두고 있는 반면 중국의 경우에는 사소유권은 완전히 부정하고 있다. 그러나 토지소유권과 사용권이 분리할 수 있다는 법리에 따라 소유권은 국가로 하되 토지사용권의 용익물권체계를 구축하고 있다. 중국의 토지소유권은 국가소유와 집체소유 두 가지가 있는데 도시의 토지는 국가소유에 속하고, 농촌의 토지는 집체소유에 속한다. 그러므로 농촌 집체토지에 대해서만 수용의 문제가 발생하고, 국유토지에는 사용의 문제가 있으므로 한국의 제도와는 구별되는 부분이다.

(1) 토지제도

본문에서는 중국의 농촌 집체토지를 연구범위로 한정하였다. 그 이유는 우선은 농촌 집체토지의 수용에 관한 문제점이 제일 심각하고 농민들에 대한 권리구제가 이루어지지 않기 때문이다. 또 농촌의 집체토지에만 수용이 발생하는 것으로 비록 사소유권은 아니지만 한국과의 비교를 통해 시사점을 찾고자 하였다. 마지막으로 중국의 경우 한국과 달리 사용권은 다른 용익물권체계를 취하고 있다는 점에서 집체토지의 소유권으로 한정하였고 국유토지의 사용권과 집체토지의 수용에 대해 비교해볼만한 의미는 크지만 이 부분은 추후 과제로 남겨 놓았다. 중국에서 말하는 농촌 집체토지는 한국의 「공유재산 및 물품관리법」에서 규율하는 지방자치단체의 부담이나 기부의 채납 또는 지방자치단체의 소유로 된 재산의 공유재산과는 구별된다.

(2) 수용개념

한국의 경우 공용수용이란 공익사업을 위하여 타인의 특정한 재산권을 강제적으로 취득하는 것으로 이해하며 토지수용에 관한 법률은「공익사업을 위한 토지 등의 취득 및 보상에 관한 법률」로 토지수용에 대한 자세한 규정을 두고 있다. 즉, 공용수용이 가능한 사업을 규정하고, 그 사업들의 공익성에 관한 우선순위를 정하고 토지수용의 당사자 및 목적물 등에 대해 모두 명확한 규정을 두고 있다.

이에 비해, 중국의 경우 토지수용의 일반법인 토지수용법이 존재하지 않고 《토지관리법》을 중심으로 각각에 산재된 규정으로 규율하고 있다. 전반적으로 토지수용제도에 대한 법제가 정비되어 있지 않았다고 볼 수 있다.

(3) 헌법적 근거

한국의 경우 「헌법」에서 재산권을 보장하고 있으며, 사유재산제도의 토대위에서 개인의 사적재산권을 보장하고 있다. 이는 개인이 자유롭게 사용·수익·처분할 수 있는 권리를 말하고 재산권 중의 하나인 토지재산권 역시 당연히 모든 재산적 가치를 가지게 된다. 이러한 재산권 보장의 한계 내지 제약으로 되는 근거 규정이 「헌법」 제23조 제3항과 제37조 제2항이다. 재산권의 행사가 공공복리에 적합하도록 사회적 구속성을 갖는다고 본다.

중국의《헌법》제12조에서는 사회주의 공공재산은 신성불가침이라고 규정하고 있다. 이어 제13조 제1관에서는 공민의 합법적인 사유재산은 침해를 받지 않는다고 규정하고 제3관에서는 국가는 공공이익의 수요를 위하여 법률 규정에 따라 공민의 사유재산의 수용 혹은 사용에 대해 보상을 하여야 한다고 규정하고 있다. 1999년의 수정안에서는 "공공이익 수요를 위해 법률규정에 의거하여 토지를 수용할 수 있다."고만 규정하던 것으로부터 2004년 수정안에서는 "토지수용에 대해 보상을 한다."고 명시하였다.

(4) 당사자

한국의 경우 토지수용의 당사자를 주체와 상대방으로 크게 나누어보고 주체에는 또 수용권자와 사업시행자가 있고, 상대방으로 피수용자와 관계인이 있는 것으로 본다. 즉, 한국의 경우에 일반적으로 국가나 지방자치단체가 주체가 되고 공적임무를 수행하는 경우라면 사인도 해당한다고 본다. 중국의 경우에는 입법모순에 따라 논란이 되고 있는 부분인데,《헌법》에서는 국가만이 토지수용의 주체가 될 수 있다고 규정하고 있지만《토지관리법》에서는 어떠한 기관이나 개인도 그 신청을 할 수 있다고 규정하고 있다. 실질적으로는 헌법규정과 어긋나게 공공이익의 제한없이 모든 개인, 기업, 정부가 모두 포함이 되는 것으로 판단된다.

(5) 목적물

한국의 경우 토지수용의 목적물의 범위는 원칙적으로 공익사업을 위하여 필요한 최소한도에 그쳐야 한다는 원칙으로 토지수용의 경우에는 토지소유권을 중심으로 기타 지상권·저당권 등도 해당할 수 있고 예외적으로 확장하여 수용할 수도 있다.

중국에서는 토지의 용도에 따라 관리하는 방법을 택하고 있는데 즉, 농용지, 건설용지와 미이용지로 나누고 있다. 그리고《토지관리법》에서는 지상부착물에 대한 보상규정을 두고 있다. 그러므로 중국의 수용 목적물은 법규정에 따라 농용지의 수용, 건설용지의 수용, 미이용지의 수용 그리고 지상부착물의 수용으로 유추가능하다.

2. 공익에 관한 논의

한국의 경우 「공익사업을 위한 토지 등의 취득 및 보상에 관한 법률」 제4조에서 공익사업의 유형에 대해 열거하고 있다. 또한 헌법에서 규정하고 있는 수용요건으로서의 공공필요는 최협의의 공익개념으로 보고 있다.

중국의 경우 공익에 대한 명확한 규정과 해석이 없어 토지수용의 남용을 유발하고 있다. 《헌법》 제10조에서는 "국가는 공공이익의 수요를 위하여 법률 규정에 따라 토지수용을 할 수 있으며 보상을 하여야 한다."고 규정하고 있고 《토지관리법》 제2조에서도 "국가의 공공이익의 수요를 위하여 법에 따라 수용 또는 사용을 할 수 있고 보상을 하여야 한다."고 규정하고 있다. 이에 대한 구체적인 해석이 없어 혼란스러운 상황이고 사법기관은 공공이익에 부합되는지의 여부에 대해서는 어떠한 심사도 하고 있지 않다.

3. 손실보상의 비교

대부분의 국가는 공익목적을 위해 토지를 수용할 경우, 객관적인 보상원칙을 두고 한국의 경우 손실보상제도는 사유재산제도와 재산권을 보장하는 당연한 요청으로 인식하고 기존의 손실보상이 주로 재산권보장이라는 측면에서 기능해왔다면 현재는 재산권 보장 이외의 생활보상도 부각되고 있다.

그러나 중국의 경우 합리적인 보상원칙이 존재하지 않는다. 다만 관련 법규들에서 적당한 보상을 하여야 한다고만 규정되어 있는데 적당한 보상에 관한 정의가 없을 뿐만 아니라 구체적인 규정이 없기 때문에 단순 추상적인 규정에 지나지 않는다.

보상기준과 관련하여 중국은 한국과 달리 농촌토지와 도시토지로 나누어 수용보상을 하고 있다. 도시의 경우 시장가치로 산정한다고 되어있지만 시장가치에 대한 정의가 없을뿐더러 관계정부가 시장가치평가방법을 결정하기에 실상 이 또한 정부에서 결정하는 가격에 지나지 않는다. 세계 각국의 손실보상의 대상은 대개 대인적 보상에서 대물적 보상으로, 대물적 보상에서 생활보상으로 변천해왔다. 중국에서도 생활권보상에 대해 규정하고 있으나 매우 제한적이라고 볼 수 있다.

토지상의 제반권리에 대한 개념은 법률에서 언급하고 있지 않고, 다만 물리적 토지나 건물의 수용만을 언급하고 있다. 또한 중국의 경우에 보상청구권이 존재하지 않는다. 보상기준에 대한 쟁의는 현급 이상 지방인민정부에서 조정하고 조정이 불가능한 경우에는 토지수용을 허가한 인민정부에서 재결한다고 되어있다. 그러나 실질적인 청구권이 없는 것이 재결의 결과에 동의하지 않아도 일방적으로 받아들여야 하는 입장이다.

한국의 경우 수용의 목적물이 사업폐지 등의 사유로 필요가 없어지거나 그것이 현실적으로 수용의 전제조건이 된 공익사업에 사용되지 않으면 그 목적물의 피수용자가 일정한 요건 하에 다시 매수할 수 있는 환매권을 인정함으로써 피수용자의 재산을 보호하고 있으나 중국의 경우에는 환매권 제도가 없다. 물론 이에 대한 논의는 이루어지고 있으나 현재 명확한 법 규정은 없는 실정이다. 한국의 경우에는 특수한 경우를 제외하고 현금보상을 원칙으로 하고 있지만 중국은 금전보상과 대체보상 두 가지 보상방식이 있다.

〈표 2〉 한국과 중국의 손실보상제도 비교표

내용	한국	중국
보상원칙	정당보상원칙: 사업시행자 보상의 원칙, 금전보상의 원칙, 개인별보상의 원칙, 사전보상의 원칙, 일괄보상의 원칙, 시가보상의 원칙, 사업시행이익과 상계금지의 원칙	합리적인 보상원칙 부재: 단, 국토관리의 기본방향으로 국가·집체 및 개인의 이익배려 원칙, 사업시행자 보상의 원칙, 기존의 용도에 따른 보상원칙, 현금보상의 원칙, 적정보상의 원칙, 집단보상의 원칙과 개인별 보상의 원칙 등 내용이 있음
보상기준	1) 협의에 의한 경우에는 협의성립 당시의 가격 2) 수용에 의한 경우에는 수용 당시의 가격	1) 농경지: 수용 전 3년간의 해당 경작지 연간생산액의 6배 내지 10배(15배는 초과 못함/보상금과 이주정착금의 총합은 30배를 초과 못함) 2) 도시건물: 시장가치 기준
보상방식	현금보상 원칙, 예외로 대토 또는 채권	금전보상, 대체보상

보상지급	개인	농촌집체 경제조직
생활권보상	광범한 생활권 보상(예: 소수 잔존자 보상, 영업보상, 축산보상, 이사비, 주거비, 실농, 휴직·실직에 따른 손실보상, 공영주택의 알선, 개간보조비나융자, 직업훈련, 고용 또는 고용알선, 보조금에 대한 감면조치 등)	제한적 생활권 보상(예: 이주비, 정착보조금, 영업상의 손실) 기타 간접손실 보상 안됨
보상청구권	보상청구권 있음	보상청구권 없음
환매권	환매권 있음	환매권 없음(논의는 있음)

* 이영수, "중국의 토지수용과 보상제도에 관한 연구", 국토연구 제45권, 2005, 114면 참조.

4. 수용절차의 비교

수용절차에 있어서 한국은 크게 협의에 의한 취득과 수용에 의한 취득으로 구분해 볼 수 있다. 협의에 의한 취득절차는 토지조서·물건조서의 작성, 보상계획공고, 열람, 협의 계약체결의 단계로 이루어진다. 수용에 의한 취득절차는 크게 보통절차와 약식절차로 나뉘는데 보통절차는 사업인정, 수용재결, 보상금지급 혹은 공탁, 사업시행의 단계를 거치고 약식절차는 천재·지변 기타 사변에 있어서 공공의 안전을 유지하기 위하여 공익사업을 긴급히 시행할 필요가 있을 때에, 사업시행자가 시장·군수·구청장의 허가를 받아 즉시 타인 토지를 사용할 수 있다. 토지의 사용기간은 6개월을 초과하지 못하며 이로 인한 손실에 대하여 보상하여야 한다.

중국의 경우 협의에 의한 취득 절차는 없다. 즉 피수용자가 수용결정에 대해 거부하는 것은 불가능하고 수용이 결정되면 일방적으로 수용자의 명령에 따라야 한다. 절차 또한 시일이 많이 걸리고 복잡하다. 《토지관리법》 第57조에서 약식절차도 규정하고 있는데, 건설 프로젝트 시공과 지질탐사 목적으로 임시로 국유토지 혹은 농민집단소유의 토지사용이 필요한 경우에는 현급 이상 인민정부 토지행정 주관 부서에서 허가한다고 규정하고 있다. 이 경우 임시로 토지를 사용하는 자는 임시 토지사용계약에 약정한 용도에 따라 토지를 사용해야 하며 그 기간은 일반적으로 2년을 초과할 수 없다.

〈표 3〉 한국과 중국의 토지수용절차 비교표

	한국	중국
협의취득	1. 사업계획 결정	협의취득 절차 없음
	2. 토지조서·물건조서 작성	
	3. 보상계획공고/열람	
	4. 보상액 산정	
	5. 협의 - 성립 시 - 사업시행	
수용취득	협의 불성립 시	
	6. 사업인정	1. 건설기관의 용지신청
	7. 수용재결 - 이의재결 및 소송	2. 건설용지 적합성심사
	8. 사업인정	3. 건설항목 예비심사의견서
		4. 부지선정 의견서
		5. 환경보호영향평가
		6. 이주정착 및 토지수용절차

* 이영수, "중국의 토지수용과 보상제도에 관한 연구", 국토연구 제45권, 2005, 111면 참조.

5. 행정구제의 비교

한국의 경우 구제제도에 대해 자세한 규정을 두고 있는데 비해, 중국의 경우에는 구제에 대한 논의가 거의 없다. 중국의 토지수용은 국가의 행정행위로서 토지수용의 법률관계는 자유롭고 평등한 법률관계가 아니라 명령에 복종한다는 특징을 갖고 있다. 우선 수용과정에서 보상기준에 대한 피수용자의 쟁의는 현급 이상 지방인민정부에서 조정하게 되었고, 조정이 불가능한 경우에는 토지수용을 허가한 인민정부에서 재결하게 된다. 이의재결 및 소송은 사업시행에는 영향을 미치지 못한다고 규정하고 있다. 또한 행정심판을 전치주의로 정하고 있는데 이는 토지수용 관련해서는 종국재결로 소송을 제기하지 못하도록 되어있다.

그 외에 중국의 경우 민원신청제도(신방제도)가 특징적인데 이는 한국의 민원고충처리제도에 해당한다. 행정구제가 어렵다는 사실이 국민들로 하여금 신방국에 몰리게 되고, 단체분쟁의 물리적 충돌도 주로 신방국에서 많이 일어나고 있다.

〈표 4〉 한국과 중국의 토지수용 행정구제 비교표

구제제도	한국	중국
재결	토지수용위원회에 신청	현급 이상 지방정부가 조정- 조정이 불가한 경우 토지수용을 허가한 인민정부에서 재결
이의신청/행정심판	이의신청 가능	신청가능/ 종국재결
행정소송	가능	불가능

* 필자가 정리

Ⅱ 중국 토지수용법제의 개선방안

이 절에서는 중국 토지수용 분쟁해결에 관한 개선방안에 대해 논하고자 한다. 큰 개선방향으로서의 토지수용법의 입법필요성과 행정구제수단의 구체적인 개선방안으로 나누어 정리한다.

토지수용법은 토지수용의 목적과 원칙을 정확히 하고 공익사업을 구체화하여야 하며 보상기준과 수용절차도 명확히 할 필요가 있다. 행정구제는 전반적인 체계를 재정립 하고, 구체적으로 행정심판, 행정소송 모두 그 수안범위를 확대할 필요가 있다. 토지수용결정에 대한 실질적 심사가 어렵다 하더라도 최소한 정당한 보상이 피수용자에게 제대로 전달될 수 있게 구제를 해주는 것이 마땅하다. 또한 기타 구제제도의 도입에 대해서도 검토해보고자 한다.

1. 토지수용법의 입법 필요성

중국 현행 법률제도 중에서 법률, 법규, 문서 등 여러 형식으로 토지수용의 보상에 대해 규정을 두고 있다. 구체적으로 2004년《헌법》수정안의 제20조,《토지관리법》제45부터 제51조까지,《물권법》제42조, 제43조, 제44조, 제121조, 제132조, 제172조,《부동산관리법》및 국무원이 반포한《도시가옥수용과 보상조례》등이 있다. 모든 법률은 토지수용의 기본요건을 공익으로 두고 있으나 그 입법이 혼란하고 분산되어 있으며, 입법목적의 구별에 따라 입법의 주요 취지는 정부가 토지자원에 대한 관리이고 정부수용 행위에 대한 공민이익의 보호는 매우 취약한 실정이다. 또한 분산된 입법모델은 법률이 아닌 낮은 단계의 규범성문서의 자생을 야기하고 입법기술 연구의 부족으로 인해 토지수용관련 입법은 규범적이지 못할뿐더러 심지어는 법리를 어긋나기도 한다. 이는 직접적으로 제도적 측면의 충돌, 미비와 불공정을 낳고 수용절차가 부족하고 수용보상 기준 또한 명확하지 않으며 보상방식도 단일한 문제 등을 안고 있다. 구제는 권익구제를 받기는커녕 개시하는 자체가 어렵고 피수용인의 권리는 법적으로 보호받지 못하고 있다. 그러므로 정부의 수용권력의 남용, 위법수용 등은 감독기관이 없으며 토지수용의 남용은 지속적으로 일어나고 있는 것이다.[1]

이러한 문제에 있어서 중앙정부도 해결책을 마련해야 할 필요성을 느낀 것 같다.[2][3] 정부의 움직임에서도 토지수용 입법의 시기가 성숙되었음을 알 수

1) 근 20년래, 농민이 수용당한 면적은 약 1만 무 정도이고 획득한 보상비용과 시장가치의 차액은 2만억원이다. 개혁개방이래, 대략 5000－6000만 명의 농민이 땅을 철저하게 잃었는데 그들 중 일부는 도시주민이 되었고 하지만 반 정도의 주민은 일자리가 없고 어떠한 보장도 없기에 대량의 사회문제를 야기하였다. 토지문제는 이미 모든 농촌집체사건의 60%를 차지한다. 이는 이미 농업세를 취소한 후 농촌사회안정과 발전에 영향을 주는 제일 중요한 문제이자 초점문제이다. 토지는 농민들이 발전하고 생존하는 기초성 보장이고, 토지문제는 또한 거대한 경제이익과 관련된다. 즉 토지쟁의를 결정하는 것은 대항성과 지구성(持久性)이다. “学者称土地问题已占全部农村群体性事件65%”, 载《新京报》 2010年11月5日.

2) 2011년 1월 21일 국무원 총리(温家宝)가 서명한 수용보상조례를 공포했다. 해당 조례의 출현은 농촌토지수용의 입법에 유익한 본보기와 참고가 되었다. 그리고 토지수용법의 입법도 의사일정에 올랐다. 국무원 법제처, 住房和城乡建设 책임자는 2011년 1월 24일 보상조례를 반포한 일에 대해서 신화사 기자의 인터뷰에서 다음과 같이 지적하였다. 조사로 요해한 상황으로 보면, 현재 모순이 돌출한 것은 확실히 집체토지수용 방면이다. 그러나 국유토지의 가옥수용과 집체토지수용은 각각 모두 조례와 토지관리법으로 조정하고 있고 행정법규를 통하여 집체수용토지에 대해 규정하는 것은 입법권한을 초과한 것이다. 우리는 관련 부서의 토지관리법의 수용과 보상에 관련한 부분을 시급히 수정하고 국무원은 반드시 전국인대에 의안을 제기하여야 한다. 陈菲·杨维汉·隋笑飞, “解读《国有土地上房屋征收与补偿条例》: 新拆迁条例立法界定公共利益”, 载《现代快报》 2011年1月23日.

3) 2011년 총리(温家宝)는 국가신방국(민원고충처리기관, 한국의 국민권익위원회에 해당)을 방문하여 관련자들의 고민을 듣고 다음과 같은 얘기를 하였다. 국무원 상무위원회에서 통과된 보상조례는 도시의 국유토지상이 가옥이 피수용자의 합법적권익을 해결하고자 하였고 사회적으로 반향이 매우 크다. 하지만, 아직 대부분은 농촌 집체토지의 수용과 가옥이다. 이에 우리는 지금 관련 법률·법규를 수정하는 연구를 하고 있다. 토지자원은 매우 귀하고 토지는 농민의 생명이다. 정부는 반드시 엄격히 법에 따라 경작지를 점용하는 것을 심사하고 법에 따라 농촌토지와 자택지를 수용하여 농민의 알 권리, 농민의 의견을 존중하고 피수용지 농민에게 합리적인 보상을 하여 농민의 권익을 보장하도록 할 것이다. 新华社, “温家宝总理到国家信访局就政府工作听取来访群众意见”载《现代快报》 2011年1月26日.

있다. 본문은 토지수용법 이론연구의 기초에서 중국의 실제 국정과 정부의 토지수용 실무에 근거하여 중국특색의 토지수용법이 반드시 제정되어야 한다고 본다. 그러므로 토지수용행위를 규범, 제한, 단속하여 농촌토지의 수용규모를 조절하고 토지자원의 보호를 전제로 피수용인, 이해관계인의 합법적 권익을 보호할 것을 강조하고 토지수용으로 인한 사회모순을 해결하고 사회의 안정을 유지할 것을 주장한다. 본문에서는 주로 토지수용입법의 큰 방향에서 공익사업의 구체화, 보상기준의 입법화, 수용절차의 투명성, 행정구제의 체계개선 등 면으로 살피고자 한다.

(1) 공익사업의 구체화

공공이익은 수용주체가 토지수용권을 실행하는 전제조건이고, 수용행위가 위법한지의 여부를 판단하는 유일한 기준이며 수용권남용을 방지하는 중요한 요건임에도 중국의 《헌법》과 《토지관리법》을 비롯한 모든 법률에서 그 개념과 범위에 대하여 명확한 정의가 없다. 공익이란 본래 추상적인 개념이기도 하고 구체화하려는 노력이 그간 없었기 때문이다. 외연이 확대된 공공이익이라는 명분 아래 수용권남용의 사례가 늘면서 이는 개선이 요구되는 법의 흠결이라 할 수 있다.

비록 공공이익이 넓고 광범위하고 발전 가능한 것이며 또 주관성 및 불확정성 등의 특징을 지닌 것으로 법률상으로 이를 확정하는 것이란 매우 어려운 일이다. 그럼에도 이를 명확히 하고 구체화하는 노력은 반드시 필요하다. 사회발전이 어느 정도 단계에 이르면 공공이익은 또한 상대적으로 안정성을 띠는 것으로 이러한 안정성의 요소들을 공공이익의 대체적인 범위에 포함 시킬 수 있는 가능성이 있다. 불확정개념은 정의를 내리기는 어렵지만 유형화하는 방법으로 그 범위의 틀을 정할 수가 있다. 한국의 경우, 「공익사업을 위한 토지 등의 취득 및 보상에 관한 법률」 제4조에서 공익사업에 대해 자세히 정하고 있다.[4] 중국 《신탁법》 제60조에서도 공공이익의 범위에 대해 규정한 내용이 있

4) 1. 국방ㆍ군사에 관한 사업 2. 관계 법률에 따라 허가ㆍ인가ㆍ승인ㆍ지정 등을 받아 공익을 목적으로 시행하는 철도ㆍ도로ㆍ공항ㆍ항만ㆍ주차장ㆍ공영차고지ㆍ화물터미널ㆍ궤도(軌道)ㆍ하천ㆍ제방ㆍ댐ㆍ운하ㆍ수도ㆍ하수도ㆍ하수종말처리ㆍ폐수처리ㆍ사방(砂防)ㆍ방풍(防風)ㆍ방화(防火)ㆍ방조(防潮)ㆍ방수(防水)ㆍ저수지ㆍ용수로ㆍ배수로ㆍ석유비축ㆍ송유ㆍ폐기물처리ㆍ전기ㆍ전기통신ㆍ방송ㆍ가스 및 기상

는데 주로 ① 빈곤구제, ② 이재민구제, ③ 장애인부조, ④ 교육, 과학기술, 문화, 예술, 체육사업의 발전, ⑤ 의료위생사업의 발전, ⑥ 환경보호사업의 발전, 생태환경유지, ⑦ 기타 사회공익사업의 발전 등의 내용이다. 그리고《국유토지수용과 보상조례》제8조에서는 다음과 같이 규정하고 있다. "국가안전을 보장하고, 국민경제와 사회발전 등 공공이익의 수요를 촉진하기 위하여 이하 정형 중 하나에 속하고 가옥을 수용할 필요가 확실히 있는 경우, 시, 현급 인민정부가 행한 가옥수옥결정을 내린다. ① 국방과 외교의 수요, ② 정부가 조직하여 실시하는 에너지원, 교통, 수리 등 기초시설건설의 수요, ③ 정부가 조직하여 실시하는 과학기술, 교육, 문화, 위생, 체육, 환경과 자원보호, 재해를 방지하고 재해를 감소하고, 문물보호, 사회복리, 시청공용 등 공용사업의 수요, ④ 정부가 조직하여 실시하는 보장성거주 공정건설의 수요, ⑤ 정부가 도시계획법에 따라 관련된 조직이 실시하는 위험주택개조, 기초시설이 낙후한 지역 등 구시가에 대한 개조의 수요, ⑥ 법률, 행정법규가 규정하는 기타 공공이익의 수요." 이 조례는 단지 국유토지의 가옥의 수용에 대해서만 규정하고 있고, 여기에 농촌 집체토지의 수용은 해당되지 않는다.

이러한 내용과 중국의 실정에 비추어 토지수용법에서도 공공이익의 범위를 크게 다음과 같이 정해볼 수 있을 것 같다. ① 국방·군사, ② 공공시설, ③ 국가기초건설, ④ 국립교육과 자선사업, ⑤ 국가규정에 부합하지 않는 위험주택개조 외에도 포괄성 조항으로 기타 경우를 포함해야 한다. 또한 공공이익의 범주에 속하지 않는 부분을 명확히 배제하는 것도 바람직하다고 본다.

관측에 관한 사업 3. 국가나 지방자치단체가 설치하는 청사·공장·연구소·시험소·보건시설·문화시설·공원·수목원·광장·운동장·시장·묘지·화장장·도축장 또는 그 밖의 공공용 시설에 관한 사업 4. 관계 법률에 따라 허가·인가·승인·지정 등을 받아 공익을 목적으로 시행하는 학교·도서관·박물관 및 미술관 건립에 관한 사업 5. 국가, 지방자치단체,「공공기관의 운영에 관한 법률」제4조에 따른 공공기관,「지방공기업법」에 따른 지방공기업 또는 국가나 지방자치단체가 지정한 자가 임대나 양도의 목적으로 시행하는 주택 건설 또는 택지 및 산업단지 조성에 관한 사업 6. 제1호부터 제5호까지의 사업을 시행하기 위하여 필요한 통로, 교량, 전선로, 재료 적치장 또는 그 밖의 부속시설에 관한 사업 7. 제1호부터 제5호까지의 사업을 시행하기 위하여 필요한 주택, 공장 등의 이주단지 조성에 관한 사업 8. 그 밖에 별표에 규정된 법률에 따라 토지 등을 수용하거나 사용할 수 있는 사업.

(2) 보상기준의 입법화

보상은 토지수용 중에서도 중요한 부분이다. 수용이 있으면 정당한 보상을 해야 하는 것이 원칙이고 각종 토지수용의 입법은 모두 수용보상에 대해 규정하고 있다. 중국의 수용입법은 보상규정에서 보상원칙, 보상범위, 보상기준과 보상방식 등에서 모두 입법적 결함을 보이고 있다.

(a) 재정체제의 개혁

중국의 재정제도는 설계자체가 합리적이지 않다. 지방정부가 토지재정에 과도하게 의존하는 문제점을 개선하기 위해서는 우선적으로 중앙정부가 지방정부에 대한 세수분할의 비율을 개혁하고 지방정부가 갖는 소득세와 부가가치세를 증가해야 할 것이다. 또한 기타 여러 세수를 증가하거나 재산세의 징수나 지방채의 발행 등 조치들로 지방정부의 재정수입을 증가시켜 그들의 재정부담을 감소하는 것이 우선되어야 할 것이다.

(b) 정당보상의 원칙

토지수용보상의 원칙은 토지수용보상의 기준의 선택 및 한 국가가 어떠한 정도의 보상으로 피수용자에게 조성된 손해를 보상하는지를 결정하게 된다. 또한 직접적으로 토지재산권의 유효한 보호벽이 될 것인지도 판단하게 되므로 세계 각국은 모두 헌법적인 측면에서 토지수용 보상의 원칙에 대해 규정하면서 정부의 수용권리에 대한 제한과 사유재산을 보장하고 있다.

보상에 관해서는 대개 완전보상설과 적정보상설이 있는데, 완전보상설은 토지수용이 "공용부담평형"의 원칙을 파괴하여 재산권자에게 조성한 침해를 보완하기 위해 일반적인 시장거래가치에 따라 전액을 배상해야 하고 또한 피수용지 객체와 직접적으로 관계되는 손실도 포함하며 수용으로 발생하는 부대적인 손실도 포함해야 한다는 주장이다. 적정보상설은 또 상당보상설이라고도 하는데 해당 학설은 재산권이 사회의무를 지고 절대적인 것이 아니므로 보상시에 반드시 종합적으로 재산권 제한의 목적, 필요성 및 침해를 받은 이익의 성질과 정도에 따라 당시 사회적 일반적 관념에 따라 객관적으로 공정하고 합리적인 보상금액을 정하는 것이 적당하다고 보는 견해이다. 이 학설은 꼭 전액

배상을 할 것을 요구하지는 않고 합리적일 것을 요구한다. 완전보상과 적정보상 모두 어떤 의미에서는 일종의 주관적 가치판단을 요한다. 양자는 많은 경우에 표현의 차이일 뿐이다. 기존의 재산질서 범위 내에서는 개별적으로 침해된 보상의 측면에서 모두 완전한 보상을 필요로 한다. 양자의 대립은 단지 해당 질서 자체를 변혁하는 것을 목적으로 하는 침해보상 측면이다.

중국의 실정에 결부하여 필자는 중국은 완전보상설을 채택하는 것이 마땅하며 예외의 경우에만 적정보상으로 인정하도록 해야 한다고 본다. 토지수용보상의 원칙은 헌법에서 정당보상의 원칙을 명시할 필요가 있으며 토지수용법에서 정당보상의 원칙을 구체화하는 것이 바람직하다고 판단된다.

(c) 보상범위의 확장

현행 입법에서는 단지 토지보상비, 이주정착보조금과 토지부착물 및 미수확농작물에 대해서만 보상을 하고 있다. 토지수용법은 반드시 보상범위를 확대하고 피수용지 관련 권리자가 받는 각종의 손실을 포함하는 것이 마땅하다. 기존의 수용재산과 직접적인 관련이 있는 손실에 한하던 것으로부터 각종 토지수용으로 인해 지출하는 것에 필요한 비용 및 확정 가능한 재산은 보상범위에 열거하는 것이 바람직하다고 본다. 이러한 제한들을 구체적으로 열거해보면 다음과 같다.

첫째, 피수용토지 자체에 대한 보상인데 피수용토지 자체의 보상은 반드시 농지의 최적용도로 계산한 토지시장가격에 따라 보상해야 한다. 피수용토지의 현재의 가격을 충분히 고려해야 할 뿐만 아니라 또한 토지의 잠재적 가치와 농지발전권의 가치도 고려해야 할 것이다. 물론 지가상승이나 증식에 관한 문제는 지속적으로 연구해야 할 과제이지만 현재의 단순한 용도에 따른 보상은 매우 불합리적인 것이므로 반드시 개선되어야 할 부분이라고 본다.

둘째, 토지도급경영권의 손실에 관한 보상이다. 장기적으로 안정적인 토지도급의 경영은 농민에게 상당한 경제이익을 가져다주며, 이는 농민의 일종의 중요한 재산권이라고도 볼 수 있다. 수용과 동시에 토지 수용권자에게만 소유권의 소멸이 있을 뿐만 아니라 토지도급 경영권자에게도 경영권의 소멸이 있게 되므로 이 또한 보상의 범위에 포함시키고 구체적인 규정을 두어야 한다.

셋째, 잔여지손실에 대한 보상이다. 잔여지 손실은 일종의 간접손실이라고도 할 수 있는데 토지수용으로 인해 피수용지주변의 잔여지가 손실되는 경우이다. 잔여지에 대한 손실은 보통 수용으로 인해 그 전보다 이용가치가 감소되거나 효능이 떨어지게 된다. 예컨대, 도로의 개조, 수오염이나 소음오염 의 경우 모두 농지의 질량을 손해 할 수 있고 농작물의 수확 또한 줄어들게 될 것이다. 수용이 야기한 잔류지의 손실도 사실 상 보상을 하여야 한다고 본다.

넷째, 인근토지의 손실보상이다. 토지와 토지사이는 상호 연계되고 그 가치도 서로 영향을 받게 된다. 예컨대, 수용토지가 고속도로 건설을 하게 되면 그 주변의 토지들은 소음, 공기오염 등 여러 측면의 오염을 감수해야 할 것이고 인근토지의 이용효율이 낮아지게 되는데 이는 잔여지의 손실과도 같은 맥락인 것이다.

다섯째, 토지의 생산시설 및 토지의 개량으로 인한 손실의 보상도 보상범위에 포함시키는 것이 마땅하다. 농업기술의 발달로 현재 농촌의 대부분은 단순한 농용지로만 보기 어렵고 농지의 질에 대해서도 개량을 할뿐 아니라 농업생산을 위한 시설과 도구 마련에도 투자를 하게 된다. 이러한 수익을 예견한 투자는 모두 손실을 보상받아야 할 것이다.

여섯째, 영업손실과 임대료의 손실보상이다. 이는 주로 수용자가 피수용토지에서 진행되는 경영활동이 조성하는 손실에 관한 것인데 피수용토지에 종사하는 경영활동의 투자로 조성하는 손실도 보상범위에 포함시키는 것이 마땅하다고 판단된다.

(d) 보상기준의 확립

중국의 토지수용보상 기준을 더욱 합리적으로 제고하기 위해서는 토지수용보상이 반드시 시가로 보상되어야 한다. 그러나 현재 중국의 경우 이원적인 체제로 도시와 농촌의 토지가 통일적인 시장이 수립되지 않았기에 우선적으로 연간 생산액기준과 지역종합가격으로 토지수용보상비를 제고하는 방안과 점진적으로 도시와 농촌의 토지시장이 수립되고 나서 시장가치로 보상기준을 확립하는 방안을 제안하고자 한다.

우선, 현 단계에서 농촌집체 토지가 자유롭게 시장에 진입하기 위해서는 여러 어려운 점들이 있고 그 시장가격을 확정하기가 어렵다. 우선적으로 연간생산액기준과 지역종합가격을 개선하는 방법을 고민해볼 수 있다. 그러나 연간생산액과 지역종합가격 역시 모두 현재 정부가 일방적으로 주도하여 제정하는 것이기에 토지재정의 이해관계 등으로 공정성이 결여되게 된다. 이러한 상황에 비추어 중립적인 토지평가사무소 혹은 중계기구의 중요성이 대두되게 된다. 장기적인 관점에서도, 농지의 가치를 평가할만한 시장이 있어야 한다고 본다. 수용보상 기준이 시장가치를 따라 확정되는 경우에 미루어 토지의 가격은 쌍방 당사자의 평등한 협상이고 보상액은 온전히 시장가치에 결정되는 것이어야 한다. 한국의 경우에도 감정평가사제도 도입이후, 수용분쟁이 많이 감소한 것으로 보인다. 그러므로 평가사는 반드시 토지에 대해 전문적으로 풍부한 지식과 경험을 지녀야 할 뿐만 아니라 그 객관성과 공정성을 절대적으로 입증할 수 있는 자여야 할 것이다.

비록 시장가치로 판단하는 것이 합리적이긴 하나 이러한 시장가치에도 한계가 없는 것은 아니다. 예를 들어, 시장가치로 판단이 안 되는 재산의 경우이다. 재산권자가 특정한 재산에 대한 특수한 감정을 지녔고 그 가치에 대해 전혀 보상이 이루어지지 않는다면 그것 또한 공정한 보상이 아닐 것이다. 그러므로 재산가치의 확정은 단일한 객관적인 기준이나 혹은 단일한 주관기준을 두는 것보다 양자를 결합하여 시장가치기준을 기본으로 하고 보상으로 보충하는 것이 타당하다고 판단된다.

(3) 수용절차의 투명성

현재 중국의 토지수용은 규범적이고 통일된 수용절차가 마련되어 있지 않고 《토지관리법》, 《도시가옥수용과 보상조례》, 《수용공고방법》등 여러 법률과 정부부처의 문서에 산재되어 규정하고 있다. 이는 주로 입법의 목적이 관리의 측면에서 수용제도를 규율하려는 입장이기에 수용과 관련한 절차성 규범이나 원칙 등은 상당히 미흡하다. 이하에서 수용전치절차, 수용의 신청과 비준 부분으로 나누어 개선방안을 제안하고자 한다.

(a) 수용 전 절차

1) **용지항목의 심사기관과 절차**

용지항목의 심사는《정부가 비준한 투자항목목록에 관한 통지》에 의해 규율되고 있다. 그리고《용지예심방법》제4조의 규정에 따라 건설항목용지는 급별관리(分级管理)를 진행한다고 되어있다. 구체적인 건설항목은 각급 인민정부 혹은 허가권을 갖고 있는 인민정부의 발전개혁 및 계획행정주관부서에서 심사한다. 해당 건설항목의 용지예심은 동급 인민정부의 토지관리부서에서 예심을 진행하고, 비준 및 등록을 해야 하는 건설항목은 비준, 등록기관의 동급 국토자원관리부서가 예심을 한다고 되어 있다.

그러나 예심을 진행하는 주체는 명확하지 않다. 중국 정부의 조직기구로 볼 때, 중앙부터 지방의 현 정부까지 모두 발전개혁 및 계획행정부서가 있는데 어느 급의 관련 부서에서 예심을 수리하고 등록을 하여야 하는지 명확하지 않다. 상술한 규정은 수리주체도 명확하지 않고 책임권리도 명확히 구분하지 않고 있다. 또한 해당《용지예심방법》은 규범성문건으로 그 효력이 법률에 못 미치는 것으로 예심신청의 규범적인 목적을 달성하기가 매우 어려울 것으로 보인다. 그러므로 토지수용법 제정 시에 반드시 항목예심절차를 명확히 하고, 그 수리주체 또한 구체적으로 밝힐 필요가 있다고 본다.

2) **농용지전환의 신청 · 심사 · 비준**

《토지관리법》제44조에서는 “건설점용용지, 농용지를 건설용지로 전환하는 경우에 반드시 농용지전환심사 조치를 취해야 한다.”고 규정하고 있다. 심사의 절차를 간편화하고 행정기관의 행정효율을 제고하기 위하여 농용지전환절차와 토지수용절차를 상호 연계하여 동 법률 제45조에서는 농용지전환과 수용토지심사의 합병심사와 분리심사에 대해서도 규정을 두고 있다. 구체적인 내용은 “국무원의 비준을 거쳐 농용지를 전환하는 경우, 수용심사절차를 동시에 진행하고, 각 성, 자치구, 직할시 인민정부의 수용권한으로 농용지전환 허가를 받은 경우, 수용심사절차를 동시에 진행하며, 수용심사권한을 초과한 경우 반드시 본조 제1관의 규정에 따라 토지수용심사를 따로 처리한다.”로 되어있다. 이러한 규정은 일정부분 긍정적인 측면도 있지만 농용지전환, 수용과정 중의 위법하게 토지를 점하는 행위, 토지자원의 낭비 등 문제를 제대로 규율하지 못하고 있다. 그러므로 추후 토지수용법에서는 이러한 문제를 재차 검토하여 농용지전환의 신청, 심사, 비준에 대해 모두 명확한 규정을 두어야 한다. 또한 농용지전환심사의 주체를 성정부로 하고 각성, 자치구, 직할시 인민정부에서 토지주관부서를 확립하여 집행하도록 하며 토지수용심사 주체는 국무원으로 조정하는 방법도 고려해볼 사안이다. 이렇게 하면 지방정부가 토지수용심사권을 남용하는 현상을 방지할 수 있을 것이다. 신청과 비준 등도 명확한 일자를 두어 기한 내에 처리하도록 함이 바람직하다.

(b) 수용의 신청과 비준

1) 수용신청의 주체

토지수용절차의 핵심단계는 바로 토지수용의 비준절차이다. 여기에서 주로 수용여부의 문제에 대해서 결정하기 때문이다. 현재 《토지관리법》 제45조에서는 "이하 토지를 수용하는 경우에는 국무원의 비준을 받아야 한다. 1. 기본농전, 2. 기본농전 이 외의 경작지가 35헥타르를 초과하는 경우, 3. 기타 토지가 70헥타르를 초과하는 경우. 위에 규정한 경우를 제외하고 기타 토지는 각성·자치구·직할시 인민정부의 비준을 받아 국무원에 등록한다."고 규정하고 있다. 이로써 중국의 토지수용의 주요한 주체는 국무원·각 성·자치구·직할시 인민정부임을 알 수 있다.

한국의 경우에 토지수용위원회가 설립되어 있고, 일본의 경우에도 징용심사회가 있으며 중국 대만지역에도 토지수용심의위원회를 두고 있다. 중국의 경우에도 전문적인 수용위원회가 필요하다고 본다. 적어도 현재의 토지관련 주관부서가 포괄적으로 수용업무를 맡는 것이 아니라 단독으로 수용관련 업무를 처리하는 부서가 있어야 할 것이다. 이렇게 해야만 토지의 관련 전문성, 수용절차의 공정성 등 문제를 해결할 수 있을뿐더러 피수용자와 수용자의 권리구제에 있어서도 주체를 명확히 할 수 있다.

2) 수용신청의 심사

현행 법률에서는 토지수용 신청 및 심사절차에 대해 수용신청인이 법적으로 수용신청을 한 후, 비준을 받았는지의 여부, 언제 받는지의 여부 등에 대해 모두 명확한 규정을 두고 있지 않다. 또한 신청인에게 수용신청의 최고(催告), 수용신청의 철회 등 권리도 부여하고 있지 않다. 동시에, 수용신청이 비준되지 않았을 경우의 구제경로 또한 없다. 이러한 부분에 대해서는 모두 명확히 규정할 필요가 있다고 본다.

(4) 행정구제 체계개선

현행《토지관리법》제25조에서는 "토지보상에 대해 쟁의가 있는 경우, 현급 이상의 정부에 조정을 신청해야 하고 조정이 불가능한 경우, 토지수용을 비준한 인민정부에 재결을 신청하여야 한다."고 규정하고 있다. 또한《행정심판법》제30조에서는 국무원, 성·자치구·직할시 인민정부가 행한 토지수용의 행정심판결정을 최종재결로 보고 있다. 즉, 중국 현행 토지수용 보상기준의 쟁의는 수용을 비준한 인민정부에 재결을 신청할 수밖에 없다. 국무원과 성급정부에서 중립적인 중재기구를 설치한 것도 아니기에 이러한 구제는 명백히 불공정한 것이다. 행정구제의 자세한 개선방안은 이하에서 논하도록 하고 우선 큰 틀에서 행정구제의 체계개선은 다음과 같은 측면에서 이루어져야 한다고 본다.

우선, 구제범위의 확대이다. 수용절차를 개선하고, 토지보상쟁의를 법적절차로 다툴 수 있게 해주고 반드시 입법, 행정, 사법의 분립을 보장하여 수용과 보상 등 각각의 단계에서 모두 권익구제를 하도록 해야 할 것이다. 수용과 관련한 쟁의의 수리범위를 확대할 필요가 있다. 또한 절차에서 언급한 바와 같이 전문적인 쟁의재결기구가 필요하다. 한국의 경우에 독립적인 토지수용위원회에서 그 재결을 하도록 되어있다. 수용관련 쟁의의 다수가 보상과 관련된 것임을 감안하면 한국의 경우와 같이 보상금증감청구소송을 따로 두는 것도 참조할만한 부분이라고 생각된다.

다음으로 권리구제수단의 증가이다. 현재로서는 행정심판, 행정소송, 민원신청제도가 있는데 현실적으로 구제를 받기란 상당히 어려운 현실이다. 우선 행정심판의 역할을 강화할 필요가 있다. 그리고 행정심판에서 규정하고 있는 전치주의를 폐지하고 행정소송의 범위를 확대할 필요가 있다. 행정구제체계를 개선하지 않는 한 아무리 절차를 개선하더라도 토지수용의 개선방안은 무용지물이 될 것이라고 본다.

2. 행정구제수단의 개선방안

(1) 독립적인 수용재결기관

중국의 경우 토지수용의 심사 및 재결은 모두 국무원과 각급 지방정부가 그 업무를 담당하고 있으며 한국과 같은 독립된 합의제 행정기관인 토지수용위원회는 두고 있지 않다. 국토의 효율적인 이용과 개발행위로 인하여 무분별한 개발행위가 만연하고 있을 경우, 적법한 공권력 행사에 따른 적절한 보상을 결정할 전문기관이 당연히 요청된다 할 것이다. 중국의 경우에는 당장 전문기관을 수립하기는 어렵다 하더라도 포괄적으로 국토부가 관련 업무를 담당하던 것으로부터 수용과 관련된 업무를 담당하는 부서를 따로 지정하는 것이 현실적으로 가장 바람직한 방법이라 생각된다.

(2) 공시지가제도

중국의 경우 공시지가제도가 실제 시장가격에 비해서 훨씬 낮다. 이렇게 시세와는 큰 차이가 있는 보상금액을 받게 되니 늘 분쟁이 발생하게 된다. 한국의 경우 헌법상에 정당한 보상원칙을 규정하여 이에 대하여 공시가격으로 규정하고 있지만 중국의 경우《헌법》에 "보상한다"라고만 규정되어 있고《토지관리법》에서 "적당한 보상"이라고 규정하고 있어 구체적인 토지보상금에 관해서는 명확한 규정이 없다. 공시지가는 일반 토지거래의 지표를 제시하고 국가와 지방자치단체 등의 행정기관이 지가를 산정하는 데에 기준을 제시하며, 감정평가업자의 개별적인 토지평가기준을 제공하며 공공용지를 매수하거나 수용할 때의 보상기준으로 삼는다. 이러한 부분은 추후 중국에서도 바람직한 보상기준을 마련하는 데에 중요한 참고가 될 것이다.

(3) 수용결정에 대한 감독

수용결정에 대한 감독의 부재도 현재 중국 토지수용의 큰 문제이다. 한국의 경우 독립적인 토지수용위원회에서 재결을 하지만, 이의가 있는 경우 이의제기 및 행정소송을 제기할 수 있다. 중국의 경우 재결 및 행정심판은 모두 심사하고 비준한 행정기관에 재결을 제기한다는 점에서 공정성을 크게 결여하고 있다. 그러므로 위법한 수용행위에 대한 행정기관의 행정행위에 대해 무효확인을 할 수 있는 권리구제를 마련할 필요가 있다.

(4) 행정구제권 주체범위의 확대

현재 행정구제를 신청할 수 있는 범위는 아주 작고 실상 구제받을 수 있는 경우는 거의 없다. 이러한 부분에 있어서 사실 토지수용의 각 단계별로 위법하고 불합리한 행정행위에 대해 우선 다툴 수 있게 해주어야 할 것이다. 법원 역시 토지수용 관련 사례를 기피하는 것만이 장기적인 해결책은 아니므로 우선적으로 수리를 하고 대응하는 방법과 절차를 마련해가면서 차츰 그 구제의 범위를 넓혀가는 것이 바람직하다고 생각한다.

(5) 보상금증감청구소송

중국의 경우에는 보상금액에 관해 다툴 수 있는 방법이 토지수용을 비준한 행정기관에 재결을 제기할 수 있는 것이다. 한국의 경우에 제기하려는 행정소송이 보상금증감에 관한 소송인 경우 그 소송을 제기하려는 자는 토지소유자 또는 관계인일 때에는 사업시행자를, 사업시행자일 때에는 토지소유자 또는 관계인을 각각 피고로 한다고 규정하고 있다. 중국의 경우에 토지보상금 관련 분쟁은 민사소송으로 다투게 해주자는 견해들도 있지만 이는 분명 공법성격을 띠는 것이므로 행정소송으로 다투게 해주는 것이 타당하다고 생각된다.

제 5 장 결 론

본 연구는 중국 농촌 집체토지의 분쟁이 날로 심각해지고 있는 상황에서 그 근본적인 원인은 무엇이며 구제는 어떻게 되고 있는지에 대한 관심으로 시작되었다. 오늘날 중국의 도시화 과정에서 토지수용은 불가피한 실정이다. 이러한 가운데 토지제도의 법적 미비로 인해 토지수용절차 과정에서 각종 문제점들이 발생하고, 수용과 관련된 구제는 거의 이루어지고 있지 않다는 점에 기초하여 중국 토지수용법제에 대한 체계적으로 검토의 필요성을 갖게 되어 연구를 진행하였다. 이하에서는 앞에서 논의된 연구를 정리하여 요약하고 연구의 시사점을 도출하며 또 향후 연구과제에 대해 정리하였다.

I 연구 요약

1. 중국의 토지는 사회주의 공유제를 실시하며, 토지에 대한 소유권과 사용권은 분리하여 보고 있고 소유권은 또 국가토지소유와 농촌 집체토지소유로 나뉜다.

2. 중국에서 토지수용제도는 국가가 공공이익의 필요에 의하여 법률에 정한 절차에 따라 집체토지를 국유토지로 변경하는 제도로 정의되며, 《헌법》을 근거로 농촌의 토지수용을 규정하고 있는 《토지관리법》에서도 법적 근거를 두고 있다. 중국 《헌법》 제10조 3관에서는 "국가는 공공필요에 의해 법률규정에 따라 토지에 대해 수용 혹은 사용할 수 있으며 보상을 하여야 한다."고 규정하고 있다.

3. 중국의 경우, 현재 토지수용과 관련한 주체의 범위 및 명칭 등 규범화된 정의가 없고 관련 논의를 찾아보기가 어렵다. 본 연구에서는 주체의 범위를 수용권자, 수용신청인, 피수용자로 구분하였고 《헌법》 제10조의 규정에 따라 수용권자는 단지 국가로 보고 유일한 수용주체로 보는 것이 타당하다고 생각된다.

4. 《토지관리법》 제43조는 "어떠한 기관이나 개인도 건설을 함에 있어서 토지가 필요할 경우, 반드시 법에 따라 국유토지의 사용을 신청하여야 한다."고 규정하고 있다. 따라서 중국의 토지수용주체는 헌법규정과 달리 개인, 기업, 정부(지방정부 포함)가 모두 포함되는 것으로 보인다. 특히,《헌법》은 수용권 행사를 공공이익의 목적으로 수용절차의 개시요건으로 규정하고 있는 것에 비추어 《토지관리법》에서는 공공이익의 목적으로 한정하고 있지 않아, 직접적으로 토지수용의 범위가 과도하게 넓은 것이 문제이다.

5. 피수용자는 소유자와 관계인을 포함하는 개념이라고 보이지만, 본 연구에서는 농촌 집체토지의 소유권자와 토지 용익물권자의 도급경영권자를 중심으로 모두 피수용자로 인정되어야 한다고 분석하였다. 토지수용의 목적물에 대해 중국에서는 토지의 용도에 따라 농용지(农用地), 건설용지(建设用地), 미이용지(未利用地)로 구분하고 있다. 또한 가옥의 경우는 일반적으로 지상부착물로서 수용보상을 지급해온 것에 비추어 수용대상으로는 집체소유의 농지, 집체소유의 건설용지, 집체소유의 미이용지 그리고 지상부착물 등 네 개의 큰 부류가 있다고 유추하였다.

6. 국가가 토지를 수용하려면, 반드시 공공이익이라는 요건을 충족시켜야 한다. 《헌법》 제10조에서 "국가는 공공이익의 필요를 위하여, 법률규정에 따라 토지수용을 할 수 있으며 보상을 하여야 한다."고 규정하고 있다. 또한 《토지관리법》 제2조에서도 "국가의 공공이익의 필요를 위하여, 법에 따라 수용 혹은 사용을 할 수 있고 보상을 하여야 한다."고 규정하고 있다. 그러나 《헌법》과 《토지관리법》은 모두 공공이익에 대해 구체적인 해석을 하지 않았으며, 구체적인 유형이거나 배제되는 내용 등을 열거하지도 않았다. 중국의 현행 토지수용

제도 하에서, 사법기관은 공공이익에 부합되는지에 대해서는 전혀 어떠한 심사도 하지 않고 있다.

7. 토지수용의 보상에 대해서《헌법》에서는 재산권을 수용하는 경우, 보상을 한다고만 되어 있고 구체적인 보상에 대한 원칙이나 언급이 없다. 즉 원칙적인 표현에 그치고 있는데 구체적인 내용을 개별 법규를 통하여 이해하여야 한다.《토지관리법》제47조에서 토지수용의 보상에 관해 규정하고 있다. 토지의 수용은 기존의 토지의 용도에 따라 보상을 하고, 경작지 수용의 각종 보상비용은 경작지 수용 전 3년의 평균 가치의 6배 내지 10배로 하며, 매개 농업종사자 인구의 이주정착보조금은 경작지 전 3년의 평균 가치의 4배 내지 6배로 한다. 연간 생산액의 구체적인 계산방식은 연간통계보고표에 따라 계산한 수용 이전 3년간의 해당 경작지의 평균 연 생산량에 국가가 정한 가격 혹은 협의가격을 곱한 연생산액의 가치이다. 경작지의 연생산량은 각 종류의 주•부산물의 생산량을 모두 포함하고 수용되는 토지의 보상비와 이주정착보조금은 성·자치구·직할시에서 수용되는 농지의 보상기준에 따라 지급된다. 또한 지상부착물과 미수확농작물의 보상기준도 성·자치구·직할시의 규정에 따른다. 보상의 방식으로 주로 금전보상과 토지교환(산권교환)의 방식이 있다.

8. 토지수용의 절차에 대해서도 중국은 현재 규범화된 토지수용절차가 없다. 다만, 여러 법률이나 규정에 산재되어 있어 전체적인 이해를 하는데 어려움을 주고 있으나, 기본적으로《토지관리법》,《토지관리법 실시조례》등 법률·법규와 규장의 규정에 따라 현행 토지수용절차를 정리하였다. 농촌 집체토지를 수용하는 법적 절차는 크게 두 가지 단계로 구분해 볼 수 있다. 즉 첫 번째는 농용토지를 건설용지로 변경하는 절차이고, 두 번째는 집체토지를 수용할 때에 반드시 따라야 하는 절차들이 있다. 국가가 수용권자가 되는 경우에는 특별한 절차가 필요하지 않고, 사업시행자가 수용권자가 되는 경우에는 우선 건설기관의 용지(用地)신청이 있어야 하고, 건설용지 적합성심사를 받게 된다. 적합통보를 받은 사업시행자는 국토자원 관련부처에 건설항목의 타당성심사예심신청을 한다. 국토자원 관련부처는 예심신청을 수리하고 건설항목예심의견서를 발급하여야 한다. 사업시행자는 또 건설부처의 요구에 근거하여 건설항목

타당성논증보고서를 작성하여 제출하고 건설부처는 이를 심사하고 건설항목 부지선정의 의견서를 발급한다. 그 다음으로 환경보호영향평가 및 관련기관의 심사가 있고 이주정착 및 토지수용절차가 있게 된다.

9. 토지수용의 구제제도는 여전히 중요 시 되지 않고 있고 중국에서 토지 관련 분쟁에 대한 구제를 받기란 상당히 어렵다. 중국의 현행 토지수용제도에서는 피수용자의 재산권이 침해당했을 경우 이의를 제기할 수 있으나 거의 대개는 제대로 구제받지 못한다. 행정구제제도로는 주로 행정재결, 행정심판, 행정소송 및 민원신청제도(신방제도)가 있다. 《토지관리법 실시조례》 제25조 제3관에서 "토지수용보상, 이주정착보조금 방안은 시·현의 인민정부가 비준한 후, 시·현의 인민정부 토지행정관리 부처에서 조직하여 실시한다. 보상기준에 이의가 있는 자는 현급 이상의 인민정부의 조정을 신청하고, 조정이 성립되지 않으면 토지수용을 비준한 인민정부가 재결한다."고 규정하고 있다. 그러나 이러한 재결은 명확한 규정을 두고 있지 않다. 《행정심판법》 제14조의 규정에 따르면, 국무원 관련 부처 혹은 성인민정부가 내린 구체적인 토지수용행위에 이의가 있는 경우, 해당 구체적 행정행위를 내린 국무원의 관련 부처 혹은 성급 인민정부에 행정심판을 신청할 수 있다고 규정하고 있다. 그러나 《행정심판법》 제6조 및 제30조 제2관 규정에 따르면 토지소유자 혹은 사용자는 성·자치구·직할시 인민정부가 행한 토지수용결정에 불복하는 경우 국무원에 행정심판을 신청할 수 있으며 이에 대한 행정심판재결은 최종재결(最终裁决)이 된다. 《행정소송법》 제12조에서는 토지의 수용과 사용 및 보상 결정에 불복하는 경우 및 기타 토지행정 주관부처의 구체적 행정행위가 상대방의 합법적인 권익을 침해한 경우에는 행정소송을 제기할 수 있다고 규정하고 있다. 그러나 법률상 이러한 규정이 있음에도 불구하고 현실에 있어서는 법원이 거의 각하하고 있다. 민원신청제도는 중국에서 오랜 역사와 전통을 지니며, 가장 광범위하게 보급되어왔고 많은 사람들이 알고 있는 제도이다. 민원신청제도는 신청조건이 완화되어 있고, 간편하고 편리하며 또한 수리범위가 넓다. 장기적으로 인민들은 이미 민원신청을 통해 자신의 권리를 구제하려는 습관이 형성되었다. 《신방조례》에서 주로 행정기관의 민원처리 업무기구의 활동에 대해 규율하고 있지만, 구

체적인 민원처리의 절차, 민원처리회답의 효력 등에 대해서 명확한 규정을 두고 있지 않다.

10. 중국 토지제도 중에서, 분쟁이 가장 많이 발생하는 농촌 집체토지의 소유권에 대해 더 자세히 살펴보고자 하였다. 우선 제도적 연혁으로 1949년 신중국 출범 이후, 지주와 부자의 토지를 몰수하여 빈농을 우선으로 토지를 배분하는 사유제의 토지개혁이 시행되었다. 1953년 이후부터 1970년대 말까지 토지소유와 사용의 공유화 및 집단화를 추진하여 토지의 사소유권은 사라지게 되었다. 사회주의 개혁과 1982년 이전의 헌법과 토지권리제도를 거치면서 중국토지의 사회주의 공유제는 점진적으로 확립되어 토지소유권은 도시토지의 국유소유와 농촌토지의 집체소유로 분리되었다. 1982년《헌법》개정을 통하여 토지개혁과 관련한 성과로서 근거규정을 마련하고, 토지소유권의 귀속주체를 국가와 집체로 한정하고, 현재 중국의 토지관리 정책의 근간을 마련하게 되었다. 1982년《헌법》에서 농촌과 도시교외의 토지는 법률이 국가소유로 정한 것 외에는 모두 농촌 집체소유에 속한다고 규정하면서 자택지와 자류지, 자류산도 모두 농촌 집체소유로 되었다. 이는 중국 농촌 집체토지소유제를 확립한 것이다. 1986년의《토지관리법》은 이러한 방침을 구체화하는 노력을 하였다. 동법 제10조에서는 "농촌 집체소유의 토지는 법적으로 농촌집체에 속하는 것이고, 이는 집체경제조직 혹은 촌민위원회가 경영·관리하고 이미 촌 내 두 개 이상의 농촌 집체경제조직이 있는 경우에는 각 촌 내 해당 농촌 집체경제조직 혹은 촌민소조가 경영·관리한다. 이미 향·진의 집체소유로 귀속된 것은 향·진 농촌 집체경제조직이 경영·관리한다."고 규정하고 있다. 이후 중국의《헌법》및《토지관리법》은 몇 차례 수정을 거쳤으나 모두 실질적인 변화는 없었다.

11. 농촌 집체토지소유권의 배경으로 우선 공유제 기초의 집체소유제도 즉, 집체소유제도의 건립과 발전, 그리고 그 제도적 변혁에 대해 기술하고 그 다음 지방정부 토지재정 현황에 대해 기술하였다. 중국의 농촌 토지집체소유는 중국특색을 띠는 제도로서 최근 수십 년 사이 많은 문제점들을 드러내고 있는데 가장 기본적으로 집체토지소유권의 주체는 매우 불분명하며, 집체토지의 소유가 완전한 소유라고 보기가 어렵다. 그리고 집체토지소유권과 도시토지의

소유권은 평등하지 않다는 점이 있다. 이 외 분리 세수제도를 시행하는 중국 재정제도로 인하여 지방정부는 토지수용을 지방재정의 원천으로 삼고 있었다. 마지막으로 중국은 계획경제체제에서 사회주의 시장경제로 전환함에 있어서 기존 체제에서 해결하지 못한 많은 문제점들로 인해 여러 가지 토지수용 관련 분쟁을 초래하였다. 토지수용분쟁의 주요원인으로는 토지수용의 각 이익관계들이 있는데 주로 중앙정부, 지방정부, 농촌 집체경제조직, 농민개인이 있다고 보았다. 이익충돌의 주요 표현으로는 공익과 사익의 충돌로 토지수용권과 집체토지소유권 그리고 토지도급경영원의 충돌이 있고, 토지수용보상 중의 이익충돌이 있다. 그다음 농촌집체이익과 농민개인이익의 충돌 물론이고, 중앙정부와 지방정부의 이익충돌 또한 있다.

12. 심각하게 불평등한 행정기관의 공권력 행사와 공민의 권리행사에서 농촌 집체경제조직과 그 구성원의 합법적 이익이 어떻게 보호되며, 특히 공민의 권리는 어떻게 보호되는지 실태를 정확하게 파악하고자 최신 사례를 선별하여 분석하였다.

13. 사례1은 촌민 개인의 소송지위에 관한 사례이다. 토지이주정착금의 공고를 발표하지 않은 것이 위법함을 확인하는 사안에서 원고는 1심, 2심을 거쳐 재심까지 신청한 사례이다. 원고는 모 촌의 촌민으로서 개인적으로 소송을 제기할 수 있는지에 대해서 1, 2심법원은 모두 소송제기가 불가능하다고 보았지만, 대법원은 이와 같은 판결을 파기하고 원고로서 인정한 사례이다. 그 이유로, 《토지관리법》 제48조의 규정에 따라 "토지수용보상 및 이주정착이 확정된 후, 관련 지방정부는 반드시 공고를 하여야 하며 피수용토지의 농촌 집체경제조직과 농민의 의견을 수렴하여야 한다."고 규정하고 있다. 그러므로 수용보상 및 이주정착방안의 공고는 농촌 집체경제조직뿐만 아니라 농민개개인도 대상으로 하고 있다고 명시하였고 둘째는 공고의 내용에서《토지관리법 실시조례》 제26조 제1관은 "토지보상비는 농촌 집체경제조직에게 속한다. 지상부착물 및 미수확농작물 보상비는 지상부착물 및 미수확농작물 소유자에게 속한다."고 규정하고 있다. 이는 농촌 집체경제조직이 소유하는 보상비도 포함하지만, 지상부착물과 미수확농작물의 소유자 개인이 소유하는 부분도 포함된다고 보았

다. 셋째는 권익반사(权益辐射)의 관점에서 비록 토지보상비용의 공고가 주로 농촌 집체경제조직에 관련되지만, 수익의 전체 구성원(피수용자 포함)이 받게 되는 것이고 또한 매개 구성원(피수용자 포함)의 후속적인 보상금액과도 관련된다고 명시하였다. 넷째는《집체토지 행정사건에 관한 규정》제4조에서 "토지사용권자 혹은 실제사용인은 행정기관이 행한 사용 혹은 실제 사용하는 집체토지의 행정행위에 불복하는 경우 자신의 개인 명의로 소송을 제기할 수 있다."고 규정하였음을 근거로 들었다. 대법원의 이러한 입장과 판결은 매우 타당하다고 생각된다. 농촌 집체경제조직이나 촌민위원회가 보상금의 주체이기는 하지만, 실질적으로 그 구성원 개개인에게 직접적인 영향을 받는 것으로 고려하면 원고자격을 부여하는 것이 마땅하다고 판단된다.

14. 사례2는 성급정부의 회답에 대한 소 제기가 가능한지 여부에 대한 것인데, 이 사건 역시 원고가 민원신청부터, 1심, 2심, 재심까지 거쳐 현재 법적으로 신청가능한 모든 행정구제를 신청하였지만 패소한 사례이다.《행정심판법》제30조 제2관에서는 국무원 혹은 성, 지방자치, 직할시 인민정부는 행정구획의 확정, 조정 혹은 수용토지의 결정, 성, 자치구, 직할시 인민정부가 확인한 토지, 광물자원, 수류, 삼림, 산령, 초원, 황지, 간석지, 해역 등 소유권 혹은 사용권의 행정심판 결정은 최종재결로 한다고 되어있다. 법원은《행정심판법》을 적용하여 행정소송을 기각한 것인데, 원고가 행정기관의 종국재결 행위에 대해 불복하여 행정소송을 제기하였고, 이는 법원의 소송범위에 속하지 않기에 1, 2심의 판결은 부당함이 없다는 맥락으로 판결이 진행되었다. 더 유의할만한 점은, 자연자원의 소유권 귀속에 관한 확인은 반드시 성급정부에서 결정하므로, 결국 온전히 행정내부의 심사에 맡기게 되어 사법심사에서 배제되는 것이다.

15. 사례3은 보상협의에 관한 사례인데 1심에서 원고의 손을 들어줬지만 2심에서 다시 패소한 사례이다. 본 사안의 쟁점은 수용보상협의가 행정심판의 범위에 속하는지의 여부에 관한 것이었다. 1심 법원은 수용보상협의가 행정심판에서 명확히 배제되는 행정행위가 아니고 또 2015년 개정된《행정소송법》에서 보상협의를 위해 행정소송을 제기할 수 있도록 명시함으로써 행정심판의 범위에 속한다고 보았다. 그러나 2심 법원은 이미 수정된《행정소송법》의 범위

로 아직 수정되지 않은《행정심판법》의 범위를 확정할 수 없다는 논리를 펼쳤다.《행정소송법》과《행정심판법》은 별개이고 행정심판법은 아직 수정되지 않았기에 행정심판이 명시적으로 청구대상에 포함되는 것이 아니면 행정심판의 범위가 아니라고 주장하였다. 그러므로 행정심판의 청구대상이 행정소송의 청구대상보다 좁게 된 셈이다. 행정심판은 행정소송과 달리 위법뿐만 아니라 부당도 심판의 대상으로 하고 있다는 점에서 모순적이고 2심 법원의 판결은 너무 억지스럽다.

16. 사례4는 보상금분배행위가 행정행위에 속하는지에 관한 사례인데 보상금을 배분하는 주체, 즉 촌민위원회의 성질에 대해 행정기관이 아니므로 해당 행위를 행정행위로 보지 않았고 원고가 모두 패소한 사례이다. 중국에서 촌민위원회란《촌민위원회조직법》을 근거로 농촌의 촌민들의 민주적인 선거로 생긴 군중성자치조직이라고 할 수 있다. 촌민위원회가 해당 촌의 공공사무와 공익사업 및 민간분쟁을 조정하는 등 역할을 하는 것에 비추어 해당 위원회에서 피해를 입었을 촌민에게 구제받을 경로를 마련해주어야 한다고 생각한다.

17. 사례5는 토지수용공고의 소 제기 가능성 여부에 관한 것인데, 원고가 모두 패소한 사례이다. 현급이상 인민정부가《토지관리법》제46조 및《토지관리법 실시조례》제25조를 근거로 법적 절차에 따라 수용공고를 반포하는 행위는 단지, 수용비준기관, 비준문서, 수용토지의 용도, 범위, 면적 및 수용보상기준, 이주정착방안과 보상기간 등 비준사항을 피수용 소재 향·진, 촌에 공시 혹은 고지하는 행위이고, 피수용자의 권리의무의 발생에 실제적으로 영향 받는 것은 토지수용회답 및 그 이후 관련된 토지수용행위이지, 수용공고행위는 아니라고 판시하였다. 그러므로 수용공고 행위는 원칙적으로 소를 제기할 수 없는 행정행위라고 보고 있다. 단, 피수용자가 수용공고의 내용과 실제 수용하는 토지의 범위, 용도, 면적, 보상기준 등 내용이 부합하지 않음을 이유로 소송을 제기하는 것을 수안범위에 속한다고 명시하였다. 토지수용공고를 상대로 소송을 제기하는 피수용자가 생기는 원인은 토지수용공고가 제일 처음으로 자신의 토지가 수용될 것임을 알게 되는 정보로서, 즉 토지수용결정에 대한 이의제기라고 할 수 있을 것이다. 그러나 결국 토지수용결정에 대해서는 다툴 수 있는

경로가 없고 또한 수용공고의 절차적 적법성에 대해서도 다툴 여지가 없는 것이 실정이다.

18. 정리하자면, 중국의 판례들은 행정기관을 상대로 소송을 제기한 사례가 매우 드물고 실은 대부분 자격요건이나 기간도과를 이유로 각하하거나 기각하고 실질적 심사를 피하고 있다. 토지수용과 관련된 문제는 모든 법원이 가장 기피하는 사건이기도 하다. 보상협의의 분쟁에 관한 사례는 사례3에서 살펴보았고, 여기서 행정협의의 제3자에 관하여 현재 명확한 규정이 없는 부분, 그리고 제3자로서의 농민의 소송지위에 관한 검토인데 사례1의 판결이 상당히 시사점이 있다고 보인다. 보상배분의 문제에서는 실제로 토지수용에 참여하는 주체들의 이익충돌이라고도 할 수 있다. 각급 지방정부가 관리자의 명의로서 농촌토지 수용과정에서의 최대 수혜자이고, 농촌 집체경제조직 또한 그들의 유리한 위치를 이용하여 보상금의 많은 부분을 갖고, 실질적으로 보상을 받아야 하는 소유자 본인 촌민들은 정당한 보상을 받지 못하는 것이다. 모든 사례가 구제절차의 문제점을 보여주고 있다. 공공이익의 인정기준이 없고, 토지수용절차의 주체의 권한에 대해서도 모순적이며, 공고에 대해서는 공고를 하여야 한다고만 규정되어 있고 구체적인 규정은 없다. 그 외에도 국무원의 토지수용결정에 대해서는 종국재결로 보고, 토지의 소유권과 사용권 확인에 대한 결정은 성급정부만 할 수 있으며, 심판전치를 요하고 있다.

19. 한국과 중국은 기본적으로 토지소유권의 설정부터 다르다. 이러한 근본적인 차이는 토지수용법제에서도 다른 양상을 보일 수밖에 없다. 그러나 중국의 경우에도 시장경제체제로 전환 중에 있고 양국 제도를 비교하는 것은 시사하는 바가 적지 않다고 본다. 중국의 경우 현재 법제정비가 되어 있지 않고 추상적인 법 규정만 두고 있는데 반해 한국의 경우 오랜 과정을 거쳐 비교적 자세한 규정을 두고 있는 점에서 큰 참고가 될 것이고, 한국의 경우에도 중국의 토지제도 이해에 도움이 될 것이다.

20. 우선 이론적 근거에서 한국의 경우 「민법」의 기본원칙에 입각하여 생산수단에 대한 사유재산제의 보장, 계약자유의 인정 및 과실책임주의에 입각

한 토지제도를 두고 있는 반면 중국의 경우에는 토지에 대한 사소유권은 완전히 부정하고 있다. 그러나 토지소유권과 사용권을 분리할 수 있다는 법리에 따라 소유권은 국가로 하되 토지사용권의 용익물권체계를 구축하고 있다. 중국의 토지소유권은 국가소유와 집체소유 두 가지가 있는데 대개 도시의 토지는 국가소유에 속하고, 농촌의 토지는 집체소유에 속한다. 그러므로 농촌 집체토지에 대해서만 수용의 문제가 발생하고, 국유토지에는 사용의 문제가 있으므로 한국의 제도와는 구별되는 부분이다. 본 연구에서는 중국의 농촌 집체토지를 연구범위로 한정하였다. 그 이유로 우선은 농촌 집체토지의 수용에 관한 문제점이 제일 심각하고 농민들에 대한 권리구제가 이루어지지 않는 점이 있으며 또 농촌의 집체토지에만 수용이 발생하는 것으로 비록 사소유권은 아니지만 한국과의 비교를 통해 시사점을 찾고자 하였으며, 마지막으로 중국의 경우 한국과 달리 사용권은 다른 용익물권체계를 취하고 있다는 점이 있다.

21. 공용수용의 개념에 있어서, 한국의 경우 공용수용이란 공익사업을 위하여 타인의 특정한 재산권을 강제적으로 취득하는 것으로 이해하며 토지수용에 관해 「공익사업을 위한 토지 등의 취득 및 보상에 관한 법률」로 토지수용에 대한 자세한 규정을 두고 있다. 즉, 공용수용이 가능한 사업을 규정하고, 그 사업들의 공익성에 관한 우선순위를 정하여 토지수용의 당사자 및 목적물 등에 대해 모두 명확한 규정을 두고 있다. 이에 반해, 중국의 경우 토지수용의 일반법인 토지수용법이 존재하지 않고 《토지관리법》을 중심으로 각각에 산재된 규정으로 규율하고 있다. 전반적으로 토지수용제도에 대한 법제가 정비되어 있지 않았다고 볼 수 있다. 한국의 경우, 「헌법」에서 재산권을 보장하고 있으며, 사유재산제도의 토대 위에서 개인의 사적재산권을 보장하고 있다. 중국의 《헌법》 제12조에서는 사회주의 공공재산은 신성불가침이라고 규정하고 있다. 이어 제13조 제1관에서는 공민의 합법적인 사유재산은 침해를 받지 않는다고 규정하고 제3관에서는 국가는 공공이익의 수요를 위하여 법률 규정에 따라 공민의 사유재산의 수용 혹은 사용에 대해 보상을 하여야 한다고 규정하고 있다.

22. 토지수용의 당사자에 있어서, 한국의 경우, 주체와 상대방으로 크게 나뉘어보고 주체에는 또 수용권자와 사업시행자가 있고, 상대방으로 피수용자

와 관계인이 있는 것으로 본다. 즉 한국의 경우에 일반적으로 국가나 지방자치단체가 주체가 되고 공적 임무를 수행하는 경우라면 사인도 해당한다고 본다. 중국의 경우 《헌법》에서는 국가만이 토지수용의 주체가 될 수 있다고 규정하고 있지만 《토지관리법》에서는 어떠한 기관이나 개인도 신청주체가 될 수 있다고 규정하고 있다. 목적물의 경우, 한국의 경우 목적물의 범위는 원칙적으로 토지소유권을 중심으로 기타 지상권·저당권 등도 해당할 수 있고 예외적으로 확장하여 수용할 수도 있는 데 반해 중국은 토지의 용도에 따라 관리하는 방법을 택하고 있다. 규정에 비추어 중국의 토지수용 목적물은 농용지의 수용, 건설용지의 수용, 미이용지의 수용 그리고 지상부착물의 수용으로 유추가능하다.

23. 공익사업의 유형에 관하여, 한국의 경우 「공익사업을 위한 토지 등의 취득 및 보상에 관한 법률」 제4조에서 공익사업의 유형에 대해 열거하고 있다. 또한 헌법에서 규정하고 있는 수용요건으로서의 공공필요는 최협의의 공익개념으로 보고 있다. 중국의 경우 공익에 대한 명확한 규정과 해석이 없어 토지수용의 남용을 유발하고 있다.

24. 손실보상에 있어서 한국의 경우 사유재산제도와 재산권을 보장하는 당연한 요청으로 인식하고 현재는 생활보상도 부각되는 측면이 있는 반면, 중국의 경우 합리적인 보상원칙이 부재하다.

25. 수용절차에 있어서도 한국의 경우는 크게 협의에 의한 취득과 수용에 의한 취득으로 구분해볼 수 있는데 중국의 경우 협의에 의한 취득절차는 없고 상당히 복잡한 심사절차가 있다.

26. 구제절차에 있어서도 여전히 한국의 경우에는 비교적 자세한 규정을 두고 있는 반면, 중국의 경우 구제에 대한 논의가 거의 없을 정도로 이 부분에 대한 연구가 부족하다.

27. 위 내용을 종합하여, 중국 토지수용법제에 대해 다음과 같은 개선방안을 제시하였다. 큰 개선방향으로서 토지수용법의 입법 필요성과 행정구제수단의 구체적인 개선방안으로 나뉘어 기술하였다.

28. 토지수용법은 토지수용의 목적과 원칙을 정확히 하고 공익사업을 구체화하여야 하며 보상기준과 수용절차도 명확히 할 필요가 있다.

29. 구체적인 행정구제수단의 개선방안으로 우선 독립적인 수용재결기관에 대해 기술하였다. 중국의 경우 토지수용의 심사 및 재결은 모두 국무원과 각급 지방정부가 그 업무를 담당하고 있으며 국토의 효율적인 이용과 개발행위에 따른 무분별한 개발행위가 만행되고 있을 경우, 적법한 공권력 행사에 따른 적절한 보상을 결정할 전문기관이 당연히 요청된다 할 것이다. 그리고 공시지가제도의 도입을 제안한다. 중국의 경우 공시지가 제도가 실제 시장가격에 비해서 훨씬 낮다고 보아야 하겠다. 이렇게 시세와는 큰 차이가 있는 보상금액을 받게 되니 늘 분쟁이 발생하게 되는 것인데, 이러한 제도가 공정성을 대표하는 제도로 자리매김하게 되면 분쟁을 미연에 방지하고 따라서 토지수용제도의 평화로운 정착에 큰 기여를 할 것이라고 본다. 그 다음으로 중국의 경우 위헌심사에 대한 논의가 잘 이루어지지 않는 것처럼 행정기관에 대한 감독이 늘 부재하다. 토지수용의 경우에도 결정기관에 대한 감독이 부재하는 것이 큰 문제라고 할 수 있다. 적어도 위법한 수용행위에 대한 행정기관의 행정행위에 대해 무효확인을 할 수 있는 권리구제는 마련할 필요가 있다고 본다. 같은 맥락으로 행정구제의 주체범위를 확대할 필요가 있다. 마지막으로 토지수용분쟁은 항상 보상금액에 관한 분쟁이 다수인데 중국의 경우 민사소송으로 보자는 의견도 있지만 이는 분명히 공법적 성격을 띠는 것이고 보상금증감청구소송으로 다툴 수 있게 해주는 것은 상당히 효율적이고 바람직한 제도라고 생각된다.

II 연구의 시사점

현재 중국의 토지수용법제는 토지수용의 일반법이 존재하지 않고 각각의 법률에 산재되어 있고 그 체계가 정비되어 있지 않다. 본 연구에서는 우선 전반적인 중국 토지제도에 대한 이해를 돕기 위해 관련 내용을 정리하였다. 중국의 토지수용법제를 이해하기 위해서는 중국의 토지제도에 대한 이해가 선행되어야 한다. 중국의 토지제도는 국가를 소유권자로 하는 도시의 토지와 집체를 소유권자로 하는 두 가지 유형의 토지제도이다. 토지수용은《헌법》및 《토지관리법》을 중심으로 규율하고 있지만, 규정내용이 상당히 미흡하다. 토지수용의 보상도 현재 보상원칙을 두고 있지 않고 각각의 규정들에 산재되어 있는 정도이다. 수용절차 또한 불투명하며 이에 대한 규정이 각 법률에 산재되어 있어 이해하는 데 어려움을 주고 있다. 특히 행정구제는 중국의 행정청과 관원의 우위사상으로 인해 현재까지도 크게 논의가 되지 않는 부분이다. 한국과의 비교고찰에서 이러한 문제점들이 더욱 두드러진다. 한국은「공익사업을 위한 토지 등의 취득 및 보상에 관한 법률」에서 토지수용에 관련하여 자세히 규율하고 있으며, 수용보상, 절차, 재결, 이의신청, 소송까지 모두 비교적 자세한 규정을 두고 있다. 중국의 경우, 우선적으로 토지수용에 대해 법적 정비를 할 필요가 있다.《헌법》에 위배되거나 모순되는 조문들은 재정비하고, 또한 기본법으로서의 토지수용법의 입법이 절실하다는 결론을 얻게 되었다.

중국 토지수용 분쟁 중에서도, 농촌토지의 수용분쟁이 가장 심각하여, 본문에서는 농촌 집체토지만을 연구의 대상으로 삼았다. 농촌 집체토지의 연혁으로 보았을 때, 과거 사유제를 시행했던 적도 있었지만 다시 공사화제도를 거듭함으로써 실질적인 국유화의 단계를 거쳤다. 이러한 제도의 잔재와 계획경제체제에서 현재의 시장경제체제로 전환하는 과정에서의 많은 문제점이 아직 그대로 남아 있는 것이다. 가장 큰 문제점으로 지방정부의 재정수입원이고, 각 주체들 사이의 이익관계의 충돌이다. 이러한 문제점은 법률의 미비, 수용요건의 불명확성, 절차의 투명성 결여, 행정구제의 미비 등으로 더욱 두드러지게 되는 것이다.

중국 토지수용제도는 많은 문제점을 안고 있지만 본문이 집중하고자 했던 부분은 행정구제에 관한 것이다. 따라서 단순한 법규정 외에, 최근에 진행되고 있는 수용분쟁 사례를 분석함으로써 문제점을 지적하고 시사점을 찾고자 하였다. 여태까지 법원은 토지수용사례를 가장 기피해 왔고 현재도 그러하지만, 선정한 사례에서 법원의 태도나 어느 정도의 발전을 엿볼 수 있었다. 사례1의 경우 촌민 개인의 소송지위에 대해서 인정한 사례이다. 중국의 토지수용분쟁에 대한 구제가 전혀 안되던 것으로부터 조금씩 권리구제를 강화해가고 있는 것으로 보인다. 사례3의 경우에는 수용보상협의가 행정심판 청구의 범위에 속하는지 여부에 관한 것인데 1심에서는 속한다고 보았다. 물론 2심에서 다시 속하지 않는다고 판단하였지만, 실로 큰 발전이 아닐 수 없다. 그리고 사례4의 경우에 보상금배분의 행위는 현실에서 가장 많이 발생하는 문제이고 현재까지는 촌민위원회가 행하는 보상금 배분의 행위는 행정행위에 속하지 않는 것으로 보고 있다. 사례3의 경우 성급정부의 회답에 대해 소를 제기할 수 없다는 취지의 사례인데 이는 성급정부, 국무원의 토지수용 결정에 대해서는 이의를 제기할 수 없다는 것을 다시 한 번 확인시켜주었다. 사례5의 경우 토지수용공고에 대해서는 소송을 제기할 수 없지만, 그 내용의 착오에 대해서는 제기할 수 있다고 명시한 사례이다. 권리구제는 마땅히 강화되어야 하며, 그것은 또 독립적인 수용재결기관의 설립, 공시지가제도의 도입, 수용결정에 대한 감독기구, 행정구제권 주체범위의 확대, 보상금증감소송에 대한 도입 등 구체적으로 살펴볼 수 있다. 앞으로 국가의 효율적인 통제보다는 국민의 권익을 더욱 보장하기 위해 마련된 중국 행정구제제도를 기대해본다.

중국과 한국 양국은 소유권제도부터 달리하고 있다. 이러한 근본적인 소유권 제도의 차이는 당연히 토지수용제도에 대한 차이를 가져오게 된다. 그러나 차츰 시장화를 지향하고 있는 중국의 입장에서 양국 비교의 시사점은 매우 크다고 생각한다. 우선 중국은 한국과 달리 개인 및 기업은 토지소유권의 주체가 될 수 없고 단지 국가와 집체의 소유권만 인정하고 있다. 따라서 한국처럼 모든 토지에 통일적으로 적용되는 수용보상제도가 없고 소유권에 따라 각각의 법률로 규율하고 있다. 또한 사회주의 국가에는 토지수용 및 손실보상제도가 존재하지 않을 것이라는 일반적인 인식과는 달리 사회주의 계획경제시대에서도 관련 법률은 존재해왔다. 다만 규정이 미흡하고 단순히 기존의 용도대로 보상하는 방식을 취하였다. 공공이익에 대한 규정 또한 없어 많은 문제점을 안고 있다. 그러나 합리적인 보상원칙조차 부재하고 보상청구권이 없다. 즉, 보상의 쟁의에 대해 실질적인 권리구제가 불가능한 것이다. 이에 개선방안의 큰 틀에서 토지수용법의 입법 필요성을 재확인하고, 독립적인 수용재결기관, 공시지가제도, 수용결정에 대한 감독, 행정구제권 주체범위의 확대, 보상금증감소송 등에 대한 개선방안을 제시하였다.

Ⅲ 향후 연구과제

본 연구는 전체 토지수용제도에 대한 틀을 마련하고자 하는 시도였으나 상당히 아쉬운 부분들이 많다. 필요하다고 생각되는 향후 과제들에 대해 정리해본다.

1. 중국 토지수용제도 세부 유형별 고찰

본 연구는 수용법제에 대한 전반적인 검토를 하면서 또 행정구제에 초점을 맞추어 쟁점을 검토하고 행정구제에 대한 정확한 파악과 개선방안을 제시하고자 하였으나, 그외 각각의 부분들에 대한 세부적인 검토도 필요할 것으로 생각된다. 또한 전반적인 틀이라 하여도 확정적일 수가 없고 또 중국의 경우 지역에 따라 상이하게 나타날 수 있는 부분이어서 한 부분만을 확인하고 전체 수용체제 내지는 중국 전 지역을 추론한다면 우를 범할 가능성이 상당히 높을 것이다. 이에 향후에는 지속적으로 전체 틀을 염두에 두고 검토하는 작업이 이루어져야 할 것이고, 토지수용법제의 세부 유형별로 구체적인 고찰이 이루어져야 할 것이다. 이론적 근거, 공익에 관한 논의, 토지수용의 보상, 토지수용절차, 행정구제 각 부분이 다 그러할 것이다.

또한, 조직법적인 관점에서의 토지수용위원회 등의 구성, 절차법적인 관점에서의 양국제도 비교 등으로 분류하여 연구하는 것도 상당히 의미가 있을 것 같다. 추가로 중국의 경우, 토지수용의 분쟁 중에 공익과 사익의 충돌 외에 공익과 공익의 충돌도 있는데 이는 실상 관리권의 이관문제로 이 부분에 대한 추후 연구도 필요하다고 생각된다.

마지막으로 중국의 사법독립에 대해서 최근 사법독립을 보장하여야 한다는 목소리가 높아지고 있지만, 이 부분에 대한 추가적인 연구도 필요할 것이다. 중국의 경우 법 규정은 있지만 현실과 괴리되는 현상이 많은데 즉, 토지수용 분쟁에 관하여 법원이 수리를 하고 있지 않은 것은 사법이 독립되지 못한 것과 직접적으로 연관이 있다고 생각된다.

2. 중국 토지사용권과의 비교 고찰

토지소유권만큼이나 혹은 더 큰 비중을 차지하는 것이 중국에서는 토지의 사용권에 관한 내용이다. 다른 하나의 용익물권체계를 취하고 있고 소유권과는 다른 제도로 운영되고 있다. 도시화 과정에서 소유권이 불완전한 농촌토지가 수용되는 것은 어쩔 수 없는 추세임을 고려할 때, 장기적인 방안으로 농촌집체토지의 소유권을 어떻게 구성할 것인가에 대해서는 토지사용권과의 비교를 통하여 고찰해보는 것도 상당히 의미가 있을 것이다. 예컨대, 어떤 학자들의 주장처럼 토지소유권을 전부 국유로 하고 토지사용권으로 통일해야 할 것인지, 아니면 사소유권을 인정할 것인지, 만약 토지사용권으로 통일한다고 할 때, 과연 그것이 가능한 것인가에 대한 검토와 그러기 위하여 우선 마련되어야 하는 제도들에 대한 연구가 뒷받침 되어야 할 것이다. 또 혹여나 사소유권을 인정한다고 할 때, 사소유제와 국유제가 병존하는 과정에서의 조화로운 법적 뒷받침은 어떤 것이어야 하는가에 대한 의문도 든다.

3. 온라인시스템 구축의 필요성[1)]

마지막으로 시대의 흐름에 따라, 또 현 시대 IT의 발전과 더불어 많은 분쟁은 온라인에서 해결하는 것도 하나의 대안이라고 본다. 최근 들어서 중국의 개별적인 지방정부에서는 온라인으로 행정심판을 접수하는 변화도 보이고 있다. 또한 새로 개편된 중국 자연자원부의 홈페이지에서는 수용공고와 관련된 정보를 공개하고 있다. 그러나 미래방향은 기존의 스캔문서나 메일로 신청하는 방법과는 구별되어야 한다. 분쟁해결의 대안으로 온라인 시스템은 기존에 존재하던 많은 문제점들을 해소할 수 있을 것이다. 피수용자 농민들에게 하나의 편리한 구제수단이 될 뿐만 아니라 절차의 투명성, 결과의 공정성 등 많은 문제 또한 해결될 것이며 이는 정부의 입장에서도 유효한 빅 데이터로 추후 통계 및 전국 범위 내의 관리에 유용할 것이다.

중국은 영토가 넓고 인구가 많아 관련된 분쟁도 날로 늘어나고 있다. 물론

---

1) 최승원, "지방자치와 온라인 행정심판", 지방자치법연구 제13권 제4호, 2013, 208-210면 참조.

현재는 토지수용 관련한 규범화된 법률도 행정심판을 비롯한 구제제도들이 자리 잡고 있지 않지만 추후에 토지수용분쟁이 폭발적으로 일어날 것을 고려하면 토지수용과 관련한 온라인시스템의 구축은 큰 대안이 될 것으로 보인다. 이는 초기에 농민들이 과도하게 중복적으로 제기할 문제점도 있지만 현재의 사회적이고 집체적인 사건이 발생하는 것을 미리 방지하는 차원에서는 하나의 구제경로로 작용할 것이다. 또한 중앙정부가 지방정부에 대한 관리감독을 강화하는 것에도 큰 역할을 하게 된다. 그뿐만 아니라 통합적으로 관리된 분쟁사례는 추후 통계 및 분석이 가능하게 된다. 이하에서 지식구조화를 예시로 들면 다음과 같다.[2)]

행정분야별로 분류를 해보자면, 토지수용의 경우 최근 정부조직의 조정에 따라 자연자원부에서 관리하고 있다. 그러나 중국에서 최근의 조직개편으로 인해 현재 많은 업무들이 혼란을 빚고 있는 상태여서 정확한 행정분야별 분류를 하기는 어렵다. 특히 법률에 명시되어 있거나 업무절차가 명확한 구분이 되어 있는 것이 아니어서 일반인이 일일이 알기는 어려운 실정이다. 다만 예를 들자면, 자연자원부는 구조화의 대분류가 되고, 그 중에 토지수용, 토지이용계획 등은 중분류가 될 수 있겠고 토지수용에서 세분화하면 농촌토지수용, 도시토지의 사용 등이 있을 수 있다.

이용자 측면에서는 주체별로 신청인, 피신청인, 심의기관 등으로 나누어 볼 수 있다. 신청인의 경우, 분쟁을 해결하고자 하는 신청인 본인과 단순 방문자로, 신청인은 또 다시 개인과 법인 그리고 농촌거주자와 도시거주자로 구분해볼 수 있고 행정심판을 예로 들면, 행정심판 신청인, 제3자로 나누어 볼 수도 있다. 피신청인의 경우 대개 구체적 행정행위를 한 행정기관이 해당되는 것인데 이 경우 행정기관은 중앙과 각급 지방으로 분류하여 다시 중앙기관의 관련 부서와 각급 지방기관을 열거할 수 있다. 행정심판의 경우를 예로 들면, 첫째로 행정기관, 둘째로 현급 이상의 지방정부가 설립한 파출기관, 셋째로, 법률, 법규, 규장이 수권한 조직, 넷째로 위탁한 행정기관이 있다. 그 다음으로 심의기관으로 중국은 현재 독립된 수용재결기관이나 행정심판위원회가 없고

2) 배유진, “전자문서 기반 법률콘텐츠 구조화 -온라인 행정심판에의 활용-”, 이화여자대학교 박사학위논문, 2014, 97−125면 참조.

구체적 행정행위를 한 상급 행정기관에 재결이나 심판을 제기하는 것이 일반적이므로 피신청인의 경우와 같이 행정기관을 분류할 수 있을 것이다.

구제유형별 구조화로는 주로 조정, 민원신청제도, 행정심판, 행정소송이 있을 것이고 각 제도별로 또 구체적인 심판유형을 분류할 수 있다. 행정심판의 경우를 예로 들면, 그 중에서 신청인의 입장에서 신청유형으로 화해, 조정, 이행신청, 취소·변경·위법확인의 신청 및 부대배상신청 등으로 분류할 수 있고 또 행정기관의 입장에서의 답변단계 및 심의단계를 자세히 분류할 수 있겠다.

참고문헌

I 국내 문헌

1. 단행본

고현환, 『손실보상법제의 비교』, 한국학술정보, 2011.

김남진 · 김연태, 『행정법Ⅰ』, 법문사, 2018.

____________, 『행정법Ⅱ』, 법문사, 2018.

김동희, 『행정법Ⅰ』, 박영사, 2018.

김유환, 『현대 행정법강의』, 법문사, 2018.

김향기, 『행정법개론』, 도서출판 탑북스, 2018.

류해웅 · 허강무, 『신수용보상방법론』, 부연사, 2016.

박균성 · 도승하, 『토지보상행정법』, 박영사, 2014.

성낙인, 『헌법학』, 법문사, 2018.

이선영, 『토지수용 및 보상법 핵심과제』, 리북스, 2012.

이철환, 『행정구제법 강의』, 피데스도서출판, 2018.

전대규, 『중국민사소송법』, 박영사, 2008.

정형근, 『행정법』, 피앤씨미디어, 2017.

허영, 『한국헌법론』, 박영사, 2018.

홍정선, 『행정법원론(상)』, 박영사, 2018.

______, 『행정법원론(하)』, 박영사, 2018.

2. 논 문

강효백, “중국 토지수용제도의 현황과 문제점”, 경희법학 제43권 제1호, 2008.

김성수, “행정상 손실보상의 요건으로서 공공필요와 특별한 희생의 재조명”, 고시계 제473호, 1996.

김연태, “공공수용의 요건으로서 ‘공공필요’”, 고려법학 제48권, 2007.

김영원, “공용수용제도의 헌법적 문제에 관한 연구”, 인제대학교 박사학위논문 2016.

김은자, “공용침해에 있어서 토지보상제도에 관한 연구”, 동국대학교 박사학위논문, 2017.

류하백, “토지수용법제에 대한 평가”, 토지공법연구 제53집, 2011.

박종근, “중국농촌집단토지의 소유 및 사용에 관한 연구”, 한남대학교 박사학위논문, 2005.

배성호, “중국의 개혁개방에 따른 토지정책·토지법제의 변천과 통일한국에의 시사”, 동아법학 제71호, 2016.

배유진, “전자문서 기반 법률콘텐츠 구조화 –온라인 행정심판에의 활용–”, 이화여자대학교 박사학위논문, 2014.

유설려, “중국 헌법상 집체토지제도에 관한 비교연구”, 경원대학교대학원 석사학위논문, 2008.

이부하, “토지수용절차에서의 헌법적 쟁점”, 토지공법연구, 제73집 제1호, 2016.

이성연, “중국의 토지징수제도에 관한 고찰”, 인하대학교 법학연구 제11권 제3호, 2008.

이재삼, “공익사업에 있어서 사인의 수용권에 관한 연구”, 토지공법연구 제43집 제1호, 2009.

정연주, “토지재산권의 범위와 공용침해”, 토지공법연구 제43권 제1호, 2009.

정찬우, “사인의 토지수용권에 관한 고찰”, 입법학연구 제11집 제2호, 2014.

최송화, “공익개념의 법문제화:행정법의 문제로서의 공익”, 서울대학교 법학 제49권 제2호, 2000.

최승원, “지방자치와 온라인 행정심판”, 지방자치법연구 제13권 제4호, 2013.

함인선, “제3자소송에서의 원고적격”, 법학논총 제23권 제1호, 2003.

Ⅱ 국외 문헌

1. 중국 문헌

(1) 단행본

陈华彬,《物权法原理》, 国家行政学院出版社, 1998.

陈焱光,《公民权利救济论》, 中国社会科学出版社, 2008.

陈锐雄,《民法新则总论》, 三民书局, 1982.

陈新民,《德国共法学基础理论》(上册), 山东人民出版社, 2001.

______,《中国行政法学原理》, 中国政法大学出版社, 2002.

陈佳贵·李扬,《2010年中国经济形势分析与预测》, 社会科学文献出版社, 2009.

陈志民,《当强制征收成为政府补贴》, 中原财经法学, 2007

曹圣明,《土地征收法律制度及完善》, 法律出版社, 2013.

城仲模,《行政法之一般法律原则(二)》, 三民书局, 1997.

房绍坤, 王洪平,《公益征收法研究》, 中国人民大学出版社, 2011.

____________,《不动产征收法律制度纵论》, 中国法制出版社, 2009.

符启林,《房地产法教程》, 对外经济贸易大学出版社, 2010.

高富平,《土地法学》, 高等教育出版社, 2016.

高建伟,《中国集体所有土地征收研究－基于法经济学的分析》, 南开大学出版社, 2015.

郭道晖,《岳麓法学评论》, 湖南大学出版社, 2005.

霍布豪斯, 汪淑均译,《形而上学的国家论》, 商务印书馆, 1997.

霍恩比,《牛津高阶英汉双解词典》, 商务印书馆 1997.

哈耶克, 冯克利等译,《致命的自负》, 中国社会科学出版社, 2000.

洪远朋等,《社会利益管理演进论》, 复旦大学出版社, 2006.

韩俊,《中国农村土地问题调查》, 上海远东出版社, 2009.

哈特姆特·毛雷尔, 高家伟译,《行政法学总论》, 法律出版社, 2000.

季俊华·徐骏,《土地征收问题研究》, 山东人民出版社, 2011.

姜明安,《行政法与行政诉讼法》, 北京大学出版社·高等教育出版社, 1999.

江必新,《最高人民法院关于审理涉及农村集体土地行政案件若干问题的规定》的理解与适用, 法律出版社, 2013.

劳伦斯·迈耶等, 罗飞等译,《比较政治学－变化世界中的国家和理论》, 华夏出版社, 2001.
罗斯科·庞德, 廖德宇译,《法理学》(第三卷), 法律出版社, 2007.
罗斯科·庞德, 曹玉堂等译,《法律史解释》, 华夏出版社, 1998.
罗国杰,《伦理学》, 人民出版社, 1989.
刘婧娟,《中国农村土地征收法律问题》, 法律出版社, 2013.
刘瀚,《人民当家作主的法律保障》, 法律出版社, 1998.
刘金国·蒋立山,《中国社会转型与法律治理》, 中国法制出版社, 2007.
林纪东,《新编六法参照法令判解全书》, 五南图书出版公司, 2008.
______,《行政法》, 三民书局, 1983.
蒲杰,《房地产开发法律实务与理论研究》, 法律出版社, 2007.
乔治·弗里德里克森, 张成福等译,《公共行政的精神》, 中国人民大学出版社, 2003.
沈开举,《征收, 征用与补偿》, 法律出版社, 2006.
史尚宽,《土地圆原论》, 台湾正中书局, 1964.
______,《民法总论》, 正大印书馆, 1980.
舒新城,《辞海》, 上海辞书出版社, 1989.
塞缪尔·亨廷顿, 李盛平等译,《变革社会中的政治秩序》, 华夏出版社, 1988.
沈正超·黄建,《住宅与房地产词典》, 学林出版社, 2002.
王名扬,《英国行政法》, 中国政法大学出版社, 1989.
王伟光,《利益论》, 人民出版社, 2001.
王利明,《物权法论》, 中国政法大学出版社, 2003.
王卫国,《中国土地权利研究》, 中国政法大学出版社, 1997.
吴庚,《行政法之理论与实用》, 人民大学出版社, 2005.
吴敬琏·江平,《洪苑评论》, 中国法治出版社, 2007.
俞可平,《权利政治与公益政治》, 社会科学文献出版社, 2000.
阎学通,《中国国家利益分析》, 天津人民出版社, 1996.
杨建顺,《日本行政法通论》, 中国法制出版社, 1998.
翁岳生,《行政法》, 中国法治出版社, 2002.
赵震江,《法律社会学》, 北京大学出版社, 1998.
中共中央马克思恩格斯列宁斯大林著作编译局,《马克思恩格斯选集》第一卷, 人民出版社, 1972.
章彦英,《土地征收救济机制研究－以美国为参照系》, 法律出版社, 2011.
张平华·李云波·张洪波,《土地承包经营权》, 中国法制出版社, 2007.

(2) 논 문

蔡乐涓, “论行政法上的公共利益－以土地征收为中心的研究”, 中国政法大学博士学位论文, 2007.

曹俊宇, “土地使用规则不明导致农村干群关系的紧张－－A村土地调整风波案例研究”, 新余高专学报第12卷第1期, 2007.

陈志科, “我国农村集体土地征收法律制度研究”, 华中农业大学硕士学位论文, 2010.

陈少琼, “土地征收法律问题研究”, 中国政法大学博士学位论文, 2007.

冯俊条, “集体土地征用与农村土地收益分配的制度创新”, 郑州轻工业学院学报第14卷第2期, 2013.

韩大元, “宪法文本中‘公共利益’的规范分析”, 法学论坛第1期, 2005.

姜明安, “‘公共利益’与‘公共利益优先’的限制”, 中国发展观察第10期, 2006.

季卫东, “法律程序的意义－对中国法制建设的另一种思考”, 中国社会科学第1期, 1993.

李寿廷, “土地征收法律制度研究”, 西南政法大学博士学位论文, 2010.

李累, “略论我国宪法财产征用制度的缺陷”, 中山大学学报第2期, 2002.

李龙 · 徐亚文, “正当程序与宪法权威”, 武汉大学学报第53卷第5期, 2000

李长健 · 徐海萍 · 辛晨, “权力,权利和利益博弈－我国当前土地征收问题的法律与经济分析”, 经济体制改革 第2期, 2008.

刘连泰, “我国宪法文本中作为人权限制理由的四个利益范畴之关系”, 西北政法学院报第4期, 2006.

林玉妹, “土地征收范围和补偿机制的国际比较及启示”, 福建省社会主义学院报第1期, 2005.

莫于川, “判断‘公共利益’的六条标准”, 法制日报第8版, 2004.

______, “私有财产权的保护与行政补偿法制的完善”, 浙江工商大学学报第2期, 2005

马岭, “国家的 · 社会的 · 集体的利益与公共利益”, 民主与法制第2期, 2007.

苏东波, “土地被征收人权利保护制度研究”, 复旦大学博士学位论文, 2014

孙笑侠, “论法律与社会利益－对市场经济中公平问题的另一种思考”, 中国法学第4期, 1995.

王景斌, “论公共利益之界定－－一个公法学者基石性范畴的法理学分析”, 法制与社会发展第1期, 2005.

王太高, “土地征收制度比较研究”, 比较法研究第4期, 2004

王红建, “土地征收立法研究”, 郑州大学博士学位论文, 2012

王成栋 · 江利红, “行政征用权与公民财产权的界限－公共利益”, 政法论坛第3期, 2003.

温铁军·朱守银, “土地资本的增殖收益及其分配—县以下地方政府资本原始积累与农小城镇建设中的土地问题”, 中国土地, 第4期, 2006.

徐国良, “土地征收法制研究”, 武汉大学博士学位论文, 2013.

许迎春, “中美土地征收制度比较研究”, 西北农林科技大学博士学位论文, 2011.

薛刚凌·王霁霞, “土地征收补偿制度研究”, 政法论坛第2期, 2005

汤鹏·周来友·石晓平, “地方政府对土地财政依赖的影响因素研究”, 资源科学, 第36卷第7期, 2014.

赵光南, “中国农地制度改革研究”, 武汉大学博士学位论文, 2011.

张庆东, “公共利益:现在行政管理的本质问题”, 云南行政学院学报第4期, 2001.

朱新力·黄金富, “论公共利益”, 浙江工商大学学报第5期, 2004.

朱志萍, “城乡二元结构的制度变迁与城乡一体化”, 软科学, 第22卷第6期, 2008.

朱启臻·窦敬丽, “新农村建设与失地农民补偿－农地发展权视角下的失地农民补偿问题”, 中国土地, 第4期, 2006.

张昕, “论我国土地征收的正当程序”, 西部法学评论, 第3期, 2013

张庆东, “公共利益:现在行政管理的本质问题”, 云南行政学院学报第4期, 2001

张千帆, “公共利益”是什么?－社会功利主义的定义及其宪法上的局限性, 法学论坛第1期, 2005.

______, “公共利益的困境与出路”, 中国法学第5期, 2005.

郑全新·邹爱华, “论土地征收中的被征收人行政救济权保护”, 湖北大学学报第2期, 2014.

2. 영미 문헌

Ding, Chengri, Effects of Land Acquisition on China's Economic Future, Lincoln Institute of Land Policy, Land Lines Newsletter, 2004.

Feintuck, Mike, Media Regulation, Public Interest and the Law, Edinburgh University Press, 1999.

Garner, Bryan A, Black's Law Dictionary, Eighth Edition, West, 2004.

[저자 약력]

전 희(全姬)

중국 요녕대학교 법과대학 (辽宁大学法学院) 조교수
이화여자대학교 행정법 박사
(전) 이화여자대학교 전자법연구센터 연구원
(현) 중국요녕성 헌법행정법학회 상무이사
(현) 중국요녕성 심양시 행정심판전문가
(현) 법무법인 서정 전문위원

연구분야: 행정법, 토지법, 공공데이터법

중국과 한국의 토지수용 및 관련 행정구제에 관한 비교법적 연구

초판발행 2025년 9월 8일
지은이 전 희
펴낸이 박노일
총괄기획 최준규
편 집 이상민
펴낸곳 pnc publishing and culture 피앤씨미디어
경기도 고양시 일산동구 강송로 153, 310-1501
등록 제396-2012-000203호
전 화 070)7550-3758 팩 스 02)6280-3758
홈페이지 www.pncmedia.co.kr 이메일 pnc@pncmedia.co.kr
ISBN 979-11-7401-023-0 93360

정 가 20,000원